城市轻轨交通系统工程设计

Urban Light Rail Transit
System Engineering Design

徐正良　程　樱　编著

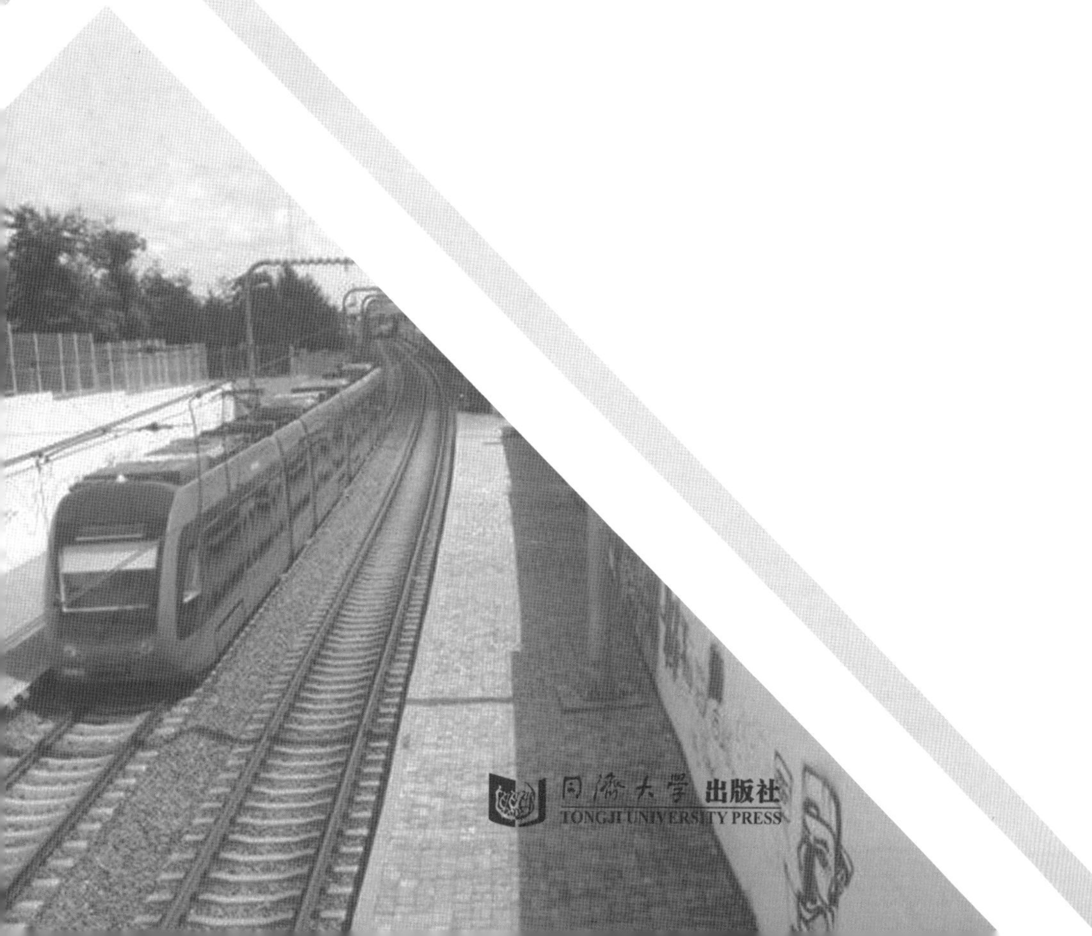

同济大学出版社

内 容 提 要

本书系统性地描述了国内外城市轻轨交通的发展及对其的认识,在此基础上分析了轻轨交通系统的特征与类型,系统性地介绍了轻轨交通系统工程各阶段的设计要点,并以总体设计、车辆与基地、土建工程、机电工程、环境保护为重点,详细阐述了相关设计理论,并辅以国内外案例便于读者理解与运用。

本书可作为相关专业技术人员的参考资料,也可作为高等院校的教学参考书以及面向大众读者的轻轨交通科普读物。

图书在版编目(CIP)数据

城市轻轨交通系统工程设计 / 徐正良,程樱编著
. —上海:同济大学出版社,2021.6
ISBN 978-7-5608-9815-5

Ⅰ.①城… Ⅱ.①徐… ②程… Ⅲ.①城市铁路—轻轨铁路—轨道交通—工程设计 Ⅳ.①U239.5

中国版本图书馆 CIP 数据核字(2021)第 108696 号

城市轻轨交通系统工程设计

徐正良　程　樱　编著

| 责任编辑 | 陆克丽霞 | 责任校对 | 徐春莲 | 封面设计 | 陈益平 |

出版发行	同济大学出版社　www.tongjipress.com.cn
	(地址:上海市四平路1239号　邮编:200092　电话:021-65985622)
经　销	全国各地新华书店
排　版	南京文脉图文设计制作有限公司
印　刷	上海丽佳制版印刷有限公司
开　本	787 mm×1092 mm　1/16
印　张	15
字　数	374 000
版　次	2021年6月第1版　2021年6月第1次印刷
书　号	ISBN 978-7-5608-9815-5

定　价　128.00元

本书若有印装质量问题,请向本社发行部调换　　版权所有　侵权必究

序 1

所谓轻轨交通,是指一种中等客运量的钢轮钢轨运输系统,并非是指其所采用的轨道为轻型钢轨,主要是指其车辆的轴重轻于铁路或地铁车辆的轴重,相应的车辆载客量也较低。

为理顺和统一轻轨交通的定义,国际公共交通联合会(Union Internationale des Transports Publics,UITP)于1978年3月在比利时首都布鲁塞尔召开的国际会议上,首次确定了现代轻轨交通的统一名称,英文为 Light Rail Transit(LRT),中文翻译为"轻轨交通",简称"轻轨"。

城市轻轨交通系统是在继承了传统有轨电车和地铁技术的基础上发展起来的。20世纪50年代后期,欧洲一些经济发达国家的部分城市就已开始修建现代化的轻轨交通系统。城市轻轨交通系统发展至今,不仅充分体现了现代高新技术合理应用的典范,而且填补了城市中运量公共交通方式的空白。由于其技术先进、运行机动灵活、无污染,且对城市环境的适应性强、建设费用较低,因此在国外的城市交通中得到了较快的应用发展。

我国大、中城市很多,据统计城市总量已达570多座,公共交通的需求压力很大。现代城市在一天的客运高峰期间,旅客高度集中、流向大致相同,单向高峰小时客流量为1万~3万人次左右的线路已很普遍。面对这种交通环境,配置相应客运能力的轻轨交通系统是一种非常适合且经济实用的选择。

在车型制式丰富和现代化高新技术的支撑下,我国轻轨交通的线路布局构思将更为广阔,适应性也更机动灵活,它是城市构建多层次轨道交通网络、发挥中运量客运功能的中坚力量,同时也使城市公共交通的发展获得更为完善和新的生命力。

因此，编写一本符合我国国情的、先进且切实可行的城市轻轨交通技术专著，不仅有助于指明工程设计的正确技术路线，也将对我国城市轻轨交通工程建设的发展起到积极的推进作用。

2021 年 5 月 15 日

序 2

  自改革开放以来,我国城市化水平逐年提升,城市规模不断扩大,随之而来的城市交通、环境污染等问题也越来越突出。为了解决城市交通问题,减少环境污染,保障城市有序运营,我国三十多座城市相继开展了大规模的轨道交通建设。据统计,截至 2020 年年底,我国建成运营的轨道交通线路里程约 8 000 km,其中绝大多数为大运量的地铁制式,地铁里程约占 83.3%,而中运量的轻轨和中低运量的有轨电车里程分别仅占约 0.08% 和 6.3%。地铁、轻轨和有轨电车在我国轨道交通建设发展中出现了严重的不平衡,重地铁轻轻轨的现象较为普遍,部分城市在轨道交通规划建设中存在求大求高的心理,制式选择偏离了城市自身的特点和实际需求,造成投资效益与预期的落差。在许多已建设大规模地铁的城市中,由于中低运量轨道交通系统建设的缺失,无法形成多层次结构相互衔接的公共交通体系,继而影响了公共交通整体效益的发挥。造成这种现象的原因与我国学界、工程界及舆论界对轻轨交通的理解存在较多分歧有关,如何统一对轻轨交通系统特性的认识,合理确定技术标准,配置适宜的运营设施,已成为轻轨交通系统在我国健康发展的重要课题。

  目前,我国常住人口规模在 100 万以上的城市超过 180 座。其中,许多城市都有高峰小时客流规模在 1 万人次以上的交通走廊,按照国家对城市轨道交通审批制度关于 150 万以上人口规模的城市可以建设轻轨的规定,我国尚有大量城市适宜建设运量在单向每小时 1 万~3 万人次的轻轨交通。在许多已建设大运量地铁的城市中,在运量匹配的客流走廊上也可以选择建设较为经济的轻轨系统,与地铁、有轨电车、常规公交构成层级合理的公共交通体系。因此,轻轨交通系统在我国具有巨大的发展潜力。

  全世界城市轻轨交通的发展背景各不相同,既有对传统有轨电车系统进行技术改造升级而来的,也有吸收整合了地铁系统及传统铁路技术的基础上发展起来的。因此,轻轨交通系统在路权、车辆制式、信号控制、运营管理等方面均具有较大的灵活性。总体来看,轻轨交通系统属于中运量轨道交通,主要具有一般采用钢轮钢轨制式、线路以全封闭或部分封闭的地面线为主、车辆长度一般不超过100 m、根据最高运行速度配置相应的信号系统等技术特点。

本书作者长期从事轨道交通的规划设计和研究工作,在轨道交通设计方面积累了丰富的经验。本书结合作者对轨道交通的研究和实践,主要介绍了轻轨交通系统的发展与特征、总体设计、车辆与基地、土建工程、机电工程等方面的内容,全书共 7 章,包括概论、总体设计、车辆与基地、土建工程、机电工程、环境保护、工程案例。相信本书的出版对于统一轻轨交通系统的认识,为轻轨交通系统的设计提供参考借鉴,促进轻轨交通在我国的健康发展等都会有一定的帮助。

2021 年 5 月 20 日

前　言

为缓解随汽车交通大规模发展而来的能源问题、环境污染问题及交通拥堵问题,自二十世纪五六十年代始,欧美许多城市通过对传统有轨电车系统在路权和车辆方面的升级改造、废弃铁路的改造利用发展了早期的轻轨系统。二十世纪八十年代之后,法国、英国、加拿大等国在此基础上引入了地铁系统的一些技术,从而进一步发展了具备类似于地铁特性的现代化轻轨系统,从而扩大了轻轨系统的应用范围,目前轻轨系统已发展为欧美许多城市中运量客流通廊的主要交通方式。因此,从运量和技术特性来说,轻轨系统是介于类似于经过升级改造的有轨电车和地铁系统之间的一个较为宽泛的范围,正是这种宽泛性,使得轻轨系统在运量、运营管理、设施配置等方面具备较大的灵活性,同时也造成了国内外对轻轨在认识上的差异与分歧,这也间接影响了轻轨在我国城市交通中的推广应用。

二十世纪九十年代初,"七五"计划期间,在启动我国城市轻轨交通建设初期,为了研究并确定适合我国国情的现代化轻轨交通的建设模式和技术标准,国家计委、科委和建设部设立了国家重点科技攻关项目《城市轻轨客运交通系统成套技术》的研究课题,课题主持人何宗华先生在课题研究成果的基础上组织编写了《城市轻轨交通工程设计指南》,为统一我国业界对轻轨交通的认识和制定相关技术标准奠定了重要的基础。

近三十年来,我国轨道交通建设取得了举世瞩目的成就,车辆装备、机电工程等方面的技术发展也取得了巨大进步,但建成运营的线路主要为造价高昂的大运量地铁制式。

至于造价较低的中运量轻轨系统,虽然其在运能、运营管理、设施配置等方面都具有较大的灵活性,但业界对其功能的界定、技术标准等方面的认识尚不尽相同,以至于未能使其得到适当的应用。

当前，我国正处在"建设交通强国"的新形势下，已有一百八十多座城市的常住人口规模在一百万以上，客流规模高峰小时达 1 万～3 万人次的交通走廊已十分普遍，因此，建设经济适用的轻轨客运系统应是大、中城市优先选择的方案和迫切的建设任务。

在此背景下，本书编写组在《城市轻轨交通工程设计指南》主编的大力支持和认可下，以《设计指南》的基本理念为基础，进行了修编和扩充，在补充和完善了当今的先进技术等内容后，完成了《城市轻轨交通系统工程设计》的编著，以期加深并逐步统一大家对城市轻轨交通系统的认识，同时，在开展轻轨交通建设工作时能有所遵循，进而促进轻轨系统在我国城市交通中的应用和发展。

全书共 7 章。第 1 章系统介绍了国内外轻轨交通的发展及对其的认识，在此基础上梳理并总结了轻轨交通系统的特征与类型，并综合性地介绍了轻轨系统项目各阶段的设计要点。第 2—6 章分别从总体设计、车辆与基地、土建工程、机电工程、环境保护等方面展开针对性的介绍，详细阐述了轻轨交通设计理念和技术。第 7 章介绍国内外案例，用以辅助理论理解与运用参考。

本书由上海市城市建设设计研究总院（集团）有限公司所组成的专项编写组共同完成编写，由徐正良、程樱主持执笔。第 1 章由徐正良、程樱、苗彩霞编写，第 2 章由徐正良、黎冬平、何利英、吕圣华编写，第 3 章由沈继强、徐正良编写，第 4 章由张中杰、梁正、刘书、程樱编写，第 5 章由徐正良、金建飞编写，第 6 章由余斌、程樱编写，第 7 章由蒋丽华、刘静之编写。

限于作者水平，加之编写时间较为仓促，书中难免存在疏漏与错误之处，不当之处恳请广大读者提出宝贵意见，以期再版时修改完善。

2021 年 5 月

目　　录

序 1
序 2
前言

第 1 章　概论 ·· 001
  1.1　轻轨系统的发展与认识 ·· 001
      1.1.1　公共交通的发展 ·· 001
      1.1.2　轻轨交通系统的发展 ·· 001
      1.1.3　国外对轻轨交通系统的认识 ···································· 006
      1.1.4　我国对轻轨交通系统的认识 ···································· 013
  1.2　轻轨交通系统的特征与类型 ·· 019
      1.2.1　轻轨交通系统的特征 ·· 019
      1.2.2　轻轨交通的主要技术指标 ······································ 020
      1.2.3　轻轨交通系统的类型 ·· 023
  1.3　轻轨交通系统运营线路规模 ·· 026
  1.4　轻轨交通工程前期研究要点 ·· 030
      1.4.1　建设前期工作范围 ·· 030
      1.4.2　可行性研究的内容与方法 ······································ 031
  1.5　轻轨交通工程设计要点 ·· 032
      1.5.1　设计前期工作 ·· 032
      1.5.2　初步设计 ·· 033
      1.5.3　施工图设计 ·· 034

第 2 章　总体设计 ·· 035
  2.1　客流预测 ·· 035
      2.1.1　客流需求预测概述 ·· 035
      2.1.2　客流预测方法 ·· 036
  2.2　行车组织与运营管理 ·· 045
      2.2.1　系统设计规模 ·· 045

		2.2.2	行车组织	047
		2.2.3	客运管理	047
	2.3	线路与站点分布		048
		2.3.1	概述	048
		2.3.2	轻轨线型	049
		2.3.3	线路平面与纵断面	052
		2.3.4	站点设置	056
	2.4	交通综合设计		057
		2.4.1	路段交通组织	057
		2.4.2	交叉口交通组织	059
		2.4.3	车站类型及交通组织	061

第3章	车辆与基地			063
	3.1	车辆		063
		3.1.1	车辆选型的意义与原则	063
		3.1.2	适用的车辆类型	064
		3.1.3	使用条件	076
		3.1.4	技术条件与参数	077
	3.2	车辆基地		079
		3.2.1	基本原则	079
		3.2.2	基地选址与功能定位	082
		3.2.3	工艺设计	082
		3.2.4	总平面布置	088
		3.2.5	站场与道路	090
		3.2.6	建筑结构	091
		3.2.7	机电工程	092

第4章	土建工程			094
	4.1	车站建筑		094
		4.1.1	技术标准	094
		4.1.2	地面车站	101
		4.1.3	高架车站	104
		4.1.4	车站景观与环境设计	106
		4.1.5	城市综合发展	110
	4.2	路基		113
		4.2.1	概述	113

	4.2.2 设计原则和技术标准	114
	4.2.3 路基型式	114
	4.2.4 常规路基设计	117
4.3	桥梁	123
	4.3.1 概述	123
	4.3.2 设计原则和技术标准	125
	4.3.3 荷载及组合	127
	4.3.4 桥梁结构设计	129
4.4	轨道	151
	4.4.1 概述	151
	4.4.2 轨道结构	152
	4.4.3 道岔	157
	4.4.4 减振降噪	160
	4.4.5 车挡	161

第5章 机电工程 163

5.1	供电系统	163
	5.1.1 技术标准	163
	5.1.2 外部电源	163
	5.1.3 变电所	164
	5.1.4 牵引网设计原则	165
	5.1.5 动力照明	166
	5.1.6 电力监控	167
	5.1.7 杂散电流防护	168
5.2	通信	168
	5.2.1 设计原则与技术标准	168
	5.2.2 系统功能与构成	169
5.3	信号	179
	5.3.1 设计原则与技术标准	179
	5.3.2 系统功能与构成	180
	5.3.3 平交路口信号优先技术	184
5.4	售检票系统	185
	5.4.1 设计原则与技术要求	185
	5.4.2 售检票方案	186
	5.4.3 车票与清分	187
5.5	给排水与消防	189
	5.5.1 设计原则与技术标准	189

		5.5.2 给水与消防	190
		5.5.3 排水工程	190
	5.6	车站设备	190
		5.6.1 电扶梯	190
		5.6.2 站台防护设施	191
		5.6.3 乘客服务设施	192

第 6 章 环境保护 — 193

6.1 防灾与安全防护 — 193
- 6.1.1 前言 — 193
- 6.1.2 危险因素识别与应对分析 — 193
- 6.1.3 防火对策 — 195
- 6.1.4 防洪防淹对策 — 196
- 6.1.5 防风对策 — 197
- 6.1.6 防雷对策 — 198
- 6.1.7 防冰雪对策 — 198
- 6.1.8 防社会环境风险对策 — 199
- 6.1.9 防突发客流风险对策 — 200
- 6.1.10 防其他风险对策 — 200

6.2 环境保护 — 200
- 6.2.1 环境评价过程 — 200
- 6.2.2 环保措施 — 203

6.3 节能 — 205
- 6.3.1 节能评估过程 — 206
- 6.3.2 节能措施 — 209

第 7 章 工程案例 — 213

7.1 国内案例 — 213
- 7.1.1 中国香港 — 213
- 7.1.2 长春 — 215

7.2 国外案例 — 216
- 7.2.1 达拉斯 — 216
- 7.2.2 克里夫兰 — 218
- 7.2.3 圣迭戈 — 219
- 7.2.4 曼彻斯特 — 220
- 7.2.5 巴伦西亚 — 222

参考文献 — 225

第1章　概　　论

1.1　轻轨系统的发展与认识

1.1.1　公共交通的发展

城市是人类生活和社会活动的中心,航空、铁路、水路和公路等客运交通的终端及枢纽绝大部分是在城市,而城市的对外交通与市区内的客运交通网基本是靠城市公共交通体系来实现的。现代化城市的经济繁荣必然伴随着城市规模的扩大和人口的急剧增长。为了使城市范围内集中且大量的人员能实现高效率的出行,就需要为其提供快速、便捷、可达性强的客运交通工具,这是伴随着城市发展而不断追求及完善的目标。几百年来,世界各大城市的发展经验告诉我们,只有采取专用路权和快速的"城市轨道交通系统"作为公共交通的网络骨干,才能有效地完成艰巨且大量的城市客运任务。

自1829年英国伦敦出现第一辆马拉式"公共车辆"起,公共交通发展至今已有近200年历史,它经历了发展、兴盛、衰退和再发展阶段。欧美一些经济发达国家,在发展城市客运交通方面走过弯路,曾一度过于追求小汽车交通,而忽视了公共交通的发展。

20世纪60年代,由于汽车数量迅速增加,导致城市汽车密度也随之增加,反而限制了汽车的行驶速度,由此还带来了交通安全和环境污染等问题,汽车的弱点也开始逐渐暴露出来。随后,很多国家开始着手制定城市交通安全措施和尾气排放标准,这便对汽车构成了种种限制。1971年中东战争后,石油价格大幅上涨,资本主义世界开始出现能源危机,但是在这一时期,世界经济发展又是很快的,从而促进了城市的繁荣,城市人口也随之迅猛增长,城市区域不断扩大,城市交通客运量急剧上升。以上种种迫使许多经济发达国家不得不重新研究和策划新型的公共交通发展计划。[1]

我国在"公交优先"的发展战略下,特大型、大型城市普遍以发展地铁系统作为城市的骨干公交,但是地铁造价昂贵,大多数城市的经济实力还难以承受,这就促使我国多数中等规模城市或者大城市外围新区急需寻求一种运量适中、造价相对低廉的公共交通。而轻轨交通是一种典型的中运量制式轨道交通系统,恰好可以作为大运量公交系统与常规地面公交之间的有效衔接与补充,从而完善公共交通梯队,形成促进城市健康发展的现代化公共交通网络格局。

1.1.2　轻轨交通系统的发展

轻轨交通是城市公共交通众多客运方式中的一种,它是在有轨电车的基础上发展起来的轨道交通系统,相比传统有轨电车而言,它具有更高的速度和运能。

最早的有轨电车始于铁道马车,由于铁道马车利用马匹牵引,运量与速度均受限,且存在不卫生、易传播疾病等问题,故需要一种新的牵引方式加以替代。1873年,旧金山修建了缆车线路,以钢缆索牵引轨道车辆,如图1-1所示。1879年,德国工程师维尔纳·冯·西门子在柏林工业博览会上首次尝试使用电力驱动轨道车辆,并在1881年由西门子-哈尔斯克公司在柏林西南部郊区建成了首条采用电力牵引的格洛斯-希特菲尔德(Gross-Lichterfelde)有轨电车线路,如图1-2所示,自此有轨电车正式诞生。

图1-1 钢缆索牵引轨道车

图1-2 最早的有轨电车

二十世纪二三十年代是有轨电车系统发展的鼎盛时期,有轨电车成为欧美等较发达国家中各城市的主要公共交通工具,从人口规模只有几万人的小城市到人口超过100万人的大城市,大都运营了有轨电车,有轨电车是当时城市现代化的标志和象征(图1-3)。1923年,美国的有轨电车发展达到了高峰,运营线路总长度超过7.5万km。1927年,英国有超过170座城市拥有有轨电车,线路总长度达到4 100 km。法国在1930年有轨电车发展达到高峰,有70座城市拥有有轨电车,线路总长度达到3 400 km。德国在第二次世界大战前有80座城市拥有有轨电车,线路总长约5 000 km。日本则在1932年达到高峰,有67座城市拥有有轨电车,线路总长度超过1 400 km[2]。

图1-3 国外早期有轨电车

同期，汽车车辆技术得到了很大提高，汽车工业获得快速发展，美国、英国等工业发达国家开始大规模地建设道路，为汽车发展创造条件，加之当时世界上石油供应充足，且价格低廉，汽车以其方便、灵活、舒适的特点迅速成为城市居民的宠儿，汽车开始逐渐普及。

随着汽车的大量增加，城市道路交通日益拥挤，也影响了有轨电车的正常运行，与汽车混行的有轨电车的运行速度、准点率严重下降，安全事故则大大增加，客流量大幅下降，特别是公共汽车、无轨电车等道路公共交通的快速发展给有轨电车的运行造成了更大的危机。为了给小汽车让路，不少国家开始拆除有轨电车线路，至二十世纪六七十年代，有轨电车网络在北美、法国、英国、西班牙等地几乎消失。

20世纪下半叶，随着汽车数量的迅猛增加，城市道路资源日益紧张，以小汽车为主导的交通模式导致了城市规模的快速扩张，交通拥堵、交通安全、停车难、公共交通运行速度及运行效率的下降、环境污染等问题集中爆发，且日趋严重。1971年，中东战争以后，石油价格大幅上涨，资本主义世界开始出现能源危机。同一时期世界经济发展很快，城市人口增长迅速，城市区域不断扩大，城市内部的交通需求也在急剧上升，人们对公共交通的重要性有了重新认识。早在20世纪60年代初，欧洲一些经济发达国家，如德国、意大利、比利时、荷兰、澳大利亚、苏联、波兰、匈牙利、捷克斯洛伐克等，为了满足城市日益增长的公共交通客运量需求，开始着手对旧式有轨电车进行升级改造，并将现代化技术运用于有轨电车车辆，以提高其技术水平和服务质量，使之适应现代城市公共交通的发展需要。

有轨电车的现代化升级改造主要体现在路权和车辆两个方面。在路权方面，根据道路交通的实际情况及城市环境条件，尽量采用专用路权，在城市中心区和繁华地段也可新建地下线路或高架线路将其与地面道路分离，同时采取信号优先措施实现平交路口有轨电车的优先通行，以保障有轨电车运行的安全、准点和快速，提高其运行效率。在车辆方面，依靠模块化、独立轮对转向架、弹性轮等技术的应用及车辆动力和制动系统的改进，车辆的载客能力得以大幅增加，车辆的运行速度、安全性及乘客进出车辆的方便性等均得到了根本性的改善，车辆运行引起的噪声也明显降低，更适应现代化城市对公共交通的要求及环境要求。

1962年，H. Dean Quinby在《交通季刊》发表了题为《城市交通走廊设施：一个新概念》的文章[3]，首次提出了"轻轨"这一术语，认为轻轨源于传统有轨电车(街车)，但又与之存在以下区别：

(1) 有能力携带更多的乘客；
(2) 看起来像一列火车，有多辆车连接在一起；
(3) 具有更多的门以便乘客上下车；
(4) 更快，更安静。

1978年3月，国际公共交通联合会(Union Internationale des Transports Public, UITP)在比利时首都布鲁塞尔召开的国际交通会议上，首次确定了现代轻轨交通的统一名称，英文为Light Rail Transit(LRT)，中文翻译为"轻轨交通"，简称"轻轨"。从世界范围来看，轻轨交通主要有以下几种发展模式。

1. 对传统有轨电车系统进行技术改造

以西德为代表,第二次世界大战结束后,德国仍保有旧式有轨电车,线路总长度为3 200 km,有轨电车约5 200辆。1968年,法兰克福和汉诺威等城市为了解决城市交通问题,计划修建地铁系统,由于工程规模大、实施时间长、资金迟迟不到位,因此最终提出了将有轨电车线路及车辆进行技术升级改造与新建部分地铁线路结合起来的建设方案,并研制出U2型轻轨车辆[4]。图1-4为汉诺威轻轨。

德国开创的这种交通方式,既充分发挥了现有交通资源的作用,又最大限度地提高了系统的交通能力,市中心的部分线路、车站转移到地下,还路给行人和其他交通工具的同时,也加快了轻轨的运营速度,其余线路依然敷设在城市道路原来的有轨电车专用车道上,与其他交通工具之间干扰不大。此种做法得到了欧洲多国的响应,布鲁塞尔、安特卫普和沙勒罗瓦等城市均开始利用既有有轨电车系统进行升级改造,从而建成新的轨道交通系统,这种新系统普遍被称为轻轨交通系统。

图1-4 汉诺威轻轨

2. 利用废弃铁路改建轻轨线路

圣迭戈是美国第一个修建轻轨交通的城市。1966年,圣迭戈地方公共汽车公司面临财政危机,被政府交通部门强行接管。与此同时,圣迭戈县及所属的13个城市组织了一个政府间联合办事机构,对发展圣迭戈区间的快速交通进行了各种交通模式的方案比选,最后决定利用已有铁路基础设施资源来发展一种符合地区交通需求的轻轨交通形式[3]。

圣迭戈的轻轨1号线全长25.6 km,其中市区2.6 km为双线,郊区23 km为单线(图1-5)。原铁路线路于1976年被飓风破坏,圣迭戈铁路公司在购买其产权后,利用废弃的铁路线将其改建为轻轨线路。该轻轨线路于1979年1月开工建设,1981年7月通车运营,列车为2辆编组,行车间隔为15 min,郊区的旅行速度为60 km/h,市区的旅行速度为20 km/h。类似的还有瑞典的哥德堡—安哥德的轻轨线路等。

图 1-5 圣迭戈轻轨 1 号线

3. 新建轻轨线路

新建线路的建设标准一般较高,大多采用专用路权,客运量较大,运行速度较快,以高架、地面线路为主,通常采用编组运行的高或低地板车辆。

法国西北部的南特市,城市人口约 45 万,1985 年 1 月建成一条由东向西穿过市区的轻轨交通线路,这也是法国首次建成的第一条现代化轻轨交通系统(图 1-6)。线路全长 10.6 km,共设 22 座车站,轨距为 1 435 mm,采用直流电 750 V 架空线网供电,选用车型为六轴单铰接车,共 28 辆,高峰时两辆车连挂运行,发车间隔为 3 min,平均旅行速度可达 24 km/h,目前年客运量已接近 2 000 万人次。1987 年开始修建第二条南北线路,全长约 11 km,于 1992 年开通运营。

图 1-6 南特轻轨 1 号线

菲律宾的马尼拉市总人口有 800 万,目前正在运营的轻轨交通 LRT(Light Rail Transit)共有 3 条,分别为 LRT-1,LRT-2 和 MRT-3。1985 年 5 月建成了第一条轻轨线 LRT-1,它是东南亚最早建成的轻轨系统,线路全长 17.2 km,共设 18 座车站,全高架敷设,轨距为 1 435 mm,采用直流电 750 V 架空线网供电,选用八轴双铰接车辆,共 64 辆,高峰发车间隔为 2.5 min,平峰发车间隔为 3~5 min,并设有信号系统和列车自动防护系统,平均旅行速度为39 km/h,采用单一票价制,全部车站出入口设有自动开关门,并配有检查员进行管理。图1-7为菲律宾马尼拉的轻轨交通。

(a) 线路

(b) 车站

图1-7 马尼拉轻轨交通

总的来说,轻轨交通系统是在吸收整合了传统有轨电车、地铁和大铁技术的基础上发展起来的。轻轨的问世原就是与重轨(Heavy Rail Transit)相对应的,指的是车辆轴重较铁路或地铁轻,相应的载客量也较少。轻轨交通作为在大运量与低运量之间承上启下的一种中运量交通,注定了其表现形式是多样化的,可以是有轨电车的升级模式,也可以是地铁系统的简约模式,再加上车辆技术的不断进步和类型多样化,使得原有的轻轨内涵(属性与特征)慢慢淡化、日趋简化,其外延(制式与种类)不断扩大、日益丰富[5]。

1.1.3 国外对轻轨交通系统的认识

全世界各国轻轨交通的发展背景各不相同,采用的路权方式、车辆制式等也呈现多样化,故国内外对轻轨交通的认识也不尽相同,本节列举了几个典型代表,阐述不同国家和机构对轻轨交通的认识。

1. 美国

1972年,美国交通部城市公共交通管理局(Urban Massed Transportation Administration,UMTA),即联邦运输管理局的前身,首次使用了"Light Rail(轻轨)"一词用于描述当时发生在欧洲和美国的由有轨电车升级带来的新变更。

美国交通运输研究委员会编制的《公共交通通行能力和服务质量手册》(简称TCRP报告)中对"轻轨"的定义为:由有轨电车发展而来,具有更快的速度。轻轨的特点在于它的操作灵活性,可以在地下、地面或者高架上与其他交通方式分开运行,也可以在地面上与机动车辆一起运行(图1-8)[6]。轻轨列车可以是单节车辆也可以是多节车辆,通过架空接触线获得电力驱动,这样就避免了在地面通过第三轨输电的局限性。轻轨的这种灵活性使得其建设费用相对较低,这也是自 1978 年北美最初的 14 条新轻轨线路在埃德蒙顿开通以来轻轨被广泛应用的原因。这些新建的 LRT 系统与早期的系统相比,与其他交通的分离程度更高。

(a) 轻轨(圣迭戈)　　　　　　　　　(b) 轻轨(俄勒冈州波特兰)

(c) 轻轨(克利夫兰)　　　　　　　　　(d) 有轨电车(费城)

(e) 有轨电车(旧金山)　　　　　　　　(f) 老式电车(孟菲斯)

图 1-8　北美轻轨

需要说明的是,《公共交通通行能力和服务质量手册》对"轻轨"的定义只包括了电力驱动的线路,并未把柴油轻轨归为"轻轨"交通。

美国的轻轨系统大多是新建的,因此严格界定为钢轮钢轨系统,但在轻轨系统的概念范畴内,并未排除混行有轨电车系统。目前,运营的轻轨交通系统主要有三类:

(1) 轻轨:具有较高的发车频率,线路多为专用路权或隔离路权,使用铰接车辆,车辆编组可达 4 节。

(2) 有轨电车:路权可共享也可专用,单节车辆(少数双节),车辆种类随年代差别很大。

(3) 老式电车:主要为旅游或者购物提供服务,发车频率较低,利用传统老式车辆或设计成老式车辆样式的新车。

2. 英国

轻轨交通在英国被称为"tramways(有轨电车)"或"light railway(轻型铁路)",从称呼上也可知,英国的轻轨既有从有轨电车升级而来的,也有从既有铁路改造而来的,如道克兰轻轨就是利用既有线改造,采用了封闭线路。

英国政府铁路和公路办事处(Office of Rail and Road,ORR)颁布的《Guidance on tramways》(《有轨电车导则》)[7],根据路权的不同,将有轨电车分为三类,如表 1-1 所列。

表 1-1 有轨电车路权分类

	混合路权有轨电车 (integrated on-street tramways)	专用路权有轨电车 (segregated on-street tramways)	隔离路权有轨电车 (off-street tramways)
驾驶模式	瞭望(line-of-sight)	瞭望(line-of-sight)	瞭望(line-of-sight);信号控制(signalled);二者联合
与道路的关系	轨道敷设于道路红线内	轨道敷设于道路红线内	轨道敷设于道路之外
路权	社会车辆和行人共享路权	一般情况不混行,但在部分交叉口和路段可与行人、车辆混行	沿线与道路隔离,即采用封闭线路

可见,英国对轻轨和有轨电车的区分并不严格,甚至名词通用。二者的不同主要表现在敷设方式和路权上,轻轨多在高架、地面或地下敷设,采用封闭线路,有轨电车则多敷设在街道上,与其他交通工具共享路权,但二者存在一个交叉的区域,少数有轨电车也会有封闭线路,少数轻轨也会采用混合路权。

3. 法国

法国的轻轨在当地的名称为"Métro Léger(轻型地铁)""Transit Léger sur Rail(TLR,轻轨运输)"或"Système Léger sur Rail(SLR,轻型铁路系统)"。但由于习惯的延续,法国更倾向于将轻轨系统直接称为有轨电车,例如法国巴黎大区的轻轨系统在当地被称为"Île-de-France Tramway"(有轨电车),所运营的线路简称为 T1、T2、T3 和 T4,其中 T 就是 Tramway 的首字母。这些线路基本沿地面敷设,采用专用道的比例较高,也有少数高架线路(不少是由铁路改造而来),如图 1-9 所示。而法国将这些轻轨称为现代有轨电车系统,也正是因为这些系统源于有轨电车的升级改造。

图 1-9　法国巴黎 T2 线

4. 荷兰鹿特丹

荷兰鹿特丹的轨道交通，当地官方称之为"metro（地铁）"，始建于 20 世纪 60 年代。目前，通车的线路有 5 条，全长 78.3 km，分别称为 A 线、B 线、C 线、D 线和 E 线。这些线路大部分为共线运营，市区以地下线为主，市区外则采用地面线形式。A 线、B 线和 C 线从 20 世纪 80 年代开始投入使用，采用庞巴迪轻轨车（Bombardier Flexity Swift Highfloor versions），沿线使用栅栏与其他交通工具分开，呈现专用路权的形态，交叉口通过带隔离栏杆的平交道口，辅以交通信号优先，实现路口快速通过。图 1-10 为荷兰鹿特丹的地铁网络。

图 1-10　荷兰鹿特丹地铁网络

从路权、车辆制式、运营模式、信号系统、运能等级等各方面的特征来看，如图 1-11、图 1-12 所示，鹿特丹的地铁系统实为轻轨系统，但采用"metro（地铁）"的称呼。由鹿特丹轻轨系统被称为地铁系统表明，国外有些地方对地铁与轻轨的区分并不严格。

图 1-11 平交道口管理　　　　图 1-12 A 线、B 线、C 线三线共线点

5. 德国

德国是世界上轻轨交通发展较早,轻轨车辆技术最先进的国家之一,德国按照线路、车站、车辆、运营、信号和速度这 6 个特征,将轻轨系统进行了明确的四级划分,如表 1-2 所列。

表 1-2　德国轻轨交通系统等级划分及主要特征

特征		等级			
		Ⅰ	Ⅱ	Ⅲ	Ⅳ
线路	地面线	100%			
	其中:混合线	70%	20%		
	地下或高架线		≤5%	≤20%	≤50%
	合计:专用道比例	70%	80%	100%	100%
车站	平均站间距/m	500	600	750	1 000
	站台长度/m	40	60	90	120
	站台高低	低	低或高	高	高
车辆	司机室/每车	单向或双向	双向	双向	双向
	车辆宽度/m	≤2.4	≤2.4(2.56)	2.56	2.56
	车门踏板	固定踏板	固定踏板	无	无
	6 轴车定员(6 人/m^2)	135	135(230)	230	230
运营	每列车编组数/节	2	3(2)	3	4
	列车最小发车间隔/s	120	120	90	90
	最大客运量/[人·(h·单向)$^{-1}$]	8 000	12 000	28 000	37 000
信号	信号设备	无信号人瞭望	部分信号	大部分有信号	全部有信号
	对道口信号控制	有时控制	全部控制	轻轨车优先通过	综合速度通过
速度	平均旅行速度/(km·h^{-1})	20	25	32	38

其中,Ⅰ级、Ⅱ级轻轨交通多数为有轨电车改造的系统。由此可见,正是对有轨电车不断地进行现代化技术改造,才诞生了轻轨交通。

由于轻轨交通的建设方式不同，使得轻轨交通呈现出多样化的发展。例如，全面废除了旧式有轨电车的法国，以建设新线的形式，辅以现代化升级的新型车辆形成了轻轨交通；而保留旧式有轨电车的德国，主要通过更新改造车辆，实施轻轨交通发展策略。

此外，德国Ⅳ级轻轨采用100%专用道的最高级路权等级，小时运能达到3万人次以上，旅行速度也达到38 km/h，基本已达到我国的地铁等级水平。

德国Ⅲ级轻轨采用100%专用道的全封闭形式，小时运能接近3万人次，达到国内中运量水平的上限。Ⅱ级轻轨基本采用专用道，路口平交并辅以100%的道口管理控制，小时运能达到1.2万人次，基本接近我国中运量水平的下限。故德国Ⅱ级、Ⅲ级轻轨最接近我国对中运量轨道交通系统的定义与理解。

6. 国际轻轨概念拓展

1994年欧洲交通运输部长会议（European Conference of Ministers of Transport, ECMT）在《轻轨公共交通系统》报告中，对"轻轨"做了新的定义：轻轨系统是一种轨道运输方式，其形式从现代有轨电车到运营在专有路权上的快速公共交通系统，可以在地下、地面和高架桥上运行。每个形式都可以是该系统的最终形式，但低级别形式需能够被提升至高一级别的形式。

国际公共交通联合会（UITP）以路权与运能等级为核心，将轨道交通划分为4类，如表1-3所列。

表1-3　国际公共交通联合会（UITP）轨道交通分类

类型	封闭度 (segregat level)/%	列车长度 (trainset length)/m	载客量 (trainset capacity)/pax	线路运能 (line capacity)/pphpd	旅行速度 (commercial speed)/(km·h^{-1})	站间距 (distance between stations)/m
传统有轨电车 (tram)	0	15～30	170～260	>3 000	<15	300～400
轻轨(light rail)	1～99	20～50	200～530	3 000～11 000	15～30	300～800
地铁(metro)	100	40～150	480～2300	10 000～80 000	25～40	800～1 500
通勤铁路 (commuter railways)	100 可能设置带保护的平交道口	50～200	640～2 500	10～80 000	40～60	1 000～5 000

从UITP对于轻轨交通（Light Rail Transit）的认识可见，对于轻轨交通有两个关键性的特征：

(1) 路权：线路封闭度处于1%～99%的轨道交通系统；

(2) 运能：运量等级处于中间地带且富有弹性，高可达地铁运量的下限，低可接传统有轨电车的上限。

由UITP历年的全球轻轨交通数据统计可见，对轻轨交通的认定并不分制式，除了钢轮钢轨系统外，还包括如APM、跨座式单轨、中低速磁浮等其他中运量系统。

之后，UITP 针对城市轨道交通蓬勃发展的新形式，提出轻轨的新定义：一种灵活多变的轨道交通形式，可以分阶段发展，表现形式从现代有轨电车至快速公交系统，大部分都有专用路权，全部专用路权系统与地铁相近[8]。

如加拿大温哥华市，于 1986 年建成了世界上第一条全自动化用线性电机牵引的轻轨交通系统，称为"Sky Train"。该线路全长 22.5 km，其中有 13 km 为高架结构系统，共设车站 16 座，轨距为 1 435 mm，采用直流电 600 V 侧轨供电方式，车辆总数为 114 辆，行车间隔为 3～5 min，信号系统由调度中心集中控制，全部列车以无人驾驶全自动控制方式运行，如图 1-13 所示。Sky Train 列车车型特性如表 1-4 所列。

Sky Train 目前共有 3 条线路，分别为博览线(Expo Line)、千禧线(Millennium Line)和加拿大线(Canada Line)，如图 1-14 所示。系统线路全长 68.7 km，共设有 47 座车站，其中 17 座换乘车站，车站均不设置出入闸机，是全线最长的无人驾驶捷运系统之一。博览线和千禧线由承包商不列颠哥伦比亚捷运公司(British Columbia Rapid Transit Company)负责运营，加拿大线由 Pro Trans BC 公司负责运营。2015 年，三线的年载客量达 1.2 亿人次，占公共交通年运输量的 33%[9]。

图 1-13 Sky Train 线路及车站示意图

图 1-14 三线列车图

表 1-4 Sky Train 列车车型特性

车型	编组/节	车长/m	车厢容量/人
MARK Ⅰ	2	12.7	80
MARK Ⅱ	2	16.7	130
MARK Ⅲ	4	17	133

7. 小结

通过梳理欧洲、北美等一些代表性城市及国际协会对轻轨交通的各种划分,国外对于轻轨交通的认识可归纳为以下几点:

(1) 轻轨交通从其名称 Light Rail Transit(LRT)来看,旨在与重轨交通(Heavy Rail Transit)相对,最早为钢轮钢轨系统。

(2) 轻轨交通最初源自旧式有轨电车的升级改造,使得轻轨与有轨电车在很多国家并没有严格的区分。

(3) 德国的轻轨交通为广义的钢轮钢轨系统,并将轻轨交通根据运能、路权等进行了系统分级,涵盖了从最低等级的混行有轨电车至最高等级的全封闭钢轮钢轨系统(类似地铁)。

(4) 轻轨富有弹性的运能及灵活的封闭度设置范围决定了广义的轻轨概念具有很大的宽泛性,即运能起到承上启下作用的中运量系统均可涵盖在广义的轻轨概念中。

1.1.4　我国对轻轨交通系统的认识

抚顺电铁俗称抚顺电车,于1902年开通,对内通勤,客货混跑,属于市郊铁路,源于日本电车体系,拥有专属路权,本质是轻轨交通,是中国第一条轻轨路线,也是中国唯一一条与日本制式结构完全相同的轨道系统。

1906年4月,抚顺电铁——中国第一条轨道交通正式对外开通营运。千金寨站正式办理客、货运输业务。1914年10月对全路线进行电气化改造。1949年4月,市区电气化路线总延长为206 km,共设有车站32座,分布在4条干线上,开始编制"电铁客车运行图",在电铁调度室设客车调度台,指挥客车运行。从此,客车按运行图运行。1965年年末,客车实有数为123辆(电动客车88辆、大火车7辆、客棚车28辆),全年客运量达到4 331.42万人次。

作为抚顺矿业集团运输部所属企业,抚顺电铁客运百年来一直承担着这座煤矿城市的大部分公共交通事业,为此抚顺矿务局每年平均补贴电铁客运400多万元。但随着20世纪初抚顺煤炭资源的枯竭,加上煤炭价格的低迷,抚顺矿业集团已经无力再为抚顺市公共交通服务,电铁于2009年7月1日正式停运。

近年来,随着改革开放政策的贯彻执行,国民经济得到了蓬勃发展,城市建设规模也在不断扩大,目前人口在50万以上的大中城市已发展到400余座,如表1-5所列。由于大规模的经济建设活动主要发生在城市及其周围地区,城市结构及其经济布局的变化促使城市流动人口数量大为增加,居民出行更为频繁,在众多中等规模的城市内,客运主流通道上高峰期需要运送旅客1万~3万人次的现象已屡见不鲜[10]。

我国人口众多,城市也多,特大及大城市一般选择建设地铁等大运量轨道交通,对于大多数中等城市及大城市外围的新区则选用中等运量的轻轨交通方式更为经济适用。但是,我国城市轻轨交通的发展是较为缓慢的。

表 1-5 中国城市人口规模等级

等级	城区常住人口规模	2020年/座
超大城市	>1 000 万	10
特大城市	500 万以上 1 000 万以下	20
Ⅰ型大城市	300 万以上 500 万以下	150
Ⅱ型大城市	100 万以上 300 万以下	
中等城市	50 万以上 100 万以下	240
Ⅰ型小城市	20 万以上 50 万以下	350
Ⅱ型小城市	<20 万	—

1981年8月,全国轻轨交通第一次学术研讨会在长春举行。此次会议主要探讨我国发展城市轻轨交通的可能性与必要性。在此基础上,提出了修建长春轻轨的构想,由此正式拉开了长春轻轨建设的序幕。1995年,长春结合城市总体规划修编,开展了长春市轨道交通第一版线网规划。1999年9月,国务院正式批准长春轻轨工程立项。2000年5月27日,长春轨道交通3号线一期工程试验段开工建设,2002年10月30日,长春轻轨一期工程长春站—卫光街开通试运营。目前,长春轻轨工程仍在持续建设中,这也成为我国轻轨交通复兴后的首个样板。

依据规划先行、高位统筹的思想,长春轨道交通始终秉承"量力而行、有序发展"的理念。长春市"先轻轨后地铁"的建设模式,在国内独树一帜,充分体现出城市对于轨道交通作用的深刻理解,以及实事求是、量力而行的务实建设策略。2002年3号线(轻轨制式)开通运营,之后2011年4号线(轻轨制式)、2017年1号线(地铁制式)、2018年2号线(地铁制式)及8号线(轻轨制式)陆续开通。至2018年年底,长春轨道交通已开通运营的线路有5条,运营总里程达到100.1 km,规划的骨干线网已基本形成。2019年,随着轻轨与地铁两种制式的轨道交通互联互通、同网同价,长春市轨道交通进入了网络化运营的新阶段[11]。

为了使我国在建设轻轨交通之初,不至于在建设模式和技术标准上形成混乱,国家计委、科委和建设部在"七五"期间设立了国家重点科技攻关项目——《城市轻轨客运交通系统成套技术》专题,要求针对我国城市的具体特征,研究出经济实用的现代化轻轨交通方式,以便各个城市在考虑建设轻轨交通工程项目时,能选用相对统一的轻轨系统模式。作为"轻轨交通成套技术"研究的试验线路所依托的工程正是"大连市轻轨一期工程",该工程建成运营后,大家仍然习惯上称呼它为大连有轨电车202路,如图1-15所示。

大连有轨电车202路自兴工街站至小平岛前站往返运营,线路全长12.6 km,共设19个站点。线路以沿路侧铺设为主,辅以隔离护栏,路口虽然没有采取信号优先控制,但在通过部分路口时,会有道口栏杆作为辅助管理。因此,大连有轨电车202路的平均旅行速

图 1-15 大连有轨电车 202 路

度基本稳定在 20~22 km/h,高峰发车间隔 3~4 min。目前,日均客流量约 4 万人次,最高日客流量可达 8 万~10 万人次。

大连有轨电车 202 路作为从老式有轨电车经轨道、电气、车辆等升级改造而成的"现代有轨电车",与国外部分城市轻轨交通的来源和发展基本一致,是我国发展轻轨交通过程中一次很有意义的尝试与探索,体现了我国对城市轻轨交通的认识初具雏形。

1. 政策与法规

轻轨系统是城市轨道交通中最难定义的系统之一,在政策法规层面的相关描述并不多。在审批政策层面上,目前遵循国办发〔2018〕52 号文件《关于进一步加强城市轨道交通规划建设管理的意见》,其中将轻轨列为中运量轨道交通,并明确了申报轨道交通城市的基础条件,但并未明确什么是轻轨交通。城市轨道交通运量等级划分如表 1-6 所列。

表 1-6 城市轨道交通运量等级划分

线路运量等级		建设开工年			初期客流负荷强度/[万人·(日·km)$^{-1}$]
		市区常住人口/万人	国内生产总值(GDP)/亿元	地方财政一般预算收入/亿元	
地铁	高运量	≥300	≥3 000	≥300	≥0.7
	大运量				
轻轨	中运量	≥150	≥1 500	≥150	≥0.4

在标准规范层面,涉及轻轨概念及主要技术的标准有《城市轨道交通工程基本术语标准》(GB/T 50833—2012)、《城市公共交通分类标准》(CJJ/T 114—2007)、《城市轻轨交通铰接车辆通用技术条件》(GB/T 23431—2009)和《轻轨交通设计标准》(GB/T 51263—

2017)等。

(1)《城市轨道交通工程基本术语标准》(GB/T 50833—2012)

本标准将轨道交通按照运能跟系统制式综合考虑,分成7种模式,由此可见轻轨交通仅指采用钢轮钢轨制式的中运量轨道交通系统,采用的路权方式为全封闭或部分封闭。敷设方式相对灵活。明确了几个定义:

① 城市轨道交通(urban rail transit):采用专用轨道导向运行的城市公共客运交通系统,包括地铁、轻轨、单轨、有轨电车、磁浮、自动导向轨道和市域快速轨道系统。

② 轻轨交通(light rail transit):在全封闭或部分封闭线路上运行的中运量城市轨道交通方式,线路通常设于地面或高架桥上,也可延伸至地下结构内。

③ 有轨电车(tram):与道路上其他交通方式共享路权的低运量城市轨道交通方式,线路通常设在地面。

(2)《城市公共交通分类标准》(CJJ/T 114—2007)

本标准对轨道交通的分类等同于《城市轨道交通工程基本术语标准》,对于轻轨交通则给出了更为清晰的主要技术指标与特征,如表1-7所列。

表1-7 轻轨交通技术指标与特征

分类名称及代码			主要指标及特征		
大类	中类	小类	车辆和线路条件	客运能力(N) 平均运行速度(v)	备注
城市轨道交通	轻轨	C型车辆	车长:18.9～30.4 m 车宽:2.6 m 定员:200～315人 线路半径:≥50 m 线路坡度:≤60‰	N:1.0万～3.0万人次/h v:25～35 km/h	中运量,适用于高架、地面或地下
		L_c型车辆	车长:16.5 m 车宽:2.5～2.6 m 定员:150人 线路半径:≥60 m 线路坡度:≤60‰	N:1.0万～3.0万人次/h v:25～35 km/h	中运量,适用于高架、地面或地下

本标准明确了轻轨系统适用于高峰小时单向客流量为1.0万～3.0万人次的中运量客运,采用旋转电机牵引的轻轨C型车辆或(和)采用直线电机牵引的L_c型车辆[6],敷设方式相对灵活。由于本标准编制时,国内现代有轨电车暂未大规模发展,故未将现代有轨电车相关技术特征纳入其中[12]。

(3)《城市轻轨交通铰接车辆通用技术条件》(GB/T 23431—2009)

本标准针对轻轨车辆给出了明确的适用范围:适用于在地面、隧道或高架桥上运行的铰接式轻轨交通车辆。车辆类型为C型车,按车轴数目分为4轴、6轴和8轴车辆,按地板高度可分为高地板车辆和低地板车辆[13]。

（4）《轻轨交通设计标准》(GB/T 51263—2017)

本标准适用于使用钢轮钢轨铰接车辆，线路基本采用地面独立路权或路口平交的半独立路权方式敷设，或采用高架线路，遇繁华街区及困难地段也可采用地下线路的新建轻轨交通工程的设计。车辆基本型式为钢轮钢轨、多模块铰接 C_j 型车辆，低地板车不宜大于 350 mm，高地板车应为 500～950 mm；最高运行速度可分为 70 km/h 和 100 km/h 两档。

本标准定位为适用于钢轮钢轨铰接车辆，并允许采用独立路权和平交路口的半独立路权方式的轻轨系统[11]。

在半独立路权情况下，列车应在司机瞭望可视监控范围内运行；在独立路权情况下，列车宜在自动监控系统的监控之下运行。

（5）中国城市轨道交通协会团体标准《城市轨道交通分类》(T/CAMET 00001—2020)

本标准沿用了《城市公共交通分类标准》(CJJ/T 114—2007)中对轻轨系统的定义，即指采用钢轮钢轨体系的中运能轨道交通系统。轻轨系统的技术特征如表1-8所列。

表1-8 轻轨系统的技术特征

分类名称	技术特征					
	运输能力/ (人次·h^{-1})	最高运行速度 /(km·h^{-1})	路权形式	敷设方式	车辆类型	列车最大长度/m
轻轨系统	15 000～30 000	80～120	全封闭	地上为主	B型、C型、L_c型车	100
	10 000～15 000	70	部分封闭	地上为主	C型、L_c型车	75

轻轨系统适用于不同规模城市的城区，一般采用全封闭或部分封闭的线路及专用轨道，以独立运营为主，在部分封闭线路的平交路口采用轻轨列车优先信号，线路一般设在地面或高架桥上，特殊情况下，可以设在地下隧道内。

全封闭型的轻轨系统线路，全线随地形条件敷设，有地面、高架和地下等敷设方式，空间位置选择十分灵活，与所有道路交叉口均采取立交，完全实现路权专用。全线设独立信号系统，统一指挥列车运行。此类线路与地铁系统的差异较小，二者之间没有清晰的界限，本标准考虑到敷设方式、客流需求和经济效益的相互适应，以及与地铁系统的区别，给出轻轨系统以地上为主，并建议轻轨系统线路（正线）地下线的比例小于等于30%。

按照最高运行速度划分轻轨系统属于普速系统，最高运行速度一般采用80～120 km/h，偶尔也可采用 70 km/h。

钢轮钢轨体系的轻轨车辆主要是采用旋转电机牵引的轻轨 B 型、C 型车（参见《城市轻轨交通铰接车辆通用技术条件》GB/T 23431—2009）和采用直线电机牵引的 L_c 型车（参见《城市轨道交通直线电机车辆》GB/T 32383—2015）。

虽然，针对轻轨交通的规定及描述不多，且不尽相同，但可以明确的是，在我国，无论是行业主管部门还是标准规范，对于轻轨和有轨电车都有明确的界定。轻轨交通为采用钢轮钢轨体系的中运能轨道交通系统这一点已达成普遍共识,路权一般采用全封闭或部分封闭。

2. 轻轨项目

国内已建成运营的轻轨交通项目,由于对轻轨概念的理解不同,一直未达成统一共识。根据审批时的项目名称划分,截至 2019 年年底,中国有 4 座城市 7 条线路已开通运营,运营里程达 255.4 km,占全制式的 4%,分别为天津津滨轻轨、武汉轻轨 1 号线、大连轻轨 3/12 号线和长春轻轨 3/4/8 号线。在建及规划轻轨交通的仅长春一座城市。

除长春外,天津、武汉、大连的轻轨开通运营后,均面临着该轨道交通是否为轻轨交通的争议,高架线的敷设方式并不能作为区分轻轨与地铁的依据,随着人们对地铁与轻轨认识的逐渐加深,目前均已调整了线路名称。天津津滨轻轨改名为天津地铁 9 号线(图 1-16)、武汉轻轨 1 号线改名为武汉地铁 1 号线(图 1-17),大连轻轨 3/12 号线改名为大连地铁 3/12 号线。

图 1-16　天津地铁 9 号线(原津滨轻轨)

图 1-17　武汉地铁 1 号线(原轻轨 1 号线)

在我国,轻轨系统运用并不广泛,主要原因有以下几点:

(1)传统轻轨是由有轨电车演变而来的,后来出现了轻型化列车和轻便铁路,这才是真正文字意义上的轻轨系统。

(2)国内的轻轨系统采用的是与地铁甚至和国铁一样的标准轨道,相当长一段时间内,认为轻轨本质是低运量的地铁系统,仅仅是将地铁三大类车体中的 C 型车称为轻轨列车,这大大限制了轻轨系统的发展。

(3)我国城市轨道交通多半建于人口密度极大的城市,且常在公路交通已拥挤不堪的情况下被迫兴建的,所以这些轨道交通基本都以地铁标准建成,即使有少量轻轨列车也会很快因运力不足而被更换成地铁系统。

(4)国内各城市的轨道交通没有以"轻轨"命名的,更没有以轻轨作为主体的。相应地,企业单位的名称中要么称"地铁",要么称"轨道交通",即使是拥有轻轨列车的长春市也不例外。

(5)多数经济实力或客流需求适当的城镇地带也没有采用轻轨系统,而是采用单轨系统、磁浮系统、自动导向轨道系统、市域铁路或有轨电车等其他新型城市轨道交通系统。

(6) 随着城际铁路的大规模建设,城际列车开始担负起市郊客运的职能,许多早期被人们误以为是轻轨系统的城际轨道交通最终都建成城际铁路,如广珠城铁、莞惠城铁等。这些国铁性质的城轨,采用CRH型动车,时速高达160～200 km,按照国铁标准建设运营,代替轻轨系统实现了联络市郊卫星城的服务功能。

1.2 轻轨交通系统的特征与类型

1.2.1 轻轨交通系统的特征

所谓轻轨交通系统是采用电力牵引的车辆,利用轨道作为车辆导向,采用钢轮钢轨体系的中运能轨道交通系统。通常单向高峰小时的客运能力在1万～3万人次,为了适应城市空间复杂多变的环境条件,车辆运行线路主要设置在城市地面或高架桥上,遇特殊情况或繁华街区,也可进入地下或与地铁接轨。但线路大多采用专用路权(全封闭或部分封闭),一般不与城市其他交通方式混行。

轻轨交通运行环境灵活、工程建设复杂,涉及轨道交通、道路交通、智能交通等多学科的交叉融合,因此系统构成所需专业与常规轨道交通(如地铁)或道路交通均有所区别(图1-18),一般由线路、车辆、土建工程、供电工程、车辆基地、交通衔接与城市综合设计以及运营管理等子系统组成,其中各子系统又由多个子项组成,各子系统之间彼此独立又紧密结合,如图1-19所示。在不影响安全可靠和使用功能的前提下,整个系统组成应满足经济、环保、节能的要求。

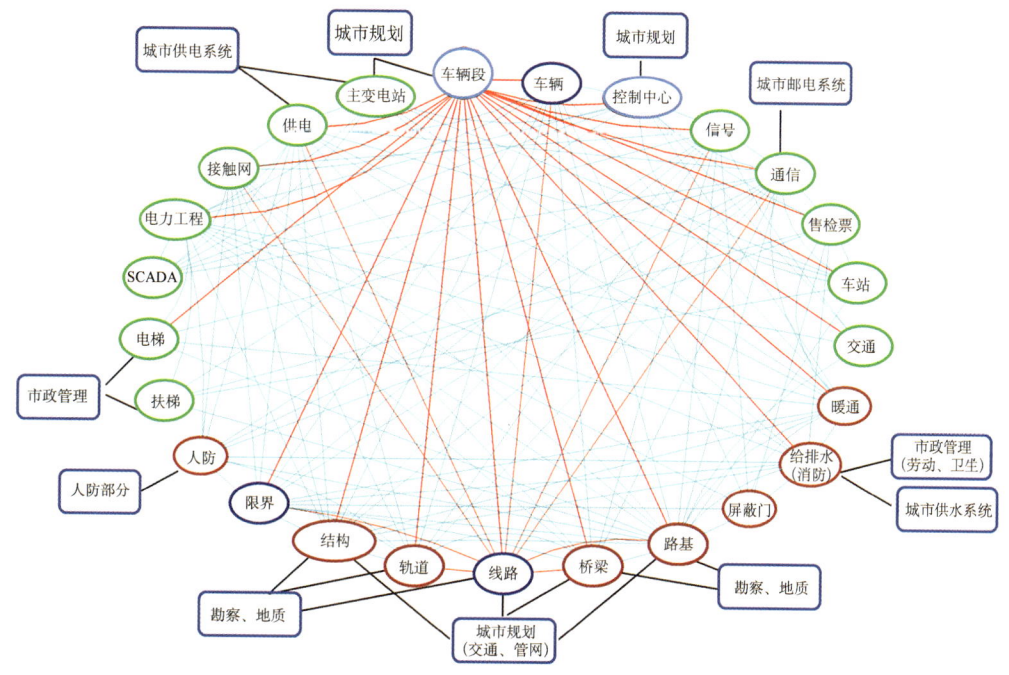

图1-18 轻轨交通专业接口

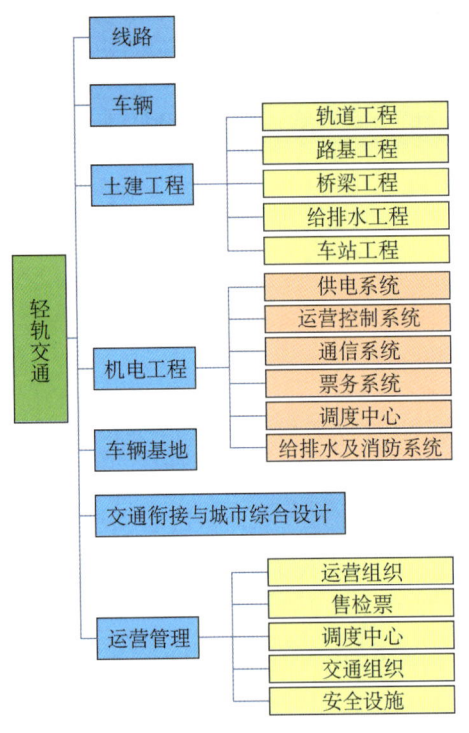

图 1-19 轻轨交通组成

轻轨交通系统的主要特点如下：

(1) 轻轨是中运量的轨道交通形式，客运能力为每小时 1 万～3 万人次。它是城市公共交通系统中运量客运技术的主要组成部分。

(2) 轻轨是指以钢轮钢轨为走行系统的交通方式，列车运行使用专用轨道和车站，车辆的牵引动力为电力，可以是直流电、交流电或线性电机传动等。

(3) 轻轨线路可以设置在地面、地下和高架，但以地上为主。与地面道路可以部分混行，也可以完全隔离。铺设在地面上的轨道，根据街道条件可以有三种情况：一是混合车道，多见于原有轨电车，与路面齐平，允许其他车辆混行；二是部分封闭式的专用车道，其他车辆不得进入，仅在道路交叉处设置道口，并利用信号控制技术来保证轻轨车辆优先通行；三是全封闭专用车道，在通过交叉路口处采用立体交叉形式，从而保证车辆以较高的速度运行。新建轻轨交通基本采用后两种专用路权。

(4) 轻轨车辆型式新颖多样，有单节四轴车、双节单铰六轴车和三节双铰八轴车，也可采用新型有轨电车，并使用连挂技术。

(5) 车站设施一般较为简单，特别是地面车站，以开放式为主。

(6) 信号系统采取分级设置的原则，以适应轻轨交通灵活多样的特性。部分轻轨系统可在没有信号装置的区间内安全行驶，但是在道口、高架和隧道内，或是瞭望距离受限的路段，需要设置列车自动防护系统，以保证行车安全。如果运行速度高、密度大，则采用全封闭线路，运营方式偏向地铁模式，此时可考虑设置完整的列车自动信号系统。

1.2.2 轻轨交通的主要技术指标

轻轨交通是在全封闭或部分封闭线路上运行的中运量城市轨道交通方式，线路以地面线或高架线为主，也可延伸至地下[2]。

按照上述基本模式设计和修建的轻轨交通系统，应达到以下主要技术经济指标：

(1) 单线高峰小时最大客运量为 1 万～3 万人次。

(2) 线路噪声控制指标不大于 75 dB。

(3) 线路形态以地上为主，建议地下线比例≤30%。

(4) 车辆最高设计速度：70～120 km/h。

(5) 平均旅行速度：35～60 km/h。

(6) 车辆轴重：一般不大于 12.5 t，采用全封闭线路时，可不大于 14 t。

(7) 车厢定员标准:6 人/m², 超员站立 9 人/m²。

(8) 列车组成:单节车或最多连挂四节车。

(9) 车辆宽度:≤2.65 m。

(10) 站台长度:≤100 m。

(11) 站台高度:低或高站台均可。

(12) 行车间隔:近期 180 s、远期 120 s。

(13) 通信信号:根据采用的路权方式及客流密度分级灵活设置,至少配置列车自动监控系统。

综上所述,城市轻轨交通的核心技术特点主要体现在路权、车辆、信号和道口管理四个方面。

1. 路权

在轨道交通的相关规范及文献中可见,除了传统有轨电车和轻轨交通外,其余轨道交通制式均采用全封闭式,带有明显的需要与道路交通隔离的特征,因此在路权上不存在争议。

轻轨交通敷设方式灵活,线路型式采用全封闭或部分封闭,当走行于地面时,使得其带有了道路交通的属性,从而产生了路权的概念。这是区别于地铁等其他全封闭性轨道交通线路的主要特征。所谓路权,是指道路交通主管部门为了提升道路使用效率、确保道路使用者的安全,根据道路交通工程与管理的原理,由道路交通法规、交通控制设施,在一定空间和时间内,规范道路使用者使用道路的权利[15]。根据公安部道路交通安全研究中心对于路权的划分,可见公共运输路权分为 A,B,C 三类,如图 1-20 所示。

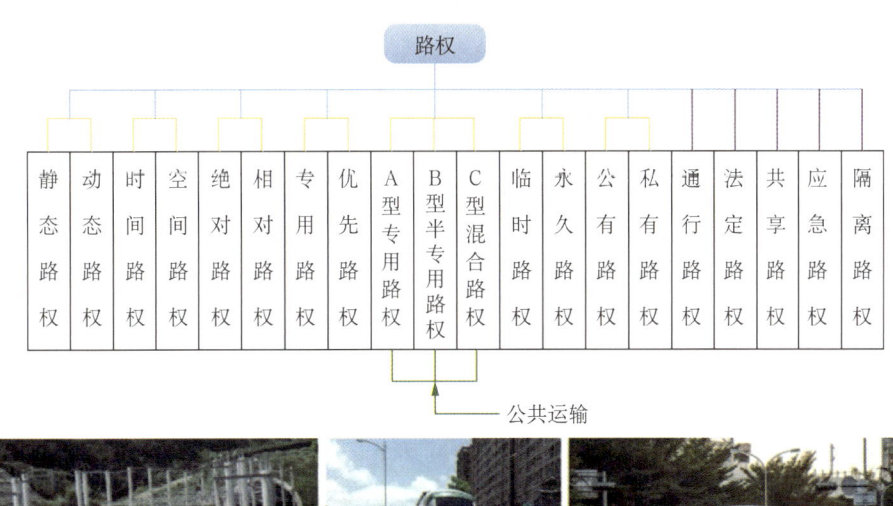

A 型路权

B 型路权

C 型路权

图 1-20 公安部道路交通安全研究中心对于路权的划分

(1) A 型路权:绝对专用,无平面交叉和冲突点,例如高铁、地铁和高架 BRT。

(2) B 型路权:绝大部分专用、少部分与其他系统共用,有部分冲突点,例如有平交道口的传统铁路、城市轻轨等。

(3) C 型路权:全路线与平面道路共享,例如公交车道。

通过路权的分类,可以界定轻轨交通属于 A 型或 B 型路权,一般为 B 型路权,即绝大部分专用、少部分与其他系统共用,允许有平交道口等部分冲突点的存在。当速度较快、发车间隔较密、客流量较大时,也可采用 A 型路权。

2. 车辆

根据国内对轻轨交通的界定与认识,轻轨车辆以钢轮和钢轨作为走形系统,可以采用直流、交流或线性电机驱动,车辆牵引动力采用电力。车辆以单车或铰接车作为基本单元,单车长度不超过 45 m,可以单车运行,也可以连挂运行,如图 1-21 所示,由于采用 B 级及以上专用路权,较之有轨电车,可以连接更多的编组,一般不超过 4 节,编列长度建议不大于 100 m,最大额定载客能力约为 1 000 人。车辆电压制式以直流 750 V 为主,也可根据实际情况采用直流 1 500 V 或交流 25 kV。对车辆和线路的减振降噪要求较高,采用弹性车轮,车辆运行噪声较小。车辆地板形式可根据实际需求灵活选取低地板或高低板。车辆运行速度为 70~120 km/h。

(a) 单车型　　　　　　　　　　(b) 连挂型

图 1-21　轻轨车辆

3. 信号

信号系统一般采取分级设置的原则,以适应轻轨交通灵活多样、经济适用的特性。

当速度为 70 km/h 时,可采用司机瞭望驾驶模式。信号系统一般由列车自动监控(Automatic Train Supervision,ATS)子系统、车载子系统、正线及车辆段计算机联锁(Computer Interlocking,CI)子系统和平交道口信号子系统组成,并在道路交叉口为轻轨交通提供优先通行信号。这是提高运营安全、运行速度、运营可靠性及运营效率的重要保障措施。

当速度大于 70 km/h 时,平交道口宜增加道闸、栏木等物理隔离,信号系统则需增加配置列车自动防护(Automatic Train Protection,ATP)子系统,以连续监督列车的运行速度,实现超速防护,同时保证系统对列车进路和行车间隔的安全控制。

当列车运行速度高、行车间隔密、载客量大时,线路一般采用全封闭形式。此时,可考虑配置列车自动运行(Automatic Train Operation,ATO)子系统,以保证行车安全、提高运行效率、缩短行车间隔,以及提高运输能力和服务质量。

4. 道口管理

由于轻轨交通属于绝大部分专用、少部分与其他交通共用的系统,为了保障其通行安全与运营效率,在平交道口处一般通过设置实体分隔设施或采取不同地面标高的区分手段来进行道口管理,以保障通行空间。当旅行速度较低或发车间隔较小,且没有设置物理隔离设施时,必须设置信号优先系统。

线路沿线常规的区间分隔做法有设置隔离栏、隔离墩、绿化带等(图1-22),而交叉口处可采用隔离栏、道口杆等物理隔离并辅以信号控制的手段,在市中心繁华街区及困难地段也可采用高架或地下的立交形式,如图1-23所示。

图1-22 线路沿线物理隔离设施

(a) 路口平交　　　　　　　　　(b) 路口立交

图1-23 路口平交及立交的隔离方式

1.2.3 轻轨交通系统的类型

轻轨交通系统形式灵活,在轨道交通运输体系中应用的领域相当广泛,主要可分为下列几种类型。

1. 市郊与市中心之间的联络线

轻轨交通采用专用路权,拥有部分封闭甚至完全封闭的线路和专用信号,可以拥有更快的旅行速度与更高的准点率,作为市中心与市郊间的联络线被广泛使用。如美国克里夫兰的轻轨蓝线与绿线(Blue and Green Lines)串联了克里夫兰市中心与东南部地区(后续案例中详细介绍),英国伦敦的码头区轻轨(Docklands LRT)作为东伦敦区对外输出的主要通道。

英国伦敦的码头区轻轨位于东伦敦区,于1987年启用,是英国最早的轻轨系统之一,如图1-24所示。经过一系列扩建,该系统目前拥有6条线路,45座车站,共46 km的运营长度,从东伦敦区分别通往北部斯特拉特福德、东部伦敦城市机场、南部莱维沙姆和西部城市中心。为了提高运营效率与通行安全性,轻轨系统全部采用列车自动控制(Automatic Train Control,ATC)系统,有些地面车站逐步改为地下车站。2013年4月,伦敦交通局(Transport for London,TfL)的报告称,年客流量已达1亿人次[16]。

图1-24 英国伦敦码头区轻轨

2. 城市或区域骨干公交

对于中等规模城市或大城市外围城区而言,当客流、经济等不足以支撑建设地铁等大运量轨道交通时,轻轨交通可作为该城市或区域的骨干公交网络,如德国波恩、汉诺威轻轨,日本广岛电铁,菲律宾马尼拉,马来西亚吉隆坡轻轨等。在该定位下应注重轻轨交通线路需覆盖主要客流走廊。

日本广岛的地铁新交通1号线,以及8条四通八达的电铁线路(电铁总长度为35 km,图1-25)均由日本广岛县的一家大众运输公司——广岛电铁株式会社负责运营[17]。日本广岛的轨道交通网如图1-26所示。

图 1-25 日本广岛电铁

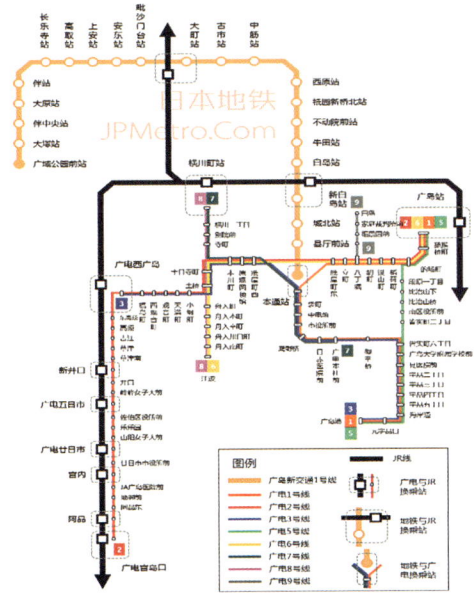 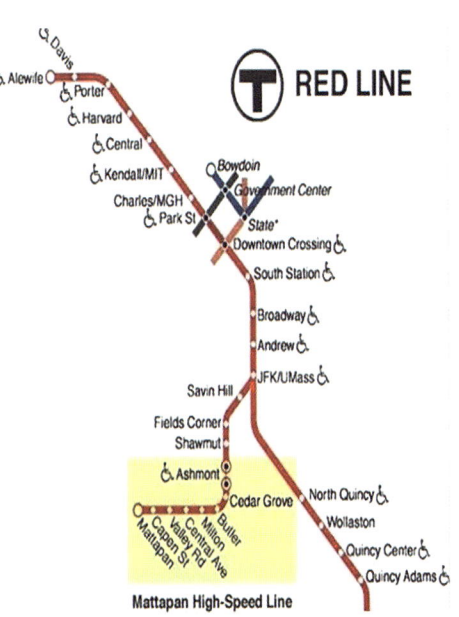

图 1-26 日本广岛轨道交通网　　　图 1-27 波士顿地铁红线线路

3. 地铁或铁路捷运系统的连接路线

轻轨交通作为地铁、大铁网络的一部分或者支线,用于分担或疏导部分客流,如波士顿玛特潘线(Mattapan—Ashmont)为波士顿地铁(MBTA)红线的支线,图 1-27 为坡士顿地铁红线线路。

波士顿玛特潘线是一条具有专用路权的高速轻轨线,如图 1-28 所示,开通于 1929 年,全长 4.2 km,设 8 座站,服务于波士顿南郊,虽然车

图 1-28 波士顿玛特潘线

型采用老式有轨电车,但全线采用专用路权,平均时速和当地地铁相当。线路大体为东西走向,使用 1945 年制造的路面 PCC 电车(于 20 世纪 70 年代末及 21 世纪初经翻新改造)

至今。终端连接波士顿地铁红线[18]。

4. 特定区间的快速联络线

轻轨交通具有形式灵活、运量及经济适中、运营准点的特性，这使得其在机场线、郊区快速线等点对点的特定区间内被广泛使用，如法国里昂机场快线、得克萨斯州沃斯堡(Fort Worth)市的 M&O Subway(连接大停车场区及百货公司)及香港的屯门/元朗线等。

法国里昂机场快线全长 23 km(图 1-29)，设 4 座站，使用车型为 Stadler Tango 三编组高速有轨电车，最高设计速度为 100 km/h，全线专用路权，连接里昂市中心和偏僻的圣埃克絮佩里机场高铁枢纽(图 1-30)，平均旅行速度超 50 km/h，全程仅需 27 min。

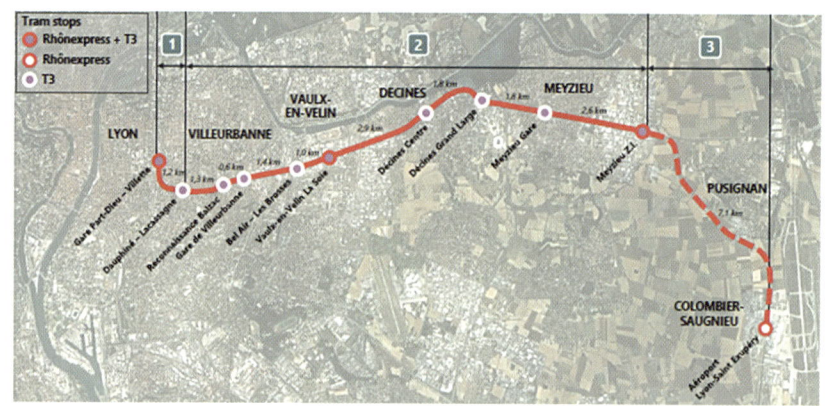

图 1-29　法国里昂机场快线线路图

图 1-30　法国里昂机场快线

1.3　轻轨交通系统运营线路规模

国内外对轻轨交通的认识不尽相同，对轻轨的名称与叫法也不统一，本书从符合我国发展政策、适应国内发展环境的角度，仅统计了钢轮钢轨制式的中运量系统。

据不完全统计，世界上已有三十多个国家、近百座城市运营着轻轨交通，运营线路长度超过 3 400 km。国外部分国家轻轨交通运营情况统计见表 1-9。

表 1-9 全球部分轻轨交通运营情况统计

洲	国家	城市		系统名称	车站数/座	系统里程/km	系统
亚洲	中国	长春		轻轨	49	61.5	轻轨
		香港		香港轻轨	68	36.2	轻轨/有轨
		台湾	新北	淡海轻轨	11	7.3	轻轨
			高雄	高雄环状轻轨	14	8.7	轻轨
	以色列	耶路撒冷		耶路撒冷轻轨	23	13.6	轻轨
	新加坡	新加坡		武吉班让轻轨、榜鹅轻轨、盛港轻轨	43	28.8	轻轨
	土耳其	开塞利		开塞利轻轨			轻轨
		安塔利亚		安塔利亚轻轨	16	11.1	轻轨
	日本	京都		岚山本线、北野线	23	11	轻轨
		富山		富山港线	13	7.6	轻轨
		东京		世田谷线	10	5	轻轨
		大阪		阪堺线	31	14.1	轻轨
		大阪		南港港城镇线	10	7.9	轻轨
		北九州		筑丰电气铁道线	21	16	轻轨
		广岛		广岛电铁	164	35	轻轨/有轨
	菲律宾	马尼拉		马尼拉轻轨	31	34.5	轻轨
	伊朗	马什哈德		马什哈德轻轨		32	轻轨
欧洲	法国	里昂		里昂机场快线	4	23	
		巴黎		T4 线	11	7.9	
		巴黎		T11 express	7	11	
		米卢斯		Tramway Line 3	12	16.2	
	英国	谢菲尔德		超级有轨电车苏 supertram	14		
		纽卡斯尔		泰因-威尔地铁	60	77.5	轻轨
		曼彻斯特		曼彻斯特轻轨(Manchester Metrolink)	92	92	轻轨
		伦敦		码头区轻轨	45	46	
	意大利	卡利亚里		卡利亚里轻轨			轻轨
		贝加莫		贝加莫-阿尔比诺轻轨	16	12.5	轻轨
	奥地利	格蒙登			11		
	西班牙	阿利坎特			21	20	
		马德里		马德里轻轨	37	27.8	轻轨
		格拉纳达		格拉纳达地铁	26	16	轻轨

(续表)

洲	国家	城市	系统名称	车站数/座	系统里程/km	系统
欧洲	罗马尼亚	布加勒斯特	布加勒斯特轻轨			轻轨
	瑞士	洛桑	洛桑地铁1号线	3	8	轻轨
	乌克兰	基辅	快速有轨电车		15.8	轻轨
	葡萄牙	波尔图	波尔图地铁	81	67	轻轨
		塞沙尔	南塔霍都会交通		无数据	轻轨
		阿尔马达	南塔霍都会交通		13	轻轨
	挪威	卑尔根	卑尔根轻轨	10	15	轻轨
	法国	巴黎	奥利机场内线	3	7.3	轻轨
	德国	波鸿	波鸿轻轨		15.3	
		波恩	波恩轻轨	10	4.3	
		科隆	科隆轻轨	10	44.5	准地铁
		埃尔福特		10	39.5	1 000 m 轨距
		埃森			21.5	
		汉诺威			123	
		卡尔斯鲁厄				
		卡塞尔	卡塞尔轻轨		30	
	丹麦	奥胡斯	奥胡斯轻轨		无数据	轻轨
	波兰	克拉科夫	克拉科夫快速电车		无数据	轻轨
		波兹南	波兹南快速电车		8.3	轻轨
	荷兰	鹿特丹			78.3	
	比利时	沙勒罗瓦	沙勒罗瓦地铁	26	25	轻轨
美洲	美国	盐湖城	盐湖城轻轨	41	56.81	轻轨
		休斯敦	休斯敦轻轨	16	12.07	轻轨
		圣迭戈	圣迭戈轻轨		155.4	
		新泽西	新泽西轻轨	56	95.1	轻轨
		西雅图	海湾轻轨中央线	15	25.1	轻轨
		圣路易斯	圣路易斯轻轨	37	74.03	轻轨
		圣何塞	圣克拉拉轻轨	62	67.91	轻轨
		萨克拉门托	萨克拉门托轻轨	48	62.12	轻轨
		匹兹堡	匹兹堡轻轨	52	42	轻轨
		欧申赛德	疾速号			轻轨
		诺福克	诺福克轻轨	11	11.91	轻轨

(续表)

洲	国家	城市	系统名称	车站数/座	系统里程/km	系统
美洲	美国	明尼阿波利斯-圣保罗	明尼阿波利斯轻轨	37	37.2	轻轨
		洛杉矶	洛杉矶轻轨	82	95	轻轨
		克里夫兰	克里夫兰轻轨蓝线、绿线、水滨线	34	49.6	轻轨
		哈德逊县	哈德逊-卑尔根轻轨	23	33.2	轻轨
		凤凰城	凤凰城轻轨	28	32.2	轻轨
		丹佛	丹佛轻轨	36	63.41	轻轨
		达拉斯	达拉斯轻轨	55	115.9	轻轨
		布法罗	布法罗轻轨	15	10.3	轻轨
		波特兰	波特兰轻轨	97	96.1	轻轨
		波士顿	波士顿轻轨绿线		82.1	轻轨
		巴尔的摩	巴尔的摩轻轨		92.7	轻轨
		纽华克	纽华克轻轨		13.4	
		费城			111.5	轻轨/有轨
		旧金山			112.6	轻轨/有轨
		夏洛特	夏洛特轻轨蓝线			轻轨
	加拿大	卡尔加里	卡尔利轻轨	45	60	轻轨
		埃德蒙顿	爱民顿轻轨	15	20.5	轻轨
	墨西哥	墨西哥城	索奇米尔科轻轨		52	轻轨
		瓜达拉哈拉	瓜达拉哈拉轻轨		48	轻轨
		蒙特雷	蒙特雷轻轨		46	轻轨
	委内瑞拉	巴伦西亚	巴伦西亚轻轨4/6号线	54	25.988	轻轨
	智利	瓦尔帕莱索	瓦尔帕莱索地铁	20	43	轻轨
	巴西	桑托斯-圣维森特	桑托斯轻轨			轻轨
大洋洲	澳大利亚	悉尼	悉尼轻轨			轻轨
		纽卡斯尔	纽卡斯尔轻轨			轻轨
		黄金海岸	黄金海岸轻轨	19	20	轻轨
非洲	尼日利亚	阿布贾	阿布贾轻轨	13	45.245	轻轨
	埃塞俄比亚	亚的斯亚贝巴	亚的斯亚贝巴轻轨	39	34.25	轻轨
	突尼斯	突尼斯	突尼斯轻轨	66	72.13	轻轨

注：① 我国武汉轻轨1号线、大连轻轨3/12号线和天津津滨轻轨根据项目审批名称，在国内轨道交通数据统计中常被列入轻轨制式，但通过比对轻轨交通的技术特征，这三地实为地铁，故未计入表1-9中。
② 表1-9仅统计了钢轮钢轨制式的轻轨交通，以匹配我国对轻轨交通的审批制度与系统认识。

1.4 轻轨交通工程前期研究要点

1.4.1 建设前期工作范围

1. 建设程序

轻轨交通工程项目的建设属于基本建设性质,应按照国家规定的基本建设的工作步骤和方法来进行,基本建设过程的主要步骤如下:

(1) 根据资源条件、国民经济发展规划要求以及城市建设总体规划要求,提出轻轨交通建设项目建议书,并进行可行性研究。

(2) 编制设计任务书,选定建设地点,进行勘察设计,编制初步设计和施工图设计。

(3) 编制年度基本建设计划,同时做好设备订货和施工准备。

(4) 开工报告,组织施工,生产准备(运转调试)。

(5) 竣工验收,交付生产使用。

以上步骤都应按照本身固有的规律,相互衔接,循序渐进。在实施建设和形成生产能力的过程中,还应遵循先计划、后建设,先勘察、后设计,先设计、后施工和先验收、后使用的程序。为了坚持并完善轻轨交通基本建设程序,充分发挥投资效果,就必须抓紧做好建设前期工作,如果违反科学的基本建设程序,将会遭受不必要的损失。

2. 前期工作范围

轻轨交通建设项目从酝酿提出到开工建设之前的各项准备工作为建设的前期工作。前期工作是基本建设全过程的重要组成部分,其中心内容是确定四大问题,即谓之"四定"。

1) 定项目

定项目是要求正确判断和确定建设项目的客观必要性和现实可能性,即项目投资决策。其应通过项目建议书、可行性研究和编制设计任务书来解决。

2) 定地点

定地点即要确定何处建设的问题,可通过选择建设地点来解决。

3) 定设计

定设计即确定项目建设规模,可通过工程设计来解决。

4) 定计划

定计划是确定整个项目建设的分期和总进度,并经过国家和地方经济的综合平衡后正式列入基建计划。

前期工作范围的主要内容是:

(1) 进行可行性研究,编制和审批可行性研究报告。

(2) 选址、新建项目的线路走向和车场地址应由主管部门会同有关单位和城市规划部门联合选定,并报有关上级部门审批。

(3) 落实原材料、燃料、动力、供水和运输等协作配合的条件,安排好配套项目、市政设施和其他生活服务设施的建设。

（4）进行环境综合调查，提出环境保护措施，编制项目对环境影响的评价报告。

（5）按规定报送设计文件，批准后列入年度计划。

（6）确定开工报告制，工程正式开工前要做好施工准备和物质准备，搞好征地拆迁工作和"三通一平"，施工备料要达到一定数量方可提交开工报告。开工报告经初步设计审批部门批准后方可开工。

1.4.2 可行性研究的内容与方法

目前，我国各行各业的工程项目是否能进行基本建设，都要经过可行性研究的论证，城市轻轨交通建设项目也不例外，都必须遵照国家基本建设程序办事。轻轨交通项目的规模一般都很大，且投资费用高、技术门类繁多、涉及面广，因此必须进行可行性研究，以作为建设决策的依据。

工程可行性研究应以批准的项目建议书和委托书为依据，其主要任务是在充分调查研究、评价预测和必要的勘察工作基础上，对项目建设的必要性、经济合理性、技术可行性、实施可能性以及对环境的影响性方面进行综合研究和论证，对不同的建设方案进行比较，提出推荐方案。可行性研究的成果是可行性研究报告，批准后的可行性研究报告是编制设计任务书和进行初步设计的依据。

可行性研究报告就是通过对与项目有关的技术、经济等情况进行调查、研究和分析，对各种建设方案进行比选论证，并对项目建成后的企业财务效益、社会经济效益和社会影响进行预测及评价。以选择技术先进适用、建设方案合理可行、财务经济及社会效益可行、投资风险较低的工程建设方案，为项目审批提供可靠依据。

一份好的可行性研究报告，必须对建设项目的一切主要方面都进行深入细致的研究，不容半点疏忽。但实际上，因受资料和工作人员的技术水平限制，很难做到这一点。为此，可行性研究应该同现有资料和搜集资料的现有手段相适应，所采用的研究方法应该尽量使工程人员和决策者能理解。因此，可行性研究不仅要做到正确，还要为工程技术人员和决策者所接受。

因此，必须抓住关键性问题，进行详细分析和深入研究，其研究主要有以下四方面。

1. 资料收集

对分析研究有用的资料都要收集全，并着重收集工程所在地区的城市总体规划，包括经济发展前景、城市公共交通现状和公交客运量需求。同时，在勘测资料的基础上，弄清楚轻轨交通沿线的自然环境条件、水文地质情况、城市各种管网线路情况以及拆迁占地条件等。

2. 调研市场情况

调查各种建筑材料和技术装备的市场价格，个别引进装备还要考核国外市场价格，了解当地劳动力情况。研究引进技术、影子价格和通货膨胀等因素对工程造价的影响。

通过客流OD调查，预测轻轨交通的发展远景，并通过经济发展的预测情况来推算整个工程建造资金投入后的社会效益和企业效益。

3. 建设项目的技术经济研究

一项工程建设的初始阶段,设计师们往往较为注重从技术标准和美学观点去考虑设计方案,对经济效益的作用关注比较少。然而,一个优秀的设计方案应符合最大的经济效用。因此,在可行性研究阶段,应针对同一目标提出几个技术经济方案,作为该项目是否可行的评价选择依据。

4. 评价与分析

轻轨交通建设项目可行性研究评价主要包含三个方面,即:技术评价、社会评价和经济评价。其中,经济评价是研究的重点,在对轻轨交通做经济评价时,第一要提出该项目的投资总费用(包括工程造价、设备购置费和拆迁征地费等)的估算值;第二要研究资金筹措的办法(如国家投资、地方自筹、各种贷款和集资等),若是贷款,还要研究利息率和偿还的办法;第三,预测项目建成运营后将给社会发展带来的影响。

可行性研究的工作量很大,需要耗费相当多的时间、人力和财力,为了经济且有效地推动这项工作,对可行性研究要分阶段进行,一般分为预可行性研究(或称初步可行性研究)和工程可行性研究。某些影响较大的建设项目,为了使决策者能够更科学且有效地确定投资方向,往往在预可行性研究开始之前,还要进行必要的投资机会研究。

可行性研究是基本建设前期工作的重要组成部分,是建设项目立项和决策的主要依据。轻轨交通建设还处在开创阶段,城市在提出轻轨交通建设项目前,为了避免出现财力和物力上的宏观失调,充分做好建设前期工作是极为必要的。

编制预可行性研究报告,以城乡经济发展五年计划和城市公共交通发展规划为依据,重点阐明轻轨项目的必要性,通过踏勘和客流调查研究,提出建设项目的客运能力及工程规模、主要技术标准和装备制式,进行必要的经济效益分析和投资估算,经审批后可作为编制项目建议书的意见。预可行性研究的投资估算与工程可行性研究的投资估算之差应控制在±15%之内。

工程可行性研究报告应对线路影响范围内的城市规划方案和发展前景做充分调查研究,提出影响工程规模的基本数据。对于拟定的线路和车场要进行必要的测量和地质勘探,评价本工程在全市公共交通网络中的客运作用和对城市交通结构改善产生的影响。在可靠而必要的技术资料研究基础上,对不同的建设方案从经济、技术层面进行综合论证,提出推荐的建设方案,经审批后作为编制设计任务书的依据。

工程可行性研究的投资估算与初步设计概算之差应控制在±10%之内。

1.5 轻轨交通工程设计要点

1.5.1 设计前期工作

轻轨交通建设项目提出后,应由该项目的主办单位组织编写项目建议书,并组织进行项目的预可行性研究,作为项目建议书的科学依据,随同项目建议书一并上报上级主管部门审批。在取得上级主管部门的批复文件后,即可进行工程可行性研究,同时编报设计任务书,上级主管部门组织专家对工程可行性研究报告进行评估,在评估通过后,取得上级部门的审批文件,即可组织进行勘察设计工作。

前期工作重点研究内容包含以下几个方面:

(1) 项目建设的必要性。结合建设规划从线网角度明确功能定位,确定工程规模。

(2) 项目技术可行性。做好控制性技术方案的论证,结合工程建设方案,分析总体布局的科学性、经济性与可实施性。

(3) 合理评价总体布局及建设规模:①线路走向及车站分布的合理性;②客流预测及结果评价与应用;③车辆编组与系统建设规模的合理性;④车辆基地、调度中心与网络资源共享的合理性。

(4) 落实外部条件,与规划、国土、水务、环保、安全、人防、消防、铁路等部门进行协调,稳定工程线站位及车辆基地规模等。

(5) 根据推荐方案进行工程投资估算,推荐方案需进行财务评价、经济评价和社会评级,以研究该投资是否经济合理。

(6) 最终形成工程可行性设计文件,指导下一阶段的初步设计工作。

城市轻轨工程设计是一项系统工程,可行性研究是国家进行投资决策的重要依据,在此阶段需确定工程的必要性以及建设方案的可行性。此阶段的工作为初步设计的顺利开展打下了坚实基础,保证了整个项目设计的完整性和统一性。

1.5.2 初步设计

初步设计应根据批准的可行性研究报告或方案设计进行编制,要明确工程规模、建设目的、投资效益、设计原则和标准,深化设计方案,确定拆迁、征地范围和数量,提出设计中存在的问题、注意事项及有关建议,其深度应能控制工程投资,满足编制施工图设计、主要设备订货、招标及施工准备的要求。

初步设计前必须进行初测工作,对现场地形、地貌、地质进行初步勘探,以控制工程数量。初步设计应解决线路走向形态和车站位置方案、建设规模、技术标准和设计原则、主要设备类型和概数、主要工程数量和材料概数、用地及拆迁概数。

各专业应对本专业内容的设计方案或重大技术问题的解决方案进行综合技术经济分析,论证技术上的适用性、可靠性和经济上的合理性。初步设计文件应符合已批准的可行性研究报告、审定的设计方案及落实的接口条件,能据以确定土地征用、主要设备及材料的准备以及建(构)筑物搬迁、管线改移,并可据此进行施工图设计和施工准备,提供工程设计概算,作为审批确定项目投资的依据。

初步设计文件根据设计任务书编制,由设计总说明书、各专业设计说明书、图纸、主要设备及材料表和工程概算书等几部分组成。

初步设计完成后应经建设主管部门审批。

初步设计是确保项目各专业系统总体性和完整性的必要过程,也是各专业完成磨合十分有效的设计过程,需要确定如下几个主要方面的内容:

(1) 从线网角度明确功能定位,确定运营规模。

(2) 落实外部条件,稳定线位、站位。

(3) 做好控制性技术方案(含工点)的论证。

(4) 车辆造型和运营组织进一步调整确定。

(5) 确定机电系统的构成和功能。

(6) 理顺土建之间、土建与机电、机电系统之间、纵向与横向等主要技术接口标准。

(7) 主要车站总平面布置论证。

(8) 提出工程单元划分及工程策划,初步确定施工工期。

(9) 工程投资总额和控制因素分析。

(10) 提出需进一步论证和研究的项目及目标。

(11) 最终形成初步设计文件,指导各单项工程的施工图设计。

城市轨道交通设计是庞大的系统工程,是一项有规律、有工序流程,需分时段、分前后时序开展的工作,涉及的专业多,且各专业间相互牵制影响。初步设计阶段给各专业间相互沟通、协调提供了平台,此阶段的工作为施工图设计的顺利开展打下了坚实基础,保证了整个项目设计的完整性和统一性。

城市轨道交通总体初步设计阶段是非常重要的,目前存在的问题有:部分城市轨道交通项目的业主和设计院对初步设计工作不够重视,设计时间较短;大部分是以土建、系统设计招标投标方案为基础进行简单汇总,对项目没有进行系统研究;对车站方案、线站位方案及运营方案研究不透,方案的系统性、整体性不强,使得初步设计方案不稳定,造成后续施工图设计方案需要反复修改。

1.5.3 施工图设计

施工图设计应根据已批准的初步设计文件进行编制,内容以图纸为主,包括封面、图纸目录、设计说明、图纸等。施工图文件一般以专业、站、段或系统独立编册。

施工图设计编制应在落实施工任务后,按照实际的施工条件和要求来组织施工图设计。此阶段应达到能准确实现工程物体的要求,提出准确的工程材料数量和设备品种规格数量,编制施工预算。其设计文件应能满足施工招标、施工安装、材料设备订货、招标和施工准备及工程验收的要求。通常对施工图设计不再进行审批,由设计单位向施工单位进行设计交底即可。

施工图纸是工程设计的一个重要内容,这一阶段主要通过图纸把设计者的意图和设计结果全部表达出来。好的施工图纸是施工作业的总体规划,是施工人员实际操作的依据,它不仅承载着设计者的理念和心血,也直接影响着施工效果及施工质量。

第 2 章 总 体 设 计

2.1 客流预测

2.1.1 客流需求预测概述

1. 影响因素分析

城市交通建设不但要满足当前城市交通的需要,而且要满足城市未来交通发展的需要。城市轻轨交通建设可以满足城市居民多种出行目的的需求,而出行需求量的变化是随着时间动态变化的。因此,轻轨交通的建设规模既要适应近期城市交通的需求,又要能适应远期城市交通发展的需求,在研究城市现状客流特点和规律的基础上,进行城市客流发展趋势预测是十分必要的。高峰小时单向客流量是决定城市轻轨交通线路设计标准、运载能力、运营配车和站场设施规模的依据[1]。

城市交通客流的发展趋势和时空分布规律与以下几点主要影响因素有关。

1) 城市土地利用

随着城市化进程的加快、城市人口进一步集聚和城市用地的不断扩大,交通客流量会随之增加,其时空分布规律也会发生较大变化。人们的出行时间和出行距离随着用地规模的扩大而增加。

2) 城市社会经济的发展

随着社会经济的不断发展,人们生活水平逐步提高,人均日出行次数也逐渐增加,这便对城市交通提出了更高的要求,即城市交通要为人们提供准时、安全、舒适等优质服务。

3) 外向型经济的发展

随着改革开放的不断深入,各城市呈现出外向型的经济发展,流动人口数量将会有较大增长,客流量也会随之增加。

4) 城市大型人流集散点的分布和建设

为了有利于缓解城市交通压力,合理组织城市客流,城市中的大型人流集散点的分布应采取大分散、小集中的原则。而现状却是,大城市的旧市中心(CBD)地区是建筑、人口、工作岗位的高密度地区,同时又是城市交通高度集聚的地区,随着城市综合开发,旧市中心地区的建筑、人口、工作岗位进一步集聚。北京、上海等城市是典型代表。这种继续强化旧市中心的战略必将导致城市交通困境,尤其是在客运交通方面。

城市客流预测一定要把握城市大系统中会引起客流变化的相关因素。通过分析城市土地利用规划、人口特征变化、社会经济发展水平、大众对城市客运交通价值观念的变化和城市客运交通相关政策等,预测城市未来客运交通的发展趋势,提出合理的城市客运交通结构,以此作为城市轻轨交通建设的客流依据。采用定性和定量相结合的方法,提出城市客运交通设施相互协调发展的政策和措施。一个城市是否需要建设轻轨交通,关键的依据是城市沿轻轨线路客流量的大小,在进行轻轨线路客流研究时,既要分析现状城市客流的特点,又要分析随着城市土地开发未来客流量的增长趋势,以此建立数学模型,从而预测未来的城市客流量,为选择轻轨交通提供科学的决策依据。

2. 客流需求预测的内容

1)预测条件界定

研究与具体项目相关的社会经济环境和区域地理条件,明确相关重要影响因素的增长状况,包括区域内其他相关运输方式的建设计划。

2)远期年份运输需求总量及分布预测

分析预测远景年区域内的出行总量、各节点(小区)的交通发生量和吸引量。根据规划与工程建设需要,可以选择不同程度的需求预测要求。

3)不同建设方案下不同方式分担结构及网络分配结果

根据不同的网络建设方案,选择相关的需求分配参数,结合运输需求预测结果,研究综合网络上的流量分配状况,按规划与建设的具体需要给出不同远景年各种运输方式的分担比例及轨道交通线网上的OD分布,包括各具体路段上的OD构成、平均运距等参数。

4)需求预测的灵敏度分析及评价

研究客运需求预测结果在不同的票价方案、交通网行程条件和基础参数下的变化率。研究规划方案实施前后综合网络服务水平(负荷)的变化,以确定能力不足或富余的区段,从而为优化规划方案提供依据。

3. 其他工作

(1)验证预测模型的精度。在现状运输网络上进行现状交通量的需求预测,通过预测结果与实际需求状况的对比分析来检验"四阶段"需求预测模型的精度。

(2)提供网络规划依据。在现状运输网络上进行未来交通量的需求预测,通过供需状况分析现状运输网络的不足,为运输网络规划提供依据。

(3)评价网络方案的优劣。在规划运输网络上进行未来交通量的需求预测,通过分析供需平衡状况来评价运输网络规划方案的优劣。

2.1.2　客流预测方法

1. 预测框图

在"四阶段"需求预测的基础上,通过出行产生和出行分布得到全方式出行矩阵后,利用出行方式划分和交通分配的组合模型,在城市道路网、公交线网和轨道交通线网组成的综合网络上进行城市客运交通全方式划分和交通分配,从而得到轨道交通线路各站点吸引和产生的客流量。

由于该方法是在城市道路网、公交线网和轨道交通线网组成的多种网络上进行方式划分和交通分配,因此算法比较复杂。考虑到实际操作的可行性,往往需要对网络进行一些简化,如只考虑主要干线上布置统一的公交线网,而不考虑支线上的公交。不过,不考虑常规公交网与快速轨道交通线网的衔接,会在一定程度上影响客流预测的结果。

轻轨交通系统客流预测框图,如图 2-1 所示。

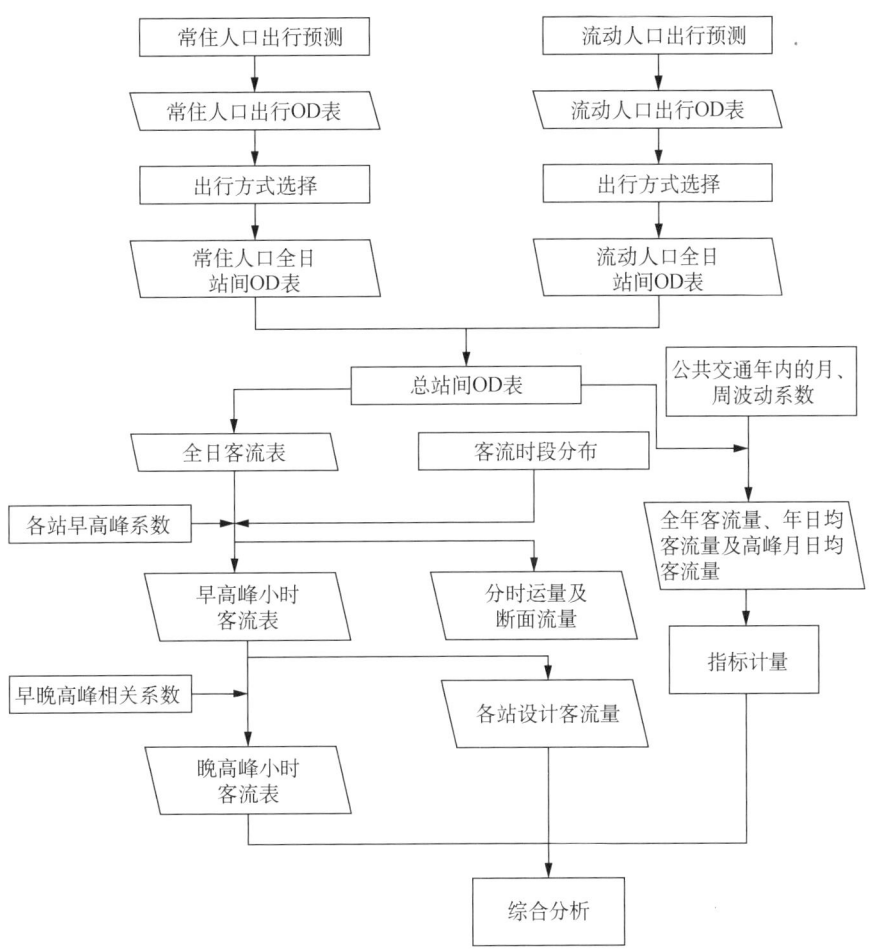

图 2-1 轻轨交通系统客流预测框图

2. 客流预测总体要求

1) 预测期限

进行客流预测时,预测期限与规划期限一致,具体如下:

(1) 初期:运营后第 3 年;
(2) 近期:运营后第 10 年;
(3) 远期:运营后第 25 年。

另外,需要注意以下几点:

(1) 客流预测期限中的初期应指一条轻轨交通线路全线通车后的第 3 年，如果分期修建，分期开通，则需预测首期工程的初期客流量。

(2) 客流量与路网关系很大，各预测期必须与该期的路网相适应，切不可只计算本线。如果远期本线已向外延伸，也必须考虑此种情况。

(3) 当计算 1 号线的客流时，如果 2 号线通车后的第 3 年不在 1 号线通车后的整 10 年上，则应增加 2 号线各预测期 1 号线的客流预测。总之，客流预测要考虑路网总体，而不是仅考虑某一条线。

2) 关于出行预测

出行预测的内容应属于城市交通规划，由于规划期限不同，往往要进行出行预测，但必须注意与城市交通规划相协调。考虑到流动人口与常住人口的出行特征区别较大，所以两类人群的出行预测应分别进行。

3) 关于交通方式的选择

交通方式的选择是客流预测的核心，而模型选择和参数标定的难度都很大，一般要经过多次试算才能满足宏观要求。人们的出行意愿是多目标的，一般应考虑以下几点：

(1) 迅速——出行时间；

(2) 经济——票价和时间价值；

(3) 方便——车外时间、等车时间和换乘次数；

(4) 舒适、准时、安全等。

其中，"时间"是个综合性比较强的指标，故可采用时间比模型及综合效用比模型。可以通过当前的出行意愿调查，根据社会、经济发展趋势来推定远期参数，也可用层次分析法来标定综合效用值。

分别处理常住人口出行 OD 表和流动人口出行 OD 表，再合并为轻轨交通站间 OD 表。

4) 轻轨交通客流计算

由轻轨交通站间 OD 表确定全天轻轨交通客流表，再按各站的早高峰系数得到高峰小时客流表，通过早、晚高峰的相关关系，得到晚高峰小时 OD 表。

3. 客流预测的方法

根据各城市过去所采取的工作，大致可以分成两类，其各自的城市客流预测方法也有所不同。

1) 没有进行过城市居民出行调查的城市

这类城市主要应用历史统计资料，采用时间序列趋势外推的预测方法，一般应有 10 年以上的统计资料。应用此法预测近期客流量是可行的，但预测远期客流量时采用趋势外推，其预测精度就难以保证。

2) 进行过城市居民出行调查的城市

有过居民出行调查的城市，当进行流量预测时，可充分应用居民出行调查所得的参数建立"四阶段"预测模型，即城市客流的生成模型、交通分布模型、交通方式划分模型及客流量在线网分配模型。

城市客流预测的步骤大致如下:

(1) 以城市用地为特征的交通小区是研究城市客运交通的基本单元,交通小区划分时要与现有行政界限相结合,即考虑自然河流、山脉的分割及铁路等屏障,考虑用地特征和人口规模。一般同一用地类型的土地应尽量划分成一个或若干个交通小区,从而人口规模不至于相差太大,一般一个交通小区的人口数量为3万~5万人。

(2) 道路网络及交叉口节点编码:在充分研究现状网络的基础上,结合规划网络,从而对城市交叉口路口节点进行编码。由于现在普及的是微型电子计算机(简称微机),鉴于其容量限制,城市交叉口路口数量一般应在200个以下,以便应用微机进行数据处理。

(3) 确定城市客运有关参数。

(4) 研究预测方法。

(5) 建立预测模型。

(6) 提出城市轻轨线路设想方案,可以把几种设想方案进行比较选择。

(7) 将预测客流量按一定的规则分配到设想的几个轻轨线路方案上,并反复计算,从客流角度提出轻轨线路的最佳方案。

(8) 在预测基础上,提出轻轨线路高峰小时单向客流量,高峰断面客流量及各站点上下车客流量,为轻轨线路及工程设计提供依据。

以上客流预测方法及步骤仅是在国内几个城市进行可行性研究的基础上提出的,尚需不断完善和提高。

4. 居民出行生成模型

居民出行生成模型常用的有回归分析模型和交叉分类模型[19]。

1) 回归分析模型

回归分析模型是一种被广泛使用的科学方法,通过它可以建立起出行量与交通小区土地利用和社会经济特征之间的函数关系。

回归分析模型的自变量选择要满足有效性的要求,同时其变量在社会经济预测中应能获得定量的概念。回归模型可以应用交通规划中的数据建立,费用较低,但这种模型也存在一定的问题。其各变量之间的关系应当是高度相关的,但有时可能凭个人主观估计,导致模型参数随时间出现不稳定的情况。有关变量的确定要有充分的依据,由于预测时采用了各区的平均值以及在一个交通小区内社会经济变化不明显等原因,有可能使预测产生较大误差。

回归模型的数学表达式如式(2-1):

$$Y = a_0 + a_1 x_1 + a_2 x_2 + \cdots + a_n x_n \tag{2-1}$$

式中 Y——交通小区出行生成量;

$x_1, x_2, \cdots, x_n$——交通小区生成量的相关变量;

$a_0, a_1, a_2, \cdots, a_n$——正常数项。

为了消除可能出现的虚假现象,通常也有用常数项为零的回归分析模型,数学表达式为

$$Y = a_1 x_1 + a_2 x_2 + \cdots + a_n x_n \tag{2-2}$$

式中符号的意义同式(2-1)。

2) 交叉分类模型

交叉分类模型的建立需要的数据量较大,因而出行调查的样本数量必须足够多才能使新获得的出行主体交叉类型的平均出行率具有代表性。

国外常用的交叉分类方法是以家庭为基本单位,按出行者的家庭自然特征(人口/户)、出行者的社会经济特征(收入/户)和出行者家庭拥有交通工具的状况(小汽车数/户)进行交叉分类。

国内在研究用地和交通关系时,直接采用土地利用强度指标,将交通出行对象和交通出行目的等划分成 n_1、n_2 和 n_3 三种类型,对之进行交叉分类,即可得到 N 种分类,通过对调查数据进行分析,可得到 N 种分类的交通出行率 θ_i,$i=1,2,3,\cdots,N$,如此交通生成量可用式(2-3)表达:

$$Y = \sum_{i=1}^{N} \theta_i \times M_i \tag{2-3}$$

式中 Y——交通小区出行生成量;

θ_i——第 i 类交叉分类的出行率;

M_i——第 i 类交叉分类的参数变量;

N——交叉分类的总分类数。

交叉因素选择的一般方法是考察某一因素变化,当其主因素不变时,交通出行生成发生变化,并认为这种变化完全是由该因素单独作用引起的,根据它对出行生成的作用大小决定该因素是否入选。

上海在这方面做了大量工作,从不同角度将居民进行分类:常住人口和非常住人口;有自行车和无自行车;职工、中小学生、大学生、非劳动人口、农民和社办企业职工,并可交叉分成 24(2×2×6=24)个类型。共有 9 种出行目的:基于家的工作出行、购物出行、中小学生上下学出行、大学生出行、公务出行、其他出行及非基于家的工作出行、上学出行和其他出行。居民出行的吸引,把城市用地类型划分成 14 种,分别计算 5 种吸引目的(基于家的工作、购物、上学及其他吸引、非基于家的吸引)的居民出行吸引率。

5. 出行分布模型

交通出行分布模型是将各交通小区的生成量分解成各交通小区间的出行量(OD 分布量),以此给出 OD 分布图(又称希望线图)。

出行分布模型很多,常用的首先有增长系数法,如福来特模型(Folater Model)[20],该法主要用于出行表的短期修订,适用于城市土地利用变化不太大的城市。其次是重力模

型,它以不同形式已存在了一百年以上,是应用牛顿万有引力定律的原理,认为人类出行的空间相互作用和在空间分布的物质实体的引力相互作用类似牛顿万有引力定理 $\left(F=\dfrac{m_1 \cdot m_2}{d^2}\text{,其中} m_1 \text{和} m_2 \text{表示两个物体的质量,} d \text{表示它们之间的距离}\right)$。当应用于城市交通时,假定两个交通小区 i 和 j 之间的出行量 T_{ij} 与交通小区 i 的发生量 T_i 及交通小区 j 的总吸引量 T_j 的乘积成正比,与两交通小区间的距离 d(或时间、费用)幂次方成反比关系,其数学表达式为

$$T_{ij} = K \frac{T_i^\alpha \times T_j^\beta}{d^\gamma} \tag{2-4}$$

式中 T_{ij}——交通小区 i 和 j 之间的出行量;

T_i——交通小区 i 的发生量;

T_j——交通小区 j 的总吸引量;

d——交通小区 i 和 j 之间的距离(或时间、费用);

K——社会经济修正系数;

α,β,γ——常数项。

在美国,将重力模型应用于城市交通已有二十多年的历史,在我国也已经应用了十多年,它体现了城市土地利用状况及交通水平对交通出行分布的影响,而无须借助现状 OD 分布情况,是目前应用最广泛的分布模型[21]。

在重力模型的基础上,又产生了修正的重力模型,被称为复合重力模型。而我国则是在重力模型的基础上引入了城市布局的修正系数,使之更符合我国城市的实际情况,其数学表达式为

$$\theta_{ij} = \frac{P_i \times A_j \times F_{ij} \times K_{ij}}{\sum_j A_j \times F_{ij} \times K_{ij}} \tag{2-5}$$

式中 θ_{ij}——交通小区 i 和 j 之间的出行分布量;

P_i——交通小区 i 的发生量;

A_j——交通小区 j 的吸引量;

F_{ij}——交通小区 i 和 j 之间的出行阻抗系数;

K_{ij}——交通小区 i 和 j 之间的城市布局调整系数。

此外,还有直接利用交通小区的土地利用状况来代替重力模型中的出行发生量和吸引量,模型的一般表达式为

$$\theta_{ij} = K_{ij} \times L_i^\alpha \times L_j^\beta \times F_{ij} \tag{2-6}$$

式中 L_i——交通小区 i 的土地利用状况;

L_j——交通小区 j 的土地利用状况;

其他 θ_{ij},K_{ij},F_{ij} 的含义同式(2-5)的参数说明。

式(2-6)把交通小区的出行分布和交通小区的用地指标直接挂钩,使交通出行生成和分布在同一阶段完成。此外还有熵模型、竞争机会模型等。

6. 交通方式选择

交通方式选择又称为交通方式划分。在我国,城市客运交通方式的划分主要是研究城市公共交通(电汽车、轨道交通)、自行车、步行及其他交通方式各自承担城市客运量的比重。

根据交通方式划分在交通预测中的位置也可分为以下四类:

(1) 在出行生成阶段进行,直接生成各种交通方式的出行发生量和吸引量;

(2) 在出行生成和出行分布之间进行;

(3) 作为出行分布的一部分进行;

(4) 在出行分布和交通分配之间进行。

在国外,人们对于交通方式的选择在很大程度上取决于交通系统的方便性与舒适性,例如某人有急事,只要在规定时间内到达目的地,多付些费用也是可以接受的。从城市总体出行角度来说,出行者对交通方式的选择是不确定的,也就是有个交通方式选择的概率问题(概率法)。

在我国应用最多的是用曲线转移法来确定各种客运交通方式的比例,因选择的变量不同,又可分为以下三种类型:

(1) 各种交通方式比例随出行时耗而转换的关系;

(2) 各种交通方式比例随出行距离而转换的关系;

(3) 各种交通方式比例随出行时间之比而转换的关系。

目前,在上述三种类型曲线转移法中,随出行距离而转移用得较多。但在研究轻轨线路客流时,分析使用公共电汽车和自行车的时耗与使用轻轨的时耗之间的比例关系更具现实意义。由于涉及各种交通方式的运行速度问题,出行时间的标定是其分析的难点。

城市客运交通方式划分涉及的因素很多,在我国其结构处于极不稳定的状态。城市的社会经济、城市布局、自然地理条件、国家对交通的技术和经济政策及城市基础设施水平等因素对交通方式的选择影响甚大。近年来已发展到在定量的基础上采用与定性相结合的方法,科学合理地确定城市客运交通方式的构成比例。

7. 交通量在路网上的分配

交通分配是把各种交通方式的OD分布量按一定的规则分配到具体的交通网络上,从而得到各阶段的客流量。目前,常用的分配模型有:转移曲线分配模型、最短路径分配模型(又称全有全无分配模型)、容量限制分配模型、多路径概率分配模型和平衡分配模型。

交通分配模型的另一种分类则是根据其是否符合Wardrop分配原则划分成平衡分配模型和非平衡分配模型,有的学者又进一步把非平衡分配模型分为动态和静态两种。

目前,较为推荐且常用的几种模型如下。

1) 最短路径分配模型

交通分配时总是选择最短路径进行分配,出行者有完整的信息,并选择出行费用最小的路径出行。其缺陷是有的路段上最终没有分配到交通流量,但实际上或多或少总会有交通流量的,由于此模型算法简单,运算工作量少,因而在实际工作中得到广泛的应用。

2) 容量限制分配模型

为了避免最短路径分配模型的缺陷,考虑到路网上任一路径,其出行费用往往受设施容量限制的影响,特别是当交通量接近或超过道路运行能力时,其出行费用会急剧增加,容量限制分配模型可以将总的 OD 表分成 K 个 OD 表,再将其一份一份地逐步分配到路网上。

3) 多路径概率分配模型

多路径概率分配模型是基于以下假设:对路网上任一确定的路径,其出行费用是稳定的,而出行者所掌握的路网信息却是不完整的,但总是选择最短路径出行。该模型将流量按不同比例分配到连接两个小区的诸多路径上,对复杂的路网分配尤其有效。

8. 轻轨站点客流分析

轻轨站点规划客流是从其他交通方式的客流分离而来的,总的原则可以按此进行分析:从 O 点到 D 点的客流,可以有几种交通方式的选择,但究竟选择何种交通方式?目前是通过几种交通方式所需时间的比较来进行选择。

假定利用轻轨交通从 O 点到 D 点的时间为 T_R,使用常规公共交通所需的时间为 T_B,当 $\dfrac{T_R}{T_B}<1$ 时,很自然地出行者选择轻轨交通;当 $\dfrac{T_R}{T_B}>1$ 时,出行者会弃轻轨而选择常规公共交通。

对自行车和轻轨进行选择时,假定利用自行车从 O 点到 D 点的时间为 T_C,当 $\dfrac{T_R}{T_C}<1$ 时,选择轻轨;当 $\dfrac{T_R}{T_C}>1$ 时,选择自行车。

上述方法实际应用时,涉及各种交通方式的时间标定问题,实际上也就是各种交通方式运行速度的标定问题,因为从 O 点到 D 点的距离是一定的,一旦速度标定后,其运行时间也就确定了。目前可以这样标定,通常大家所公认的各种交通方式合适的速度分别是:步行的速度为 4 km/h,自行车的速度为 6~7 km/h,常规公共交通的速度为 15~20 km/h,轻轨的速度为 35~60 km/h。

针对轻轨交通各站点上下车乘客的流量计算,因其影响因素很多,且国内尚缺乏统一的计算方法,因此根据国内几个城市现有的客流预测方法,以供预测轻轨站点上下车乘客流量作参考。

1) 增长系数法

在旧城用地变化不大的情况下,为了预测未来轻轨客流上下车乘客人数,可以现状线路公交客流为基础,研究其站点到交通小区和交通小区到站点的 OD 客流规律,对于未来客流的预测,采用平均增长系数,获得规划年的 OD 矩阵表(站点—小区 OD 表、小区—站点 OD 表),即可求出规划年站点上下车客流量及高峰断面流量。

在研究增长系数时,要考虑城市土地利用、社会经济发展及道路网络的完善程度等,从而才能求出综合增长系数。由于现状公共交通不能满足实际需要,供需间存在一个差异值,因此也可求出差异系数。将现状公共交通客流量乘以差异系数即为实际客流量(可能发生的客流量),用数学表达式表达即为

$$\left.\begin{array}{l} \theta_i = K \cdot S \sum \theta_{ji} \\ \theta_j = K \cdot S \sum \theta_{ij} \end{array}\right\} \tag{2-7}$$

式中　i ——轻轨站点的顺序;

　　　j ——交通小区的顺序;

　　　θ_i ——轻轨站点的上车人数;

　　　θ_j ——轻轨站点到各交通小区的下车人数;

　　　K ——综合增长系数;

　　　S ——现状客流和实际需求的差异系数;

　　　θ_{ji} ——交通小区 j 到站点 i 的客流量,上车人数;

　　　θ_{ij} ——轻轨站点 i 到各交通小区的客流量,下车人数。

2) 时间优化追踪分配法

该方法建立在交通规划常规的四阶段预测基础上,从全市客流的生成、分布预测入手,通过交通方式划分和时间优化追踪分配,获取各交通分区轻轨客流 OD,再以交通分区轻轨客流 OD 计算得到轻轨站点客流 OD,进而得到轻轨端点的乘降量和路段流量,主要的工作步骤为:

(1) 预测未来交通小区客流 OD。

(2) 建立交通方式转移模型:提取各交通方式的 OD 客流量参数,包括自行车和步行。

(3) 建立交通分区轻轨出行 OD 转移模型,按出行时间最短原则,在道路网上(含轻轨线网)实现公共交通、自行车与轻轨多种交通方式的比选。当 $\dfrac{T_R}{T_B} < 1$ 及 $\dfrac{T_R}{T_C} < 1$ 时,将该 OD 值计入轻轨交通分区客流 OD 之中。

(4) 建立时间优化追踪分配模型,从轻轨交通分区客流 OD 中,计算轻轨站点 OD,该模型考虑三个约束条件:①居民一次出行时间;②居民出行起讫点至轻轨站点的时间;③居民出行在轻轨线路上的乘行时间。

根据约束条件的不同组合,得到多个分配结果,然后将其叠加,即得到轻轨站点客流 OD。

(5) 根据轻轨站点客流 OD 计算站点乘降量和路段客流量。

9. 轻轨线路设计客流量的确定

由于城市客流预测涉及因素较多,根据国内外的经验,必须详细掌握现状交通和城市发展资料,特别是城市土地利用、人口规模和分布及社会经济发展等资料。在建立预测模

型时,应有数据库支撑,使预测值尽量少偏离今后实际发生的客流量。

轻轨交通是介于公共电汽车和地铁之间的一种中等运量的交通工具。公共电汽车单向每小时可输送 3 000～6 000 人次(含通道车在内);地铁运量大,单向每小时可输送 30 000～60 000 人次。轻轨单向每小时可输送乘客 10 000～30 000 人次。

轻轨客流量的确定应采用定量和定性相结合的方法,从城市区域客流出发,以轻轨交通和其他客运方式之间相互衔接和协调发展为目标,使轻轨交通达到最佳的社会经济效益。

轻轨线路设计客流量的确定原则如下:

(1) 轻轨客流预测时要有数据库的支撑,客流预测模型须通过实际资料的检验,且符合精度要求。

(2) 在城市客流总量预测的基础上,要深入研究城市客运交通的构成比例,研究其影响因素,在定量预测的基础上与定性相结合,科学合理地确定城市轻轨交通所占城市总客运量的比例。

(3) 城市轻轨线路和客流量的确定应当与城市公共电汽车交通网络之间协调发展,避免仅仅以轻轨论轻轨。

(4) 轻轨线路的设计年限近期为 10 年,远期为 25 年。其建设是百年大计,应从远期着眼,近期入手,近远期相结合。轻轨的地下建设部分,其站台长度和客流容量应从远期着眼,一次建成。其地上和地面部分则可采用分期建设的办法。

(5) 轻轨线路的建设周期较长,从轻轨的可行性研究方案选定、初步设计、施工图设计到实施建设等,要经过若干年时间。因此,其分期建设的客流规模可以设定为三个等级,即 10 000 人次、20 000 人次及 30 000 人次,近期设计客流规模为 10 000～20 000 人次,远期为 20 000～30 000 人次。近期前 5 年可按 15 000 人次考虑,远期前 10～15 年可按 25 000 人次考虑。以上是基本的设计客流标准,但最大设计客流量应在 40 000 人次以下,当客流量大于此数据时应考虑修建地下铁道。

2.2 行车组织与运营管理

2.2.1 系统设计规模

1. 设计客运量

客流预测及设计客运量的取值是确定线路系统客运能力的依据,也是行车组织设计最基础的资料之一。根据各城市客流时间分布的特点,最大断面客流大多产生于早高峰时期,且高峰与平峰的客流量相差较大。所以,在选取设计客运量前必须充分分析客流在空间和时间上的分布规律,以及各站客流集散量的大小,从而有利于合理确定车辆编组、行车计划、车站规模以及计算各种运营参数。轻轨工程的建设规模、设备容量以及车场等用地面积应按远期设计客运量和运营规模来确定,且适宜分期扩建和增设。

2. 行车通过能力

轻轨交通系统的通过能力是一个综合指标,它取决于路权、线路型式、信号系统、车辆性能、折返能力、停站时间、交叉口通过能力、运营管理水平等诸多因素。根据各站上下客的客流量计算,一般车辆停站时间应控制在 30 s 左右。根据近、远期的设计客运量,行车通过能力根据不同线路型式可按 20~30 对/h 来考虑,即行车间隔为 2~3 min,必要时应预留进一步缩小行车间隔的潜力,这时对各站同方向列车的连续到达间隔需要检验。对于全封闭线路,行车通过能力不宜低于 30 对/h;对于允许设置平交路口的专用路权线路而言,其行车通过能力可按城市道路交通具体情况分析确定,一般情况下不低于 20 对/h;对于部分封闭的线路(类似 Tram-train),行车通过能力可根据线路型式分段计算。

3. 系统运输能力

1) 车辆编组

根据系统的设计客运量、车辆定员数和通过能力可计算出车辆运行的编组方式,以 C_i 型轻轨车辆为例,一般可按三模块运行,最多可连挂成六模块运行。

2) 最大运输能力

目前,世界上一些发达国家的轻轨运营计划的站立标准按 4~6 人/m^2 进行设计。我国地铁、有轨电车的站立标准目前按 5 人/m^2 设计居多。考虑到我国不同城市的具体情况,一般可以按 6 人/m^2 考虑,但若城市已有地铁系统或有轨电车系统在运营,轻轨系统的定员标准应与其保持一致。按行车通过能力 20~30 对/h 计算,系统每小时单向客运能力为 10 000~30 000 人次。

3) 车辆配置

原则上应按近期客流设计量配置车辆数,若受基建投资限制,也可考虑按初期客流设计量来配置车辆数。当然,配置车辆的总数应考虑运用车、备用车和检修车,以保证初期客运的正常运行。

4. 运营计划

1) 营业时间

按城市公共交通客运习惯,轻轨交通的营业时间亦可定为 5:00—23:00,其中 23:00 一般指末班车在两终端站发车,实际营业时间为 18.5 h。按照我国东西部的时差,各地做相应调整。其他时间作为设备维修保养之用。

2) 全日行车计划

制订全日行车计划(各时列车开行方案)的依据如下:

(1) 交通需求:轻轨交通全日客流的时段分布,以及以此推定的各时段最大断面流量或各线路分段断面流量的量级;

(2) 服务水平:为了保证服务水平,必须保持一定的发车间隔,全日大部分时间(例如 6:30—20:00)行车密度最小的路段,其列车运行间隔不宜大于 6 min,线路中段不宜大于 4 min;

(3) 考虑行车密度发生变化的过渡时段,使其在铺画运行图时有实现的可能;

（4）全日行车计划的内容：全日各时段开行各种列车（长短交路）的对数，以此制订高峰小时及相邻时段（5:00—9:00）的车辆周转图，用以验算车辆配置量，也可编制全日列车运行图。

2.2.2 行车组织

轻轨运营组织应根据线网规划、客流预测和交通管理需求，明确系统的管理模式、运营规模和建设规模，并在轻轨线网基础上，明确不同线路之间网络化运营的衔接和换乘关系，以及与其他交通方式的衔接关系。轻轨配线设置应满足各种运营状态下运营管理的需求，并应具有良好的适应性和灵活性。

网络化运行的线路，在同一轨道路段上可允许多条线路列车共线运行，不同线路的列车宜按先到先占用的原则，追踪运行。

1. 行车交路

轻轨线路各区间的断面客流量一般是不均衡的，个别线路之间也会相差很大，如果按照最大断面客流量开行一种列车，将导致车辆满载率不高，从而造成一定的浪费，所以应视线路的具体情况采用长短交路的行车组织方法。其中，短交路的起止点车站为中间折返站（如线路一端客流量特大时，短交路也可能在终端站折返），中间折返站的设置要考虑车站两端区间断面客流量的差别，同时也要顾及不同种类列车之间运能的均衡性。另外，在短交路中，短途乘客会上长交路的列车，但长途乘客不会上短交路的列车，这种乘客心理会使长交路列车负荷过重，短交路的列车又较闲，或者引起乘客在站台的多余滞留和不必要的再换乘。因此，短交路不宜过短，同时开行的列车种类一般不宜超过两种。

2. 乘务制度

按照轨道运输系统的乘务制度，可分为包乘制和轮乘制两种。包乘制的司机连续工作时间较长，劳动强度大，但有利于车辆的使用、管理和维修。轮乘制则是司机劳动强度较小，虽然同样能提高车辆的运用效率，但不利于车辆的维修保养。轻轨交通选用何种乘务制可根据企业管理的具体条件或按设计来确定。

3. 调度指挥

为了保证轻轨车辆的安全运行，可采用中央集中控制和车站控制两级调度，但结合轻轨的特点，也可仅考虑中央集中控制的调度方式。这要根据行车条件、管理水平等多种因素经权衡后做出选择。

2.2.3 客运管理

1. 站务管理

车站是轻轨线上运营管理工作的基层点，是乘客出入、集散和乘降轻轨的场所，也是轻轨车辆运行的组织机构之一。所以，站务管理的原则是认真执行行车及客运管理规章制度，保证行车乘客的安全，协调全线的运输生产。

根据生产岗位的需要，轻轨车站应设行车值班员、售票员、检票员及站台服务员。规模较大的车站还可设站长和办事员。

为了给乘客创造一个舒适、便捷的旅行环境,使乘客能有序乘车,在各列车和车站进出口、通道、楼梯、站台等地应设置向导标志。

2. 票务管理

轻轨车站通常为开放式站台,车站空间也较小,车站内一般不设置检票闸机,而是采用车上售检票或车站售票车上检票的模式。

其中,车上售检票模式是指售票和检票都在车上通过售票员或车载刷卡机完成。持IC卡的乘客在车上通过车载检票机付费同时完成检票,其他乘客在车上售票员处完成购票同时也完成检票,这种模式需要设售检票工作人员。

车站售票车上检票模式是指售票在车站完成,检票在车上完成。持IC卡的乘客在车上刷卡付费检票,其他乘客通过设置在车站的售票机付费买票同时获得购票凭证,在车上或车站由工作人员实施抽样检票。这种模式需要在车站设置售票机,并配备检票的工作人员。

除了上述两种主要的售检票模式外,当轻轨线路采用全封闭线路时,也可采用类似于地铁的自动售检票(Automatic Fare Collection,AFC)系统,即车站售检票模式,售票和检票均在车站完成。持IC卡的乘客在车站通过闸机刷卡付费的同时完成检票,其他乘客在车站售票机购票后通过检票闸机进入车站。这种模式需要在车站设置售票机及检票闸机,并配备相应的服务管理人员。

2.3 线路与站点分布

2.3.1 概述

线路规划是轻轨交通工程前期研究的关键内容,是在已经确定的轨道交通线网规划基础上,研究线路的路由方案、敷设方式以及站点选择。轨道交通线网规划对各条线路的走向已有粗略的规划,然而在城市建设过程中会发生一些变化,如城市用地规划的调整、建设时序的变化、大型客流集散点的重新选址等,对线路走向和站点布置都将产生重要影响,在建设前需要加以研究。

1. 选线的基本原则

1) 符合城市总体规划

轨道交通建设是为城市发展服务的,也为市民提供了便利的交通工具,从而缓解城市交通拥堵,促进城市的可持续健康发展,因此轻轨选线必须符合城市总体规划。

然而,轻轨运行时会产生震动和噪声,尤其是高架线路,对此应根据城市的历史、人文、地理、经济等多方面因素,综合研究轻轨交通投资、社会效益、经济效益、环境景观等多种因素,以确定其最佳建设形式。

2) 符合城市轨道交通线网规划

轻轨交通选线应符合城市轨道交通线网规划,具体包括:确定线路走向,拟定车站位置,处理好与其他线路的平行间距和相交换乘关系,稳定线路起讫点、接轨点和换乘节点。

重点研究线路平面位置和敷设方式,并进行多方案比选,初步确认线路路由及与其他轨道交通线路、道路、桥梁、河流及地下管线的空间布局关系,并优化站点布置。

3) 节约城市土地资源

轻轨应尽可能地与城市道路共用通道,与道路红线及城市主要建筑物平行,其车站、出入口等在有条件的情况下应尽量与城市建筑相结合。同时,需要对沿线土地的现状利用情况、现行规划情况进行梳理,与相关规划进行协作,对站点影响范围内的可储备土地提出规划优化及调整建议,为轻轨与土地利用之间的相互协调创造条件。

4) 做好交通方式衔接

研究轻轨与公交、小汽车、自行车等其他交通方式之间换乘衔接的便利性,换乘站点应结合沿线及相交的在建和已建成的轨道交通线路条件,设计换乘方案,并考虑预留换乘条件。

5) 有利于运营组织

根据客流预测结果考虑运营交路、旅行速度及车辆配置等,根据运营组织和行车交路,结合线路条件优化折返、渡线、联络线及出入段线的配置方案,达到方便折返停车、灵活调度、缩短折返时间和折返线长度等有利于运营的目的。

6) 考虑工程建设条件

工程建设条件包括地形、道路、高压走廊、地下管线、重要建筑物(例如属于文物保护的建筑等)、环境景观、地质水文条件、施工交通疏解条件等,应综合考虑尽量做到减少建筑物拆迁和沿线各类管线切改工程,做好沿线文物保护方案,为将来施工提供便利。

2. 选线的影响因素

线路选线的确定受线路功能定位及建设规模的影响,需要根据客流的控制点以及主要集散点,形成客流走廊和主要客流方向[4]。

线路的路由是由其平面和纵断面决定的。平面设计应考虑节约资金,处理好与城市建筑物的协调关系,平面图上除应表明与城市坐标网和道路规划红线的相互关系外,还应标明里程、曲线要素、车站、桥隧及人工构筑物等特征资料。纵断面则应与平面线形和里程密切配合,标明地面标高、设计坡度、设计标高和地质概况等数据资料。

线路平、纵断面设计应保证行车安全和平顺,使轻轨运行期间达到车辆不脱钩、不脱轨、不运缓和旅客乘车舒适等要求。

由于轻轨线路在市区通过,而且在线路上还要修建车站、桥涵、隧道、路基、路口和防护工程等。因此,不仅要考虑各类建筑物对线路的各种技术要求,还要考虑它们与城市环境之间的协调配合,使总体布置尽量合理。

2.3.2 轻轨线型

1. 轻轨线型的类型

轻轨的技术特点使得线路定线和布站可以多样化,相对地铁而言,轻轨线路的地面线形比重大,可在陡坡和小曲线半径上运行。一般情况下,轻轨线路多以地面线型为主,只有在繁忙的交叉路口或地势起伏等自然地形条件下才考虑高架或地下敷设方式[11]。

轻轨线型可以选择以下六种布置方式:

(1) 轻轨双线专用车道,设在道路中间,如图2-2所示。往往结合城市快速路或主干道布设,对于主要交叉口可以采用节点跨线桥或下穿隧道的方式,同时封闭部分次要交叉口。

图2-2　地面路中布置方式

(2) 轻轨双线专用车道,设在地面道路一侧,如图2-3所示。一般线路布置的该侧为河道、绿化等,出入口较少,容易实现隔离。

图2-3　地面道路一侧布置方式

(3) 轻轨双线混用车道设置在道路两侧,如图2-4所示,由于道路两侧出入口较多,一般无法做到完全专用车道。

图2-4　地面道路两侧布置方式

（4）轻轨双线高架布设，高架桥布设在道路路中，如图2-5所示。该方式距离两侧建筑较远，影响相对要小。

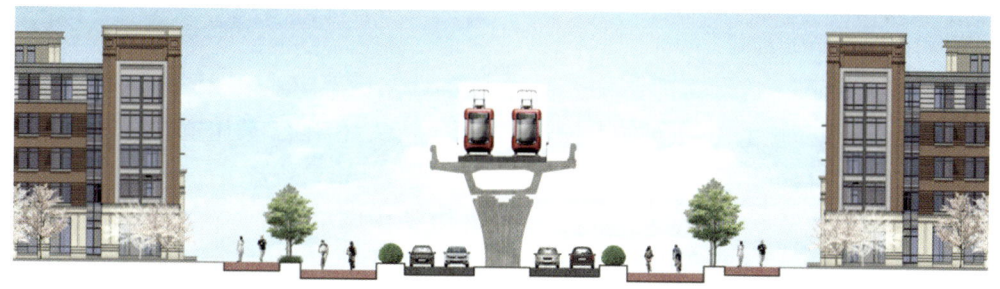

图 2-5　道路路中高架布置方式

（5）轻轨双线高架布设，高架桥布设在道路一侧，如图2-6所示。该方式车站设置相对简单，但需要协调与建筑的关系。

图 2-6　道路路侧高架布置方式

（6）轻轨双线地下布设，如图2-7所示。在客流量大和地面道路条件复杂的老城区，可以采用浅埋隧道的方式。

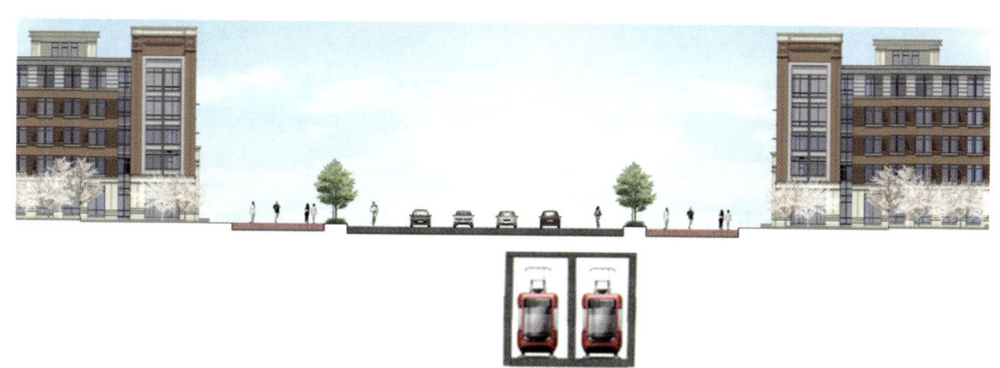

图 2-7　地下浅埋隧道布置方式

2. 地面线型的选择

综合考虑系统造价及运营效益两方面的因素，地面线应为首选线型，之后才是综合地形及横向道路交通的要求,灵活恰当地使用高架或地下形式。

地面线型可以分为混用车道和专用车道两大类。混用车道是轻轨地面线型中,投资最省但能力最低的一种,其采用条件有一定限制。在城市兴建轻轨交通时,应尽可能避免或少采用混用车道的形式。

当轻轨走地面时,应设轻轨专用道,其优点是:①与高架或地下线型相比,造价低、工期短、施工中交通干扰少;②在纵向上轻轨与汽车运行互不干扰,采用道口信号控制及机车信号装置后,可以增加行车密度、提高运行速度,使轻轨运营效益更加明显。

至于该专用道是上下行集中设在道路中央还是集中设在道路一侧还是分设在道路路中,视具体情况而定。

关于轻轨线路与地面道路横交的问题,首先应尽量避免二者平交,可以采取立交或封闭道口的方法。其次,若由于路口环境所限或资金问题,无法实现立交或封闭道口,则可采用道口信号控制与管理的方式来实现轻轨优先通行。

3. 高架和地下线型的选择

高架线型或地下线型造价较地面线型要高,而且主要在土建和信号上增加了造价,这就大大增加了初期投资。因此,审慎地选定地下(高架)线型是轻轨建设的一个关键因素。

1)地下(或高架)线型选择条件

(1)客流量大而且集中的繁华市中心区及客流量大且道路狭窄的市区内,地面线型导致交通拥挤,影响轻轨车安全快速行驶,必须用立交疏解交通量时考虑高架或地下线型。

(2)当轻轨线经由的道路较宽,且允许高架桥墩占用道路一定宽度或跨越铁路等障碍物时,采用高架(或地下)形式既解决了交叉干扰,又提高了通过能力。

(3)当轻轨线经过具有起伏条件的道路或狭窄的繁华商业街道时,采用地下线型较为有利。由于地下线型是造价最昂贵的一种形式,所以要求设计时尽量缩短长度,必要时可以不在地下线区段内设置车站。

2)地下(或高架)线型存在问题

(1)无论是地面转入地下或是地面转为高架,过渡段设置位置都是棘手的问题。当采用最大纵坡时,其过渡段线型长度一般约为170 m,这一长度在我国许多城市中选位难度较大,因此必须结合城市街区及道路发展规划,选择横交路口少的路段设置过渡段。

(2)地下线型还要增加照明、给排水、通风等专业技术设备。

2.3.3 线路平面与纵断面

1. 线路的平面设计

1)线路的线间距

与线间距相关的因素有:车辆宽度、车辆限界、设备限界、在线路之间安装架设与行车有关的设备、结构设计要求在线路中间占有的最小宽度以及相应的安全预留等,且各因素之间存在相互重叠的部分。

对于已经选定车辆类型的线路来说，车辆和设备限界数值是固定的，此时影响线路间距的因素只有布设形式。当上部受电架空线立柱在线路两侧的隔离位置上时，会减少线间距。若立柱在两线之间架设，要占用 400 mm，此时线间距为 3 800 mm；若立柱在两侧，线间距可减少为 3 200～3 300 mm。

2）平面组成和曲线要素

线路平面由直线和曲线组成，而曲线又可分为圆曲线和缓和曲线。在初步定线时平面图中可只绘出不加设缓和曲线的圆曲线，其要素为：偏角 α、半径 R、切线长 T_y 和曲线长 k。各要素之间的关系见式(2-8)：

$$\left.\begin{array}{l} T_y = R \times \tan\dfrac{\alpha}{2} \\ k = R \times \dfrac{\pi\alpha}{180} \end{array}\right\} \tag{2-8}$$

在详细定线时，平面图中要绘出加缓和曲线的平面线形，其曲线要素为：偏角 α、半径 R、缓和曲线 l_0、切线长 T 和曲线全长 K，公式为

$$\left.\begin{array}{l} T = (R+P)\tan\dfrac{\alpha}{2} + m \\ K = R\,\dfrac{\pi(\alpha - 2\beta_0)}{180} + 2l_0 = R\,\dfrac{\pi\alpha}{180} + l_0 \end{array}\right\} \tag{2-9}$$

式中　P——内移距离，m

$$P \approx \dfrac{l_0^2}{24R} \tag{2-10}$$

m——切线垂距，m

$$m = \dfrac{l_0}{2} \tag{2-11}$$

β_0——缓和曲线角，(°)

$$\beta_0 = \dfrac{90 l_0}{\pi R} \tag{2-12}$$

曲线起讫点之间的里程，可按常规方法推算。

3）直线

(1) 轻轨交通主要在城市区域内通过，在选定平面线路时，要充分考虑线路位置范围内的地形、地物和城市环境条件因素，使直线和曲线相互协调，线路位置达到最合理的状态。

(2) 线路的平面设计应力争设置较长的直线段，减少交点数量，以缩短线路长度，改

善运营条件。

(3) 选定直线位置时,应尽量减小交点偏角的度数。偏角大则车辆转弯太急,线路长度也要增大,同时车辆行经曲线时所要克服的阻力也要增加,日常运营费用也将加大。

(4) 相邻曲线间的夹直线长度

在地形条件困难处常有曲线毗邻路段,两相邻曲线间的直线段称为夹直线。两相邻曲线转向相同者称为同向曲线,转向相反者称为反向曲线。曲线起点与相邻曲线的终点不可直接相连,应在其间设置一定长度的直线,该直线的长度应尽可能长一些,以便为行车和维修提供较好的条件。在必须设置夹直线时,其最小长度应考虑以下两个因素:

① 线路养护要求。夹直线太短时,尤其是反向曲线,由于转向频繁,车轮对钢轨的横向推力加大,夹直线不易保持正确位置。从维修角度考虑,夹直线长度不宜短于 1~2 节钢轨长度,而标准钢轨长为 25 m,故夹直线长度以 25~50 m 为宜。

② 行车平稳要求。轻轨车辆从前一曲线通过夹直线进入后一曲线的运行过程中,因外轨超高和曲线半径不同,使被平衡的横向加速度频繁变化引起车辆左右摇摆,反向曲线路段则更为严重。为了保证行车平稳,乘客舒适,延缓其摇摆过程,夹直线长度不应短于车辆两个模块间的全轴距,一般取值为 15 m。

4) 圆曲线

(1) 最小曲线半径

轻轨车辆在曲线上行驶会产生离心力,解决的办法通常是在线路外轨设置超高,称外轨超高。根据物理学原理,外轨超高、曲线半径、曲线上的车速三者之间有以下关系:

$$\frac{V^2}{R} = g\frac{h}{s} \tag{2-13}$$

式中　V——车速;

　　　R——曲线半径;

　　　g——重力加速度;

　　　h——外轨超高;

　　　s——两轨中心间距。

由于实际行车时,车速值并非唯一,外轨超高值不可能刚好平衡离心力。所以,以平均车速为准,确定外轨超高,未被平衡的部分设一欠超高值来弥补,欠超高值的确定与乘客舒适度的要求有关。

从轻轨实际情况出发,根据最高运行速度要求,将最大外轨超高的取值范围定为 120~180 mm;选取欠超高值时,可以把未被平衡的离心加速度值取为 0.6~0.8 m/s²。这样一来,轻轨线路的最小曲线半径 R 可以取得小一些,使轻轨布线的灵活性大大增强。

最小曲线半径是轻轨线路中某一路段允许采用的曲线半径最小值,由于城市环境条件的特殊性,曲线半径很难取得理想值,但取值过小对行车安全不利。因此,结合城市道路布设情况,轻轨线路在正线上的最小曲线半径应不小于 40 m。

(2) 选定最小曲线半径的影响因素

选定最小曲线半径的影响因素主要有三个:①线路等级,等级越高或线路封闭条件越完善,就应设置尽可能大的最小曲线半径,以保证提高车辆运营速度;②行车速度,一般来讲,轻轨车辆的设计最高速度不受最小曲线半径的影响,故在建设投资允许的条件下,尽量选用大半径曲线,以满足客运发展的需要;③地形条件,对于平原浅丘地区的城市只要与既有建筑物相对位置处理好,通常对工程量影响不大。但在地形复杂的山区城市,曲线半径的大小对工程的影响是较大的,一般宜选定较小的最小曲线半径。

5) 缓和曲线

在直线与圆曲线之间应设置缓和曲线,以保证行车的平顺和安稳。在缓和曲线范围内,其半径由无限大渐变到圆曲线半径,从而使车辆产生的离心力逐渐增加,有利于行车平稳。在缓和曲线范围内,外轨超高由零逐渐递增到需要的超高量,使向心力逐渐增加,形成与离心力的增加相对应。当轨距需要加宽时,在缓和曲线范围内,可由标准轨距逐步加宽到圆曲线需要的加宽量。

缓和曲线是一种曲率渐变性的两次抛物线形的过渡性曲线,设计时通常简化为采用三次方程的抛物线线形。这种缓和曲线的优点是线形简单、长度较短、计算方便,易于铺设养护。

2. 线路的纵断面设计

线路纵断面设计主要包括最大纵坡的确定、坡段长度、坡段连接和坡段折减等内容。

1) 线路的最大坡度

轻轨交通线路的形态有地面线、高架线和地下线三种。其中,地面线的坡度设置,原则上与相邻城市道路相当,若遇特殊情况也可自行设计最大坡度,但有可能增加工程量。

线路最大纵坡的大小对工程初期投资和日后运营费用会有直接影响,取值大些将有利于轻轨线路对既有地形条件的适应性;取值小些则可以为运营提供较好的行车条件。按照我国轻轨车辆技术条件,正线最大坡度不宜大于50‰,困难条件下可采用60‰,均不计平面曲线对坡度的折减值。

2) 坡段长度

两个坡段的连接点,即坡度变化点,称为变坡点。一个坡段两端变坡点之间的水平距离被称为坡段长度。

从工程量的角度来看,采用较短的坡段长度,可以更好地适应地形的起伏,减少路基、桥隧等工程量。但从行车平稳的角度来看,坡段越长越为有利。经验证明,车辆不宜同时跨越两个以上变坡点,即坡段长度不宜小于车辆长度,从而保证叠加后的附加应力和局部加速度不至过大,影响列车的平稳运行。线路最小坡段长度不宜小于远期车辆长度,相邻竖曲线间的夹直线长度不宜小于30 m。

3) 坡段连接

两相邻坡段的连接,由于两坡度设置数值的不同,即产生坡度代数差。纵断面上的坡段有上坡、下坡和平坡。上坡的坡度为正值,下坡的坡度为负值,相邻坡段坡度差的大小应以代数差的绝对值 Δ_i 表示：

$$\Delta_i = |i_1 - i_2| \tag{2-14}$$

式中　i_1——前一坡段的坡度；

　　　i_2——后一坡段的坡度。

坡度代数差的大小对车辆运行将产生以下影响：

(1) 列车通过变坡点时，车钩内要产生附加应力，车辆产生局部加速度，其值与坡度代数差成正比。

(2) 在凸形纵断面的坡顶，若坡度代数差过大，则司机的通视距离缩短。通常司机通视距离应不小于紧急制动距离，以保证行车安全。

4) 线路竖曲线半径

轻轨线路纵断面上不同的坡度值形成的坡段直线连接时，形成一条折线。列车通过变坡点时产生的车辆振动和局部加速度将引起乘客的不适，还会使车轮局部悬空，车钩上下错动产生内应力，若该内应力过大，则会造成断钩事故。因此，当两坡段的坡度代数差超过一定数值时，就需要用竖曲线连接。

车辆通过竖曲线时，产生的竖曲线离心力加速度不应大于旅客舒适度要求的允许值 α_h。竖曲线半径 R_h 根据车辆最大速度 V_{max} 用式(2-15)确定：

$$R_h = \frac{V_{max}^2}{3.6^2 \times \alpha_h} \tag{2-15}$$

竖向离心加速度的允许值与最高运行速度有关：

(1) 当最高运行速度低于 70 km/h 时，α_h 可以取 0.6 m/s²；

(2) 当最高运行速度高于 70 km/h 时，α_h 可以取 0.45 m/s²。

由此计算出竖曲线半径取值，结果如表 2-1 所列。

表 2-1　竖曲线半径有效取值

V_{max}/(km·h⁻¹)	α_h/(m·s⁻²)	计算值/m	一般取值/m	最小限值/m
50	0.6	321	1 000	500
60	0.6	463	1 500	1 000
70	0.45	840	2 500	1 500
80	0.45	1 097	3 000	2 000

2.3.4　站点设置

1. 车站的设置原则

轻轨线路的车站间距以 700～1 000 m 为最佳站距，但最小可为 500 m 左右，最大可达 1.5 km 左右。一般在市区范围内，站距不宜选得过大，否则会给乘客出行带来不便，影响轻轨线路的客流吸引力。

轻轨车站的设置位置应主要考虑如下几点：

（1）客流密集的市中心繁华商业区；

（2）客流密集的工业区及居民点；

（3）各种交通方式汇集的交通枢纽；

（4）行政文化教育中心及旅游娱乐中心；

（5）重要的交通线道路交叉口附近。

2. 车站类型

按与地面相对位置的不同，车站可分为地面车站、高架车站和地下车站；按站台类型分为岛式站和侧式站。轻轨车站宜以地面车站为主，宜以侧式站台为首选。在轻轨线路的两个端点站可以考虑采用岛式站台，主要原因是岛式站台要求车站线路有较大的线间距，且不便于乘客集散。

地面车站主要基于既有街道，其线路设计相对简单，需重点处理与道路交通的关系和先行权问题。地面车站设计的重点是考虑行人穿越道路时的干扰以及安全问题。

站台长度主要考虑轻轨列车的长度，站台宽度主要考虑客流的强度，站台高度主要考虑车辆踏步的设置情况。

当轻轨线路需在地面道路平交路口处设站时，应考虑行车的安全性及节能要求，车站站台宜设在道口接近端，使得轻轨列车在接近道口时减速，道口处停车，离开道口时启动加速，以减小道口限速的影响。

2.4　交通综合设计

轻轨敷设方式包括高架线、地下线和地面线。轻轨交通在地面敷设时需要根据道路网、交通流量和用地条件等因素，以实现轻轨交通与其他交通的分隔，并处理好路段、交叉口以及车站的交通组织[11]。

2.4.1　路段交通组织

1. 横断面布置

轻轨地面敷设的交通组织需要从运营组织、道路交通组织、行人交通组织等方面综合考虑，以确定横断面布置型式。

地面敷设时，轻轨交通横断面布置有路中式、单边路侧式、双边路侧式等不同形式。同一条道路通常采用相同的横断面布置形式，当横断面布置形式有变化时，通常在交叉口范围内完成断面形式的转换。

1）路中式布置

路中式布置是双线集中敷设于道路中央，机动车、非机动车车道布设在轻轨交通车道的两侧，如图 2-8 所示。路中式布置有利于轻轨交通的运营组织，车站布局型式灵活，与其他交通之间的干扰小,能够最大限度地减小线路对非机动车、行人以及道路沿线出入口的影响。

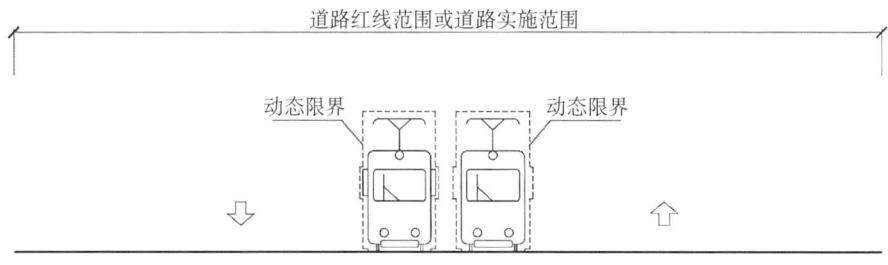

图 2-8　路中式横断面布置示意图

2) 单边路侧式布置

单边路侧式布置是双线集中布设于道路的一侧,如图 2-9 所示。单边路侧式布置对沿线出入口、平面交叉口的影响较大,需根据沿线情况因地制宜地选用。单边路侧式布置多设置在沿江、沿海、临山、临川等仅单侧有城市建设用地的道路上,与道路之间常采用绿化、隔离设施等分离。

图 2-9　单边路侧式横断面布置示意图

3) 双边路侧式布置

双边路侧式布置是双线分设于双向机动车道的外侧,站台设置于机非隔离带或人行道上,或者根据线路走向,仅一侧布置一个方向的线路,如图 2-10 所示。双边路侧式布置有利于乘客与其他公共交通之间的无缝接驳,乘客安全性高,但车站布局形式单一,与其他交通之间的干扰大。

图 2-10　双边路侧式横断面布置示意图

轻轨交通应根据道路交通组织需求,选择适合的布置型式;应优先布置在主路路中或结合路侧的绿带、河道等单向路侧,减少与道路交叉口的平面交叉。

2. 路段交通组织

当轻轨交通地面布置时,在路段上应设置专用道,与两侧机动车道之间应设置隔离设施,隔离设施可采用隔离栏、隔离墩等。

当轻轨交通线路布置在路中时,沿线地块出入的机动车应采用右进右出的交通组织方式,尽量减少沿线交叉口的开口。当人行横道必须开口时,可以采用人行立交,当设置人行横道时,过街横道穿越轨道时应设置交通信号灯,并设置行人过街驻足区。

当轻轨交通线路设置在路侧,且沿线有机动车出入需求时,出入口与线路的距离应满足停车视距要求;路段上有连续多个出入口时,应在轻轨线路外侧设置辅道,以满足沿线出入口的机动车及人非交通组织。

2.4.2 交叉口交通组织

1. 平交路口交通组织

轻轨交通应进行沿线平交路口的交通组织,为了协调道路交通整体运营效益,在交叉口处,轻轨所在道路和横向相交道路需进行整体交通组织设计。应将轻轨交通所在道路作为主要方向进行交通组织,交叉口应根据轻轨交通的运营组织、交叉口进口道的转向机动车流量、地形条件等进行渠化设计和信号配时。

轻轨交通与主干道交叉口宜设置立交形式,与其他交叉口可采用平面交叉的形式[12]。

1)线路直行通过

轻轨交通直行通过,应协调同方向的机动车直行相位通行。同时,可以采取信号优先的方式来提高轻轨交通的不停车通过率。轻轨交通直行通过的交叉口,对其他交通方式的影响较小。但需要注意两点:

(1)在交叉口的信号相位设计中,轻轨交通直行通过方向应与社会机动车辆的左转相位分开,避免左转机动车对直行的轻轨交通产生影响。

(2)需要调整交叉口左转非机动车的交通组织流线,尽量避免非机动车在交叉口内直接左转通过,避免与轻轨线路冲突,或与轻轨轨道夹角过小而嵌入轨道内滑倒,可通过设置非机动车二次直行过街的方式进行处理。

2)线路转向通过

轻轨交通转向通过交叉口时,若采用接触网供电,由于接触网立柱的布置会对交叉口的交通组织产生一定的影响,导流岛的布置方式根据实际条件也有多种变化。

若采用接触网供电,在立柱与导流岛布置方面,轻轨交通转向通过交叉口的布置方式较多,主要的两种方式都是利用交叉口导流岛的空间来布置接触网立柱,只是所采取的牵拉方式有所不同。

在轻轨交通转向通过的交叉口,机动车和行人的交通组织方式与常规交叉口基本一致,但非机动车的交通组织需要详细考虑和设计。

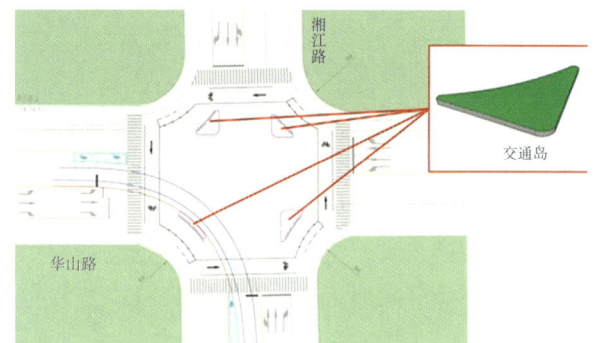

图 2-11　转向通过交叉口的导流岛布置方式一

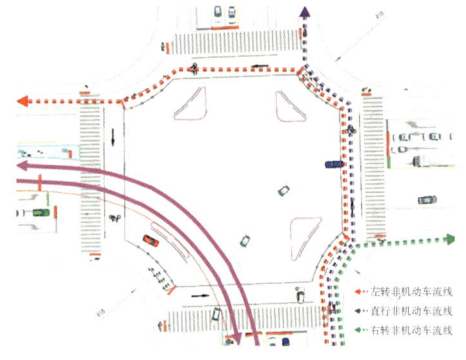

图 2-12　方式一的非机动车交通组织流线方案 1

导流岛布置方式一，如图 2-11 所示，为了尽可能扩大导流岛的面积，立杜牵拉接触电缆，对非机动车的交通组织产生了一定的影响。需要对直行和左转的非机动车进行流线上的重新引导，有两个不同的非机动车交通组织方案，如图 2-12 和图 2-13 所示。在进行交通组织时，可以适当地利用护栏等形式将非机动车与机动车、轻轨交通行驶的空间进行区分，避免相互间的影响。

导流岛布置方式二，如图 2-14 所示，需要在路中布置一个立柱，用类似于交警安全岛的设施对其进行保护。该种方式对交通组织的影响相对较小，非机动车交通组织流线方案如图 2-15 所示。

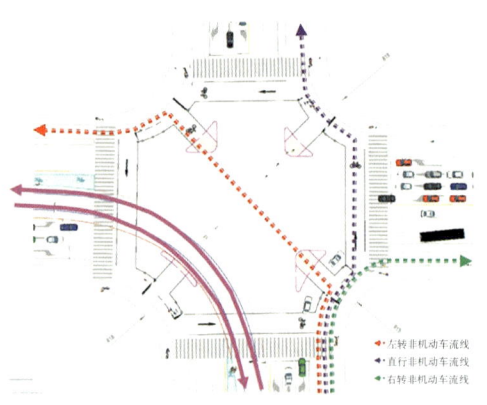

图 2-13　方式一的非机动车交通组织流线方案 2

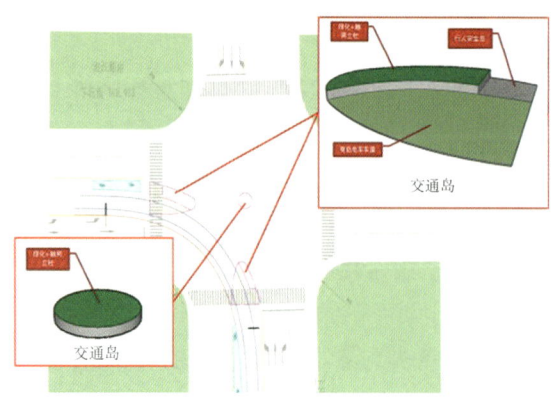

图 2-14　转向通过交叉口的导流岛布置方式二

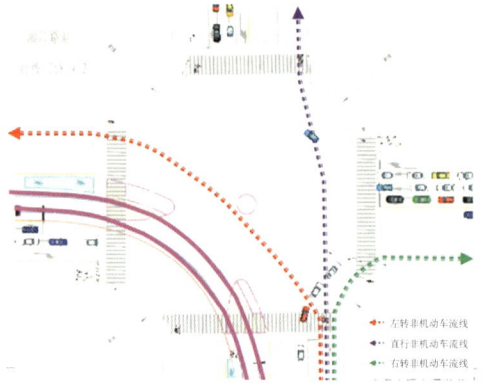

图 2-15　方式二的非机动车交通组织流线方案

对向转弯机动车辆包络线距轻轨线路转弯外侧的曲线段动态限界的安全间距应不小于 1 m，最小安全间距示意图见图 2-16。

2. 交叉口信号控制

轻轨交通在道路平交路口处应采用信号灯控制,且路口应分别设置轻轨交通信号灯和道路交通信号灯。

在信号控制方面,当轻轨直行通过交叉口时,轻轨交通的信号灯应与道路交通信号灯一致。而当轻轨转向通过交叉口时,需要利用一个交叉口进口方向的左转相位进行交通组织。对于原交叉口没有设左转专用相位的,要进行增设,同时还要对该相位的绿灯时间进行调整,以保证轻轨交通的通过时间。

轻轨交通在路口应实现优先通行,因此相应的信号控制方案应根据道路交通环境开展专门的详细设计。

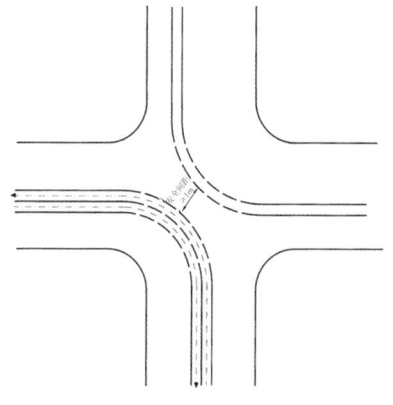

图 2-16 线路转弯与对向转弯机动车辆最小安全间距示意图

2.4.3 车站类型及交通组织

1. 车站类型

按照站台与上下行线路的位置关系,轻轨地面车站分为岛式车站和侧式车站。

1) 岛式车站

岛式车站站台位于上下行线路的中间。站台同时服务上下行乘客的为标准岛式车站,如图 2-17 所示;站台宽度受限加长成前后两个站台,分别服务上下行乘客的为错位岛式车站,如图 2-18 所示。

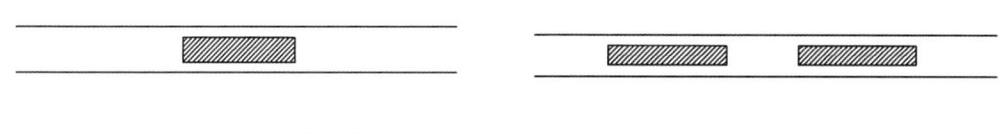

图 2-17 标准岛式车站布局示意图　　图 2-18 错位岛式车站布局示意图

2) 侧式车站

侧式车站站台位于上下行线路两侧,分别服务上下行乘客。当上下行站台在同一断面布置时,为对称侧式车站,如图 2-19 所示;上下行站台不在同一断面布置时,为错位侧式车站,如图 2-20 所示。

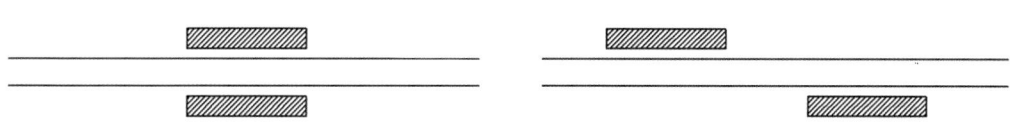

图 2-19 对称侧式车站布局示意图　　图 2-20 错位侧式车站布局示意图

3) 混合式车站

混合式车站是一个站台位于上下行线路中间,另外一个站台位于上行或下行线路一侧,图2-21为同位混合式车站示意图,图2-22为错位混合式车站示意图。

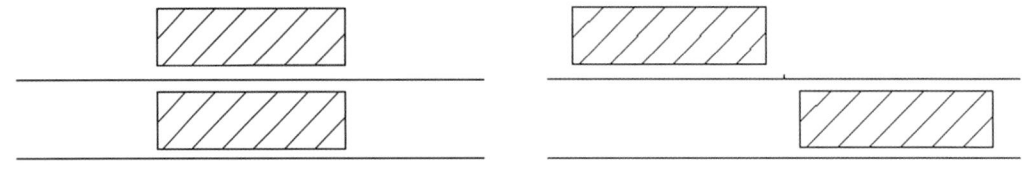

图 2-21 同位混合式车站示意图　　　　图 2-22 错位混合式车站示意图

2. 车站交通组织

轻轨交通的交通组织通常根据线路特征、运营要求、周边环境等条件来确定车站的布局,以方便乘客上下和疏散,满足交通组织要求。当车站靠近交叉口设置时,乘客进出站的步行动线要与交叉口交通组织协调统一设置。当车站设置于路段内时,通常需要设置行人过街设施。

轻轨交通对称式侧式车站之间应采用平面人行横道跨轨方式组织。

路中式应当确保进出车站的乘客能够安全、顺畅地穿越机动车道,可利用站台端部组织客流,并结合地面过街条件设计进出车站的乘客步行动线。对于标准侧式车站,为了便于对向乘客过街,可以在站台两端设置跨越轨道的人行横道。

当车站上下客流量较大或连续封闭区间超过 500 m 时,可设置人行天桥或地道。路侧式车站和单边路侧式车站应确保进出车站的乘客步行动线与道路慢行交通之间的协调,做到互不干扰。

第3章 车辆与基地

3.1 车辆

3.1.1 车辆选型的意义与原则

车辆是城市轻轨交通系统的重要组成部分，是城市轻轨交通系统的核心设备，也是确保系统安全、正点、高效运行的关键。就投资而言，车辆的购置费占工程总投资的比重较大。就技术而言，车辆是一种大型的高技术密集的机电一体化产品，是机械、动力、供电、通信、信号、自动控制等综合技术的集中体现，需要集加工、电气、电子、计算机及自动控制等多学科的专业技术于一体。因此，选好车辆对于提高社会经济效益，控制投资，引进、运用、吸收、提升城市轻轨交通车辆工业的相关技术水平都是至关重要的。同时，车辆的型式和技术条件是轻轨交通系统工程设计的主要基础资料，系统中线路、轨道、车站、桥梁、路基、限界、供电、车辆基地等均需要围绕车辆的型式及技术要求开展相应设计。因此，车辆型式的确定是选择线路技术标准的基础，也是确定相关土建工程和设备规模的主要依据，同时，与系统运营阶段的管理模式和维保方式密切相关。合理选用车辆及其技术条件是控制工程投资、降低运营成本以及提高运营效益的最有效且最直接的途径之一。

城市轻轨交通系统是一种在全封闭或部分封闭线路上运行的中运量城市轨道交通，从城市轻轨系统的运营需求、安全需求、环境需求、车辆自身技术及发展、经济性和实施性等方面，车辆选型通常应遵循下列原则[1]：

(1) 车辆选型应体现符合线路功能定位、满足系统标准、方案可行、便于实施、服务性好、投资适度的目标要求；

(2) 车辆运行能力应适应建设工程的自然环境及线路条件，在不同路权方式下保证运行的安全、可靠和快捷；

(3) 车辆的最高速度应符合线路的车站分布和平纵断面特征，满足客流的出行时间要求；

(4) 车辆编组应以满足运能需求为前提，根据行车组织的需要综合考虑系统的服务水平和运营成本，并保证远期线路运能有适当的储备；

(5) 采用地面或高架作为主要的线路敷设方式，车辆制造应满足造型美观、节能环保、低噪声、低振动的要求，同时符合城市形象；

(6) 作为客运交通的一种形式，车辆应具有乘坐安全、舒适、方便、快捷的特点，并满足人性化的要求；

（7）车辆的性能应保证有足够的故障运行能力和故障救援能力，一般的车辆故障不影响轻轨交通系统的运营，出现动力瘫痪时能及时救援；

（8）车辆的整体技术应体现国内外发展趋势，并具有一定的先进性，车辆的各项系统设备应技术成熟、维护方便、检修量较小；

（9）选用的车辆应考虑整个城市轻轨交通线网车辆选型的规划和统一协调，实现线网资源的最大共享和利用；

（10）选用的车辆应有可靠的来源，且在技术上具有一定的通用性和互换性；

（11）车辆选型应符合国家现行的相关政策、标准对车辆技术及国产化等的要求，并根据工程的具体情况，实事求是地落实各项性能指标，努力降低车辆造价，节省工程投资。

3.1.2 适用的车辆类型

1. 轨道交通车辆的分类

我国《城市轨道交通工程项目建设标准》（建标 104—2008）将城市轨道交通车辆从车辆宽度和驱动方式角度划分为两类、六种车型[15]。

1）黏着牵引系统

A、B 型车是车体宽度为 3.0 m 或 2.8 m 的 4 轴系列车型，如图 3-1、图 3-2 所示。

C、D 型车是车体宽度为 2.6 m，车地板不同高度的铰接车系列车型。其中，C 型车为高地板车（图 3-3），D 型车为低地板车（图 3-4），二者都可细分为 4 轴、6 轴和 8 轴的铰接车。

图 3-1　A 型车

图 3-2　B 型车

图 3-3　C 型车

图 3-4　D 型车

单轨胶轮车是车体宽度为3.0 m的跨座式单轨胶轮系列车型,如图3-5所示。

2) 非黏着牵引系统

使用非黏着牵引系统的是L型直线电机车辆系列。按《城市轨道交通 直线电机车辆》(GB/T 32383—2015)的规定,直线电机车辆分为L_b型车和L_c型车,L_b型车车体宽度为2.8 m(图3-6),L_c型车车体宽度为2.6 m。

图3-5 单轨胶轮车　　　　　　　图3-6 L_b型车

2. 国内外关于轻轨车辆的选型

《轻轨交通设计标准》(GB/T 51263—2017)中规定车辆基本型式应为钢轮钢轨、多模块铰接C_j型车辆,车辆规格分类具体如下[22]:

(1) 车辆地板距轨面最低高度:低地板车不宜大于350 mm,高地板车应为500~900 mm;

(2) 车辆牵引电机:可分为鼠笼式异步电机和永磁同步电机;

(3) 车体材料:可采用不锈钢和铝合金;

(4) 受电方式:可选用架空接触网供电方式、地面接触网轨供电方式和充电桩供电方式;

(5) 最高运行速度:分为最高速度70 km/h和100 km/h系列车型。

《城市轻轨交通铰接车辆通用技术条件》(GB/T 23431—2009)中则定义轻轨交通车辆为在轻轨交通线路上独立运行的铰接式电动车组,规定了车辆基本类型为C型车,按车轴数目可分为4轴、6轴和8轴车辆;按地板面高度可分为高地板车辆和低地板车辆,如表3-1所列。就车辆长度而言,4轴车辆不大于20 m,6轴车辆不大于35 m,8轴车辆不大于45 m,车辆宽度为2.6 m[23]。

表3-1 车辆分类

类型	轴数	高地板车辆(G)	高地板车辆(D)
C-Ⅰ	4轴(铰接)车辆	C-Ⅰ(G)	C-Ⅰ(D)
C-Ⅱ	6轴铰接车辆	C-Ⅱ(G)	C-Ⅱ(D)
C-Ⅲ	8轴铰接车辆	C-Ⅲ(G)	C-Ⅲ(D)

《城市公共交通分类标准》(CJJ/T 114—2007)中对轻轨系统给出了相关的分类和主要指标及特征,如表3-2所列,其中轻轨系统主要采用C型和L_c型车辆。C型车辆的列

车编组通常由 1~3 辆组成,列车长度一般不超过 90 m,旅行速度不超过 60 km/h,站台最大长度不超过 100 m。L_c 型车通常可由 2 辆、4 辆或 6 辆组成,站台长度不超过 100 m。当前,采用直线电机 L_c 型车组成的轻轨系统在我国尚无实例。

表 3-2 城市公共交通分类(节选)

分类名称及代码			主要指标及特征		备注
大类	中类	小类	车辆和线路条件	客运能力(N) 平均运行速度(v)	
城市轨道 交通 GJ2	轻轨系统 GJ22	C 型车辆 GJ221	车长:18.9~30.4 m 车宽:2.6 m 定员:200~315 人 线路半径:≥50 m 线路坡度:≤60‰	N:1.0 万~3.0 万人次/h v:25~35 km/h	中运量适用于 高架、地面或 地下
城市轨道 交通 GJ2	轻轨系统 GJ22	L_c 型车辆 GJ222	车长:16.5 m 车宽:2.5~2.6 m 定员:150 人 线路半径:≥60 m 线路坡度:≤60‰	N:1.0 万~3.0 万人次/h v:25~35 km/h	中运量适用于 高架、地面或 地下

中国城市轨道交通协会团体标准《城市轨道交通分类》(T/CAMET 00001—2020)在《城市公共交通分类标准》(CJJ/T 114—2007)的基础上,针对轻轨系统制式的服务范围、运输能力、速度、路权模式、敷设方式和车辆型式进行了进一步细化,如表 3-3 所列。其中,车辆推荐采用 B,C,L_c 型车三种型式[24],如图 3-7 所示。

表 3-3 城市轨道交通分类(节选)

分类名称	主要特征及技术指标					
	运输能力/ (人·h^{-1})	最高运行速度/ (km·h^{-1})	路权模式	敷设方式	车辆	列车最大 长度/m
轻轨系统	15 000~30 000	80~120	全封闭	地上为主	B,C,L_c 型车	100
	10 000~15 000	70	部分封闭	地上为主	C,L_c 型车	75

图 3-7 长春 C 型轻轨车辆

德国将轻轨交通系统分为四个等级,其中车辆按线路规格的不同进行区分,详见表 1-2。图 3-8 为德国德累斯顿轻轨列车。

美国公共交通协会(American Public Transportation Association,APTA)对轻轨系统的定义中提到了车辆类型:一种相对于重轨而言运能较低的电气化轨道交通模式,可以使用隔离路权或与其他交通方式混行,用高站台或低站台上下客,使用多节车辆组成的列车或单个车辆,编组可达 4 节[25]。

UITP 对轻轨车辆的长度和载客量进行了规定,如表 3-4 所列。图 3-9 为 UITP 规定的典型轻轨车辆之一。

表 3-4 轻轨车辆

分类	封闭度	列车长度/m	载客量/人	线路运能	旅行速度/(km·h^{-1})	站间距
轻轨	1%～99%	20～50	200～530	3 000～11 000	15～30	300～800 m

图 3-8 德国德累斯顿轻轨列车

图 3-9 墨尔本轻轨车辆

3. 国内外典型轻轨交通车辆

1) 西门子 Avanto 系列

西门子 Avanto 系列轻轨车,70%低地板的 S70 型(图 3-10)及高地板的 S100,S160 及 S200 型(图 3-11)[18],大部分为北美地区各大城市使用,如美国的休斯敦、圣地亚哥、夏洛特、波特兰,加拿大的渥太华、卡尔加里,法国的巴黎等。其中,S200 型车辆的主要技术参数如表 3-5 所列。

图 3-10 西雅图轻轨 S70 型列车

图 3-11 卡尔加里 S200 型连挂轻轨车辆

表 3-5　S200 型车辆的主要技术参数

技术参数	数值	技术参数	数值
车辆长度/m	25.8	最高速度/(km·h^{-1})	80
车辆宽度/m	2.65	最高加速度/(m·s^{-2})	0.92
车辆高度/m	3.85	最大制动率/(m·s^{-2})	1.32
高低板面高度/mm	982	轨距/m	1 435
车门数量/个	8	坐席/个	60
自重/kg	40 800	载客量/人	247
最小曲线半径/m	25		

波特兰轻轨的全称是都市区域快速交通，它是美国俄勒冈州波特兰地区交通局运营的一个轻轨系统，有五条线路，97 座车站，总长 96.1 km。车辆采用西门子公司提供的 Avanto 系列 S70 型轻轨车(图 3-12)[27]，其主要参数如表 3-6 所列。

(a) 车辆实景

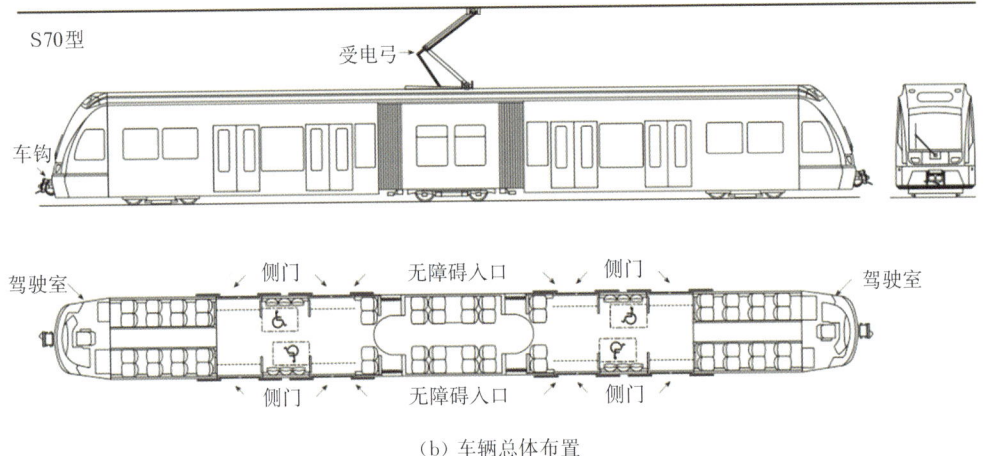

(b) 车辆总体布置

图 3-12　波特兰轻轨 S70 型车辆及总体布置图

表 3-6 S70 型车辆的主要技术参数

技术参数	数值	技术参数	数值
车辆长度/m	28.04	轮椅位置/人	4
车辆宽度/m	2.65	最高速度/(km·h^{-1})	88
车辆高度/m	3.78	最高加速度/(m·s^{-2})	1.34
低地板面高度/mm	350	最大制动率/(m·s^{-2})	1.34
高低板面高度/mm	965	紧急制动率/(m·s^{-2})	2.24
自重/kg	49 400	最小曲线半径/m	25
坐席/个	72	最大坡度	7%
站席(4 人/m^2)/个	94	能耗/(kW·h·km^{-1})	5
设计载重/人	166	端部压缩载荷/kN	756

车体由三部分组成,即两个各长 12 m 的主要部分和长约 3.05 m 的中间部分。乘客区约 70% 的地板面高度只有 350 mm。8 个滑动平拉门都在低地板区。

美国圣地亚哥共有三条轻轨电车线,共 53 座车站,线路全长 86.1 km。车辆采用德国西门子公司 SD-100 型轻轨车辆(图 3-13)。该车辆为高地板车辆,采用铰接转向架设置在前后模块连接处,仅在入口处设置台阶以满足低站台要求,车辆主要技术参数如表 3-7 所列。

(a) 车辆实景

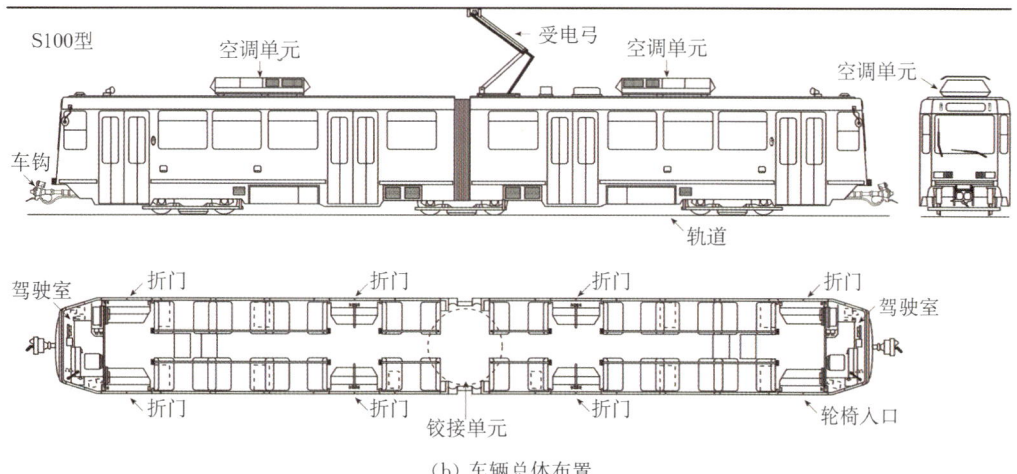

(b) 车辆总体布置

图 3-13 德国西门子公司 SD-100 型轻轨车辆及总体布置图

表 3-7 SD-100 型车辆的主要技术参数

技术参数	数值	技术参数	数值
车辆长度/m	24.8	最高速度/(km·h^{-1})	80
车辆宽度/m	2.65	最高加速度/(m·s^{-2})	1.25
车辆高度/m	3.78	最大制动率/(m·s^{-2})	1.33
高低板面高度/mm	965	轨距/m	1 435
车门数量/个	8	坐席/个	60
自重/kg	49 370	载客量/人	160

2) 阿尔斯通 Citadis 系列

阿尔斯通 Citadis 系列是国际上使用最多的轻轨车辆之一，Citadis 系列中用于轻轨车辆的主要为三种车型：①Regio-Citadis[28]三模块，70%低地板（图 3-14），如德国卡塞尔、荷兰海牙，其轻轨车辆的主要技术参数如表 3-8 所列；②Citadis Dualis[29]四模块，100%低地板（图 3-15），如法国南特、西里昂地区、巴黎快轨，其轻轨车辆的主要技术参数如表 3-9 所列；③Citadis Spirit[30]四模块，100%低地板（图 3-16），主要应用于北美地区，如加拿大渥太华、多伦多等，其轻轨车辆的主要技术参数如表 3-10 所列。

(a) 车辆实景

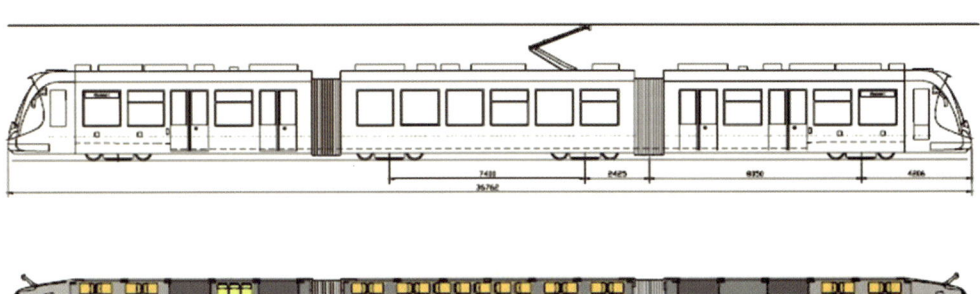

(b) 车辆总体布置

图 3-14 Regio-Citadis 三模块轻轨车辆及总体布置图

表 3-8 Regio-Citadis 轻轨车辆的主要技术参数

技术参数	数值	技术参数	数值
车辆长度/m	36.7	最高速度/(km·h^{-1})	70
车辆宽度/m	2.65	轨距/m	1 435
车辆高度/m	3.6~3.8	坐席/个	76~100
入口处地板高度/mm	362	载客量/人	138~154
车门数量/个	4~8	低地板程度	75%
最小曲线半径/m	25		

图 3-15 Citadis Dualis 四模块轻轨车辆

表 3-9 Citadis Dualis 轻轨车辆的主要技术参数

技术参数	数值	技术参数	数值
车辆长度/m	42	最高速度/(km·h^{-1})	100
车辆宽度/m	2.65	轨距/m	1 435
车辆高度/m	3.485	坐席/个	98
入口处地板高度/mm	390	载客量/人	154
车门数量/个	4~8	低地板程度	100%
最小曲线半径/m	25	供电电压	AC 25 kV/DC 750 V DC 1 500 V/DC 750 V

表 3-10 Citadis Spirit 轻轨车辆的主要技术参数

技术参数	数值	技术参数	数值
车辆长度/m	28~48	最高速度/(km·h^{-1})	100
车辆宽度/m	2.65	轨距/m	1 435
车辆高度/m	3.65	坐席/个	58~120
入口处地板高度/mm	356	载客量/人	205~321
车门数量/个/侧	4~7	低地板程度	100%
最小曲线半径/m	25	供电电压/V	DC 1 500 或 DC 750

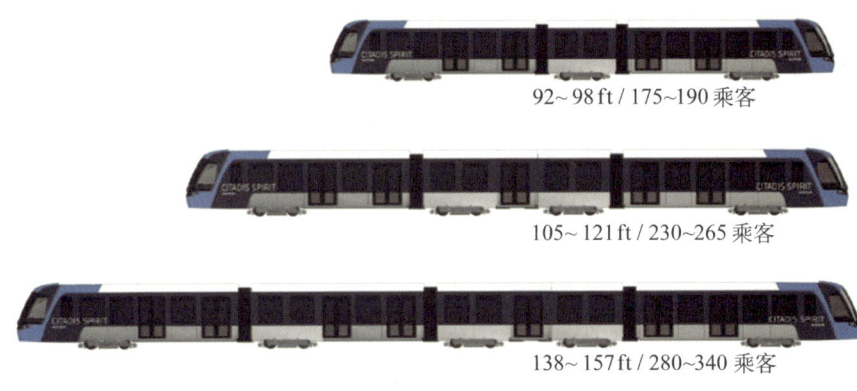

92~98 ft / 175~190 乘客

105~121 ft / 230~265 乘客

138~157 ft / 280~340 乘客

图 3-16　Citadis Spirit 轻轨车辆及不同长度车辆的载客情况

3）庞巴迪 Flexity 系列

加拿大滑铁卢自治区轻轨系统只有一条线路作为其地区的快速交通系统，线路全长约 19 km，共 14 辆车，采用加拿大庞巴迪公司提供的 Flexity 轻轨车辆（图 3-17），由 5 个模块组成，车辆的主要技术参数如表 3-11 所列。

图 3-17　Flexity 轻轨车辆

表 3-11　Flexity 轻轨车辆的主要技术参数

技术参数	数值	技术参数	数值
车辆长度/m	30.8	最高速度/(km·h^{-1})	80
车辆宽度/m	2.65	载客量/人	251
车辆高度/m	3.6	供电电压/V	DC750
车门数量/个	8	供电方式	接触网
模块数量/个	5	轨距/m	1 435

德国科隆轻轨 15 号线全长 15.2 km，设 23 座车站，全程运行时间 38 min，最高时速 80 km/h。线路车辆采用的是庞巴迪 K4000 型（图 3-18）、K4500 型低地板轻轨车，编组为 3+3 重联。车辆的主要技术参数如表 3-12 所列。

图 3-18　K4000 型轻轨车辆

表 3-12　K4000 型、K4500 型低地板轻轨车辆的主要技术参数

技术参数	数值	技术参数	数值
车长/m	28.5	坐席/个	58
车钩两端长/m	29	站席(4 人/m^2)/个	125
车高/mm	3 540	童车、轮椅和自行车区位/个	2
车宽/mm	2 650	轨距/mm	1 435
低地板程度	72%	车辆空载/满载/t	37.4/53
车门数量/个	8	最高速度/(km·h^{-1})	80

4）中国轻轨车辆

中国轻轨主要为长春轻轨，以长春轻轨 8 号线（又称长春轻轨北湖线）为例，它是长春市第五条开通运营的轨道交通线路，于 2018 年 10 月 30 日开通运营，如图 3-19 所示。一期线路全长 13.08 km，共设 12 座车站且全部为高架车站，采用 6 节编组 C 型列车，最高运行速度为 70 km/h。长春轻轨 8 号线车辆的主要技术参数如表 3-13 所列。

图 3-19　长春轻轨 8 号线车辆

表 3-13　长春轻轨 8 号线车辆的主要技术参数

技术参数	数值	技术参数	数值
列车长度/m	54.6	坐席/个	124
车辆长度/m	27.5	载客量/人	499
车高/mm	3 600	轨距/mm	1 435
车宽/mm	2 650	车辆空载/满载/t	90/128
低地板程度	70%	最高速度/(km·h^{-1})	70
低地板高度/mm	380	高地板高度/mm	685

香港轻轨系统又称香港轻铁,于新界西的屯门区及元朗区之间行走,如图 3-20 所示,第一期于 1988 年 9 月 18 日通车,线路全长 36.15 km,设 68 座车站。香港轻轨每日运营 19 个小时,现有 140 余辆轻轨列车,车辆可以沿任何路线行驶,通常 1 辆编组,可 2 辆连挂。最新的车辆由中车南京浦镇公司负责整车生产总装和调试。车辆主要技术参数如表 3-14 所列。

图 3-20　香港轻轨

表 3-14 香港轻轨车辆的主要技术参数

技术参数	数值	技术参数	数值
列车长度/m	40.4	载客量/人	285
车辆长度/m	20.2	轨距/mm	1 435
车高/mm	3 415	车辆重量/t	27.5
车宽/mm	2 650	最高速度/(km·h^{-1})	70
地板形式	高地板	供电电压/V	DC750

4. 轻轨系统使用的车辆类型

轻轨源于有轨电车，英文为"Light Rail"，最早用于描述在欧洲和美国建设的新型有轨电车。国际上关于轻轨与有轨电车和地铁的差异主要在于路权及其敷设方式上，地铁一般采用地下敷设的全封闭路权，有轨电车一般采用地面敷设的混合路权或专用路权，而轻轨通常采用封闭线路或专用路权的模式较多，结合了有轨电车和地铁的部分特征。但在车辆方面，轻轨车辆与有轨电车车辆之间没有明显差异，由于路权专用比例更多，轻轨车辆在旅行速度和运输能力方面相对有轨电车更高。表 3-15 为典型轻轨与有轨电车车辆比较结果。

表 3-15 典型轻轨与有轨电车车辆比较

参数	轻轨	有轨电车
运量/(人次·h^{-1})	10 000~30 000	5 000~15 000
车辆长度/m	20~45	20~45
连挂车辆/辆	2~4	1~2
车宽/m	2.5~2.65	2.2~2.65
最高速度/(km·h^{-1})	120	70
最小半径/m	40~50	25
站间距/m	1 000~2 000	500~800
路权	专用	混合/专用
轴重/t	≤14	≤12.5

当前国内外轻轨系统采用的车辆多为铰接车，通常有 4 轴、6 轴和 8 轴，也有因线路运量需求采用更多轴数或多辆连挂的形式，如图 3-21 所示。同时，轻轨一词重点体现在"轻"，相对于铁路或城市轨道，其规模与投资均相对更加轻量。因此，轻轨车辆相对于地铁车辆更加短、窄、轻，单车车长一般不超过 20 m，铰接车的车长可达 30~45 m，宽度为 2.4~2.65 m，一般最长总编组长度不大于 100 m。

为了应付非封闭区域的突发情况就需要高性能车辆，轻轨车辆的加速性能通常高于地铁车辆，加速度通常可以设定到 1.2 m/s^2，而地铁车辆的加速度通常最高也就 1 m/s^2；制动方面，轻轨多种制动形式并用，基本可以在 2 m/s^2 以上。就最高速度而言，轻轨相对地铁通常较低，一般为 70 km/h，最高不超过 120 km/h。

图 3-21 澳大利亚黄金海岸轻轨

综合考虑国外典型轻轨车辆的技术参数及国内外关于轻轨车辆的规格要求,轻轨车辆应具有如下特点[31]:

(1) 以钢轮和钢轨作为走形系统,车辆牵引动力采用电力,可以采用直流、交流或线性电机驱动。

(2) 可以运行在地面、高架、地下的不同线路条件下,主要以专用路权为主。

(3) 车辆以单车或铰接车为基本单元,单辆车长度不超过 45 m,可以单车运行,也可以连挂编列,一般不超过 4 节,编列长度不大于 100 m。

(4) 对车辆和线路的减振降噪要求较高,采用弹性车轮,车辆运行噪音较小。

(5) 电压制式以 DC 750 V 为主,也可根据实际情况采用 DC 1 500 V 或 AC 25 kV[32]。

(6) 轴重一般不大于 12.5 t;采用全封闭线路时,可不大于 14 t。

(7) 车辆地板形式可根据实际需求采用低地板或高低板。

(8) 车辆运行速度达到 70~120 km/h。

3.1.3 使用条件

轻轨车辆应满足如下使用条件[33]。

1. 环境及气候条件

海拔高度:1 200 m;

空气温度:−25 ℃~40 ℃(若个别寒冷地区低于−25 ℃、炎热地区超过 40 ℃时,另行确定);

空气湿度:最湿月的月平均最大相对湿度不大于 90%(该月月平均气温不高于 25 ℃);

车辆应能经受由于灰尘、盐雾、酸雨、碳、铜、臭氧、二氧化物、硫酸和洗涤剂等化学物质以及车辆自身产生的粉末污染的侵蚀,并能防止虫蛀、啮齿类动物的侵害、防止霉变以及不受洗车清洁剂的影响。

2. 线路条件

使用环境:车辆主要在地面上运行,部分区段可在高架或地下运行;车辆停放在地面车库;检修在地面车辆段进行。

轨距:1 435 mm;

最小平面曲线半径:正线 $R \geqslant 40$ m,车场 $R \geqslant 25$ m;

最小竖曲线半径: $R \geqslant 1\ 000$ m;

最大坡度:60‰。

3. 轨道条件

轨道类型:槽型轨或工字轨;

道岔:正线不小于6号道岔,车辆基地不小于3号道岔。

4. 供电条件

供电电压:DC 750 V 波动范围 500~900 V、DC 1 500 V 波动范围 1 000~1 800 V。

受电方式:架空接触网供电,接触网工作高度 3 900~5 800 mm。

3.1.4 技术条件与参数

1. 车辆编组

(1) 车辆采用单辆或铰接型车辆[34],铰接型车辆应由动车模块、拖车模块、中间模块和铰接装置组成。

(2) 车辆模块编组可由不同型式的模块根据客流预测、设计运输能力、线路条件、环境条件及运营组织等要素确定。车辆动拖比根据旅行速度、故障运行能力、耗电量、车辆的购置税和维修费,以及发挥再生制动作用等因素综合分析确定。

(3) 车辆模块之间应安装铰接装置。铰接装置可采用车体铰接和转向架铰接两种模式。

(4) 车辆两端可设自动车钩或半自动车钩。

2. 外形尺寸及性能参数

轻轨车辆的主要技术规格可参见表3-16[35]。

表3-16 轻轨车辆的主要技术规格

技术规格	B型车	C_j型(铰接)车	
		高地板(G)	低地板(D)
车辆基本长度/m	19	20~45	
车辆基本宽度/mm	2 800	2 400~2 650	
车辆最大高度/mm	≤3 810	≤3 750	
地板面距轨面高度/mm	≤1 100	≤950	≤350
车内净高/mm	2 100~2 150	2 100	1 950
固定轴距/mm	2 200~2 300	≤1 900	
轴重/t	≤14	≤12.5	
车轮直径/mm	840	≤760	≤660
客室侧门净开度/mm	1 300~1 400	≥1 300	

(续表)

技术规格	B型车	C_1型(铰接)车	
		高地板(G)	低地板(D)
客室侧门净高度/mm		≥1 800	
定员/(人·车$^{-1}$)	≥230	≥150~400	
最高运行速度/(km·h^{-1})	70~120	70~120	
最小曲线半径[正线(m)/辅助线(m)]	250/150	50/25	
启动平均加速度/(m·s^{-2})(0~40 km/h)	0.83~1.0	≥0.95	
最高级别常用制动平均减速度/(m·s^{-2})	≥1.0	≥1.1	
安全制动最高减速度/(m·s^{-2})		≥1.5	
紧急制动最高减速度/(m·s^{-2})	≥1.2	≥2.5	

注：① 高地板车辆的基本长度根据最小平面曲线半径通过能力的不同进行选择；低地板车辆的基本长度根据采用储能装置与否进行选择；
② C_1型低地板车辆根据其低地板布置程度分为70%低地板和100%低地板两类；
③ 车辆基本宽度不含后视镜或摄像头；
④ 车辆最大高度包含车载储能设备；
⑤ 车厢内地板斜度不大于6°。

3. 基本技术条件

(1) 轻轨交通车辆类型及编组根据当地的环境条件、线路条件、客流预测、运输能力要求等因素综合比较选定。

(2) 车辆及内部设施应使用不燃材料或无卤、低烟的阻燃材料。

(3) 车辆采取减振、降噪措施。

(4) 车辆应能以规定的速度通过最小半径平面曲线区段，并可在曲线上进行列车正常摘挂作业。

(5) 车辆的构造速度应高于车辆最高运行速度的10%或10 km/h。

(6) 列车纵向冲击率不应大于1 m/s^3。

(7) 车辆运行的平稳性指标应小于2.5，车辆的脱轨系数应小于0.8。

(8) 车辆内部和外部的等效噪声均应符合《城市轻轨交通铰接车辆通用技术条件》(GB/T 23431—2009)[23]的规定。

(9) 列车在超员载荷工况下，当丧失1/2动力时，应具备在正线最大坡道上启动和运行到最近车站的能力。空载列车应具备在正线线路的最大坡道上牵引另一辆超员载荷的无动力列车运行到下一车站的能力。

4. 主要系统及部件技术条件

(1) 车体采用不锈钢或铝合金材料整体承载结构，使用寿命不低于30年。

(2) 车辆采用无摇枕两系悬挂转向架，走行装置机构可采用通轴轮对转向架或独立轮转向架，采用弹性车轮，可增加轮缘润滑功能和撒沙装置，两端设可调整的排障器。

(3) 采用微机控制的制动系统，具备电制动、空气制动或液压制动、磁轨制动等制动方式。满足常用制动、紧急制动、安全制动、保持制动等不同制动模式的要求。

（4）牵引传动系统采用交流传动系统，具有牵引和再生制动的基本功能。

（5）辅助电源系统满足车辆辅助系统的用电要求。蓄电池容量能满足车辆故障情况下的应急照明、外部照明、车载安全设备、广播、通信、应急通风系统的工作要求。

（6）车辆应具备足够的空调制冷能力，确保制冷效果及满足乘客舒适性的要求，用于冬季寒冷地区的车辆，其空调应有制热功能。

（7）设有紧急制动操纵装置、警惕装置等安全设施。前照灯在车辆前端紧急制停距离处照度不应小于 2 lx，同时设转向灯、刹车灯、示宽灯、鸣笛装置、排障器等设施。

（8）车辆宜采用网络控制系统，与运行及安全有关的控制应有冗余措施。主要的子系统应具备自诊断功能。控制、诊断系统具备事件记录功能。

（9）车辆应具备司机与行车控制调度中心进行双向通信、首尾司机室之间进行通信等功能。

（10）客室内设扬声器，并应设有线路、车站向导标志等乘客信息设施，设有乘客手动报警和能与司机对讲的装置。

3.2 车辆基地

3.2.1 基本原则

1. 基本要求

车辆基地的设置是为了满足城市轻轨交通系统工程的运营需求及车辆设备的维修保养和检修，其功能应根据城市轻轨交通系统的规划和线网中车辆基地的分布及既有设施综合分析确定，避免重复建设。

车辆基地包括车辆段（停车场）、综合维修中心（工区）、物资总库（库）和培训中心与其他生产、生活、办公等配套设施。车辆基地应具备的基本功能有：车辆停放及日常保养、车辆检修、设备维修、车辆救援、系统设备（包括供电、环控、通信、信号、给排水等机电设备）维保、工务（土建设施）维保和材料供应（设备器材、备品备件以及其他物资）。

城市轻轨交通系统工程车辆基地按功能分为车辆段与停车场。车辆段主要承担轻轨车辆的检修作业及车辆的日常维护保养工作。停车场主要承担轻轨车辆的停放和日常维护保养工作，必要时可承担少量周检、月检及临修工作。停车场一般归属于相应车辆段管辖。

车辆基地的建设应初期、近期、远期相结合。列车运用整备、检修设施、站场股道与相关房屋建筑宜按近期规划建设；用地规模按远期控制；地面建筑应根据工艺要求和远期规模确定分期建设方案。对于远期扩建条件困难的建（构）筑物，可视情况于近期同步实施。设计过程中应贯彻节约用地、节约能源的方针，充分考虑绿化环境，尽量减少用地范围内房屋拆迁工程，并为未来发展留有余地。

车辆基地的设计应具备完善的防灾措施，总平面布置、房屋建筑、设备和材料的选用等均应符合防火、防洪、防雷、防震等规范的要求。

车辆基地的设计应积极推广采用新技术、新工艺、新材料和新设备，并应推行设备国产化。选用机具设备时，宜采用国家标准系列产品；选用专用设备时，宜采用标准设备或成熟的非标准设备，其中涉及人身、行车安全的，必须经有关部门鉴定批准后方可使用。应对维保产生的废气、废液、废渣和噪声等进行综合治理，并应符合国家与地方现行的治理、排放标准与规定。

车辆基地的环境保护设施应与主体工程同时设计、同时施工、同时投产。涉及既有与规划河道、水利设施、道路以及重要管线迁改时，应取得水利、水务及市政相关部门的认可，相关迁改措施应与本工程同时施工。

车辆基地应具备外来物资、设备与新车的运输条件，有条件时应设连接与其他轨道交通的联络线；车辆基地内应有运输、消防道路，并应有不少于两个与外界道路相连通的出入口。运输道路、消防道路与线路设有平交道时，应在道口前安装安全警示标识与限高、限载标识牌。

车辆基地进行物业开发时，宜明确开发内容、性质和规模，避免盲目建设，造成废弃工程。总平面布置应在保证车辆基地的规模和功能的基础上，将站场布置、房屋建筑、供电、通风与空调、给排水、消防、环境保护等设备设施与物业开发内容进行统一规划，避免相互干扰；综合考虑车辆基地与物业开发之间内、外道路的合理衔接，明确车辆基地和物业开发内容接口划分；做好相关市政配套设施的规划，并且设计阶段做好投资估算、概算及资金来源和筹措，进行技术、经济比较以及经济效益、社会效益分析。

2. 设计内容

城市轻轨交通系统工程车辆基地设计内容主要包括：工艺、站场、建筑结构（车辆基地内建构筑物）、给排水与消防、通风空调、动力照明（低压供配电）、室内外综合管线、建筑弱电和变电所（开闭所及牵引降压变电所）。

一般轨道系统、通信系统、信号系统、控制中心工艺、牵引供电系统、自动售检票系统、FAS等包含在系统设计内。其中，工艺设计内容包括车辆运用检修设施、设备维修与动力设施、综合维修中心、物资仓库等设计；站场设计内容包括线路、路基、道路、土石方等工程设计。

3. 综合开发

综合开发应以优先满足轻轨系统车辆基地的安全与功能使用为前提，统一规划后实现一体化设计，统筹安排盖上、盖下功能布局。上盖与车辆基地应同步建设并为综合开发预留条件。同时，综合开发建设和运营应以保障车辆基地安全运营为基本前提，车辆基地运营管理系统和综合开发运营管理系统应相对独立。

物业开发应与车辆基地完全防火分隔，并应满足消防规范要求。

物业开发的相关设计、施工应确保车辆基地内交通及消防道路的正常使用，不能影响轻轨系统的正常运营。物业开发与车辆基地在生产、生活的给排水系统方面应相互独立、互不干扰，物业开发部分应单独申请市政接口。物业开发部分的雨水可由已建上盖雨水系统汇入车辆基地雨水收集管网,落地开发部分雨水应使用独立系统,与车辆基地的给排水系统完全分开,互不干扰。应另行设置并申请市政接口。

上盖框架柱的布置除了要满足股道的限界要求与工艺房屋布置要求外,还应满足信号等设施的布置要求。上盖物业的所有埋地管线应布置在车辆基地建筑的屋顶上部(包括预留管廊),不应穿过车辆基地上盖板,须与车辆基地相对独立。当上盖物业与车辆基地分步实施时,车辆基地库房应做好屋面柔性防水层、保温层以及屋面刚性防水层,以保证下部车库的正常使用。图 3-22 为苏州大阳山车辆基地效果图,图 3-23 为武汉官莲湖车辆基地效果图。

图 3-22 苏州大阳山车辆基地效果图

图 3-23 武汉官莲湖车辆基地效果图

3.2.2 基地选址与功能定位

1. 基地选址

车辆基地用地性质应与城市总体规划相一致,取得规划部门的认可,并对用地范围加以控制。同时,选址应符合城市轻轨交通系统远期网络车辆基地的布局规划。

基地选址应尽量接轨于线路的终端车站或运行区段的折返站,也可根据车辆基地的选址和接轨条件,按八字形两站接轨,从而方便与正线接轨。出入线应按双线、双向运行且满足正线设计运能来设计,并应避免切割正线;困难条件下,停车规模等于或小于12辆的停车场出入线可按单线设计。出入线还应根据行车和信号的要求,留有必要的信号转换作业长度,以利于行车组织,保证车辆进出顺捷,提高运营效率。

选址时还应考虑便于城市电力、通信、给排水市政管道的引入,有良好的排水条件,便于与城市道路的连接。道路和相关市政管线是确保车辆基地建成后能正常运转的基础设施,应在工程设计和建设中加以落实。用地不仅要满足功能要求,还应具备远期发展条件。

避开工程地质及水文地质不良地段也是车辆基地选址的重要考量。为工程施工和长期正常运营创造有利条件,降低工程造价和运营维修成本,确保车辆基地内房屋建筑、大型设备、室内外构筑物与股道的生产安全和功能发挥。

2. 功能定位

车辆段可根据其作业范围分为大修段、架修段和定修段,其中大修段和架修段主要承担车辆的大修、架修及其以下修程作业;定修段主要承担车辆的定修及其以下修程作业。停车场主要承担停车和日常维保工作,必要时可承担少量周检、月检及临修作业。

车辆基地的功能定位、布局和各项设施的配置,应根据线路的运营需要、线网规划及车辆基地规划布置,结合既有车辆基地的功能及分布情况综合分析,通过设计基础资料进行各项工作量计算后确定,并应考虑实现线网内车辆基地的资源共享。

设计的主要基础资料包括线路走向、行车交路、车辆技术参数、车辆对数和编组辆数、管辖范围内配属车列数、车辆检修周期和检修时间等。

3.2.3 工艺设计

1. 基本要求

车辆的技术条件和参数是界定线路技术标准的基础,是确定轻轨运营管理模式和维修方式的基本条件,也是设备选型和确定设备规模的主要依据。车辆基地的设计和主要设备的选型都与车辆的技术条件和参数有关。因此,车辆基地设计应以轻轨车辆的技术条件和参数为依据。工艺设备配置应根据车辆技术条件、维护保养手册和车辆基地、综合维修中心规模及承担的工作范围来综合确定。

车辆日常维修和定期检修的修程和周期应根据车辆技术条件、车辆的质量和既有车辆基地的检修经验来制定。车辆检修宜采用预防性计划检修制度,做到日常维修保养和定期检修相结合,并应符合相关规定[4]。目前,各地轻轨工程的车辆检修修程和检修周期尚未统一,暂无成熟的模式可供借鉴,以上海为例,参照表 3-17 相关规定执行。

表 3-17 车辆检修周期和检修时间表

类别	检修种类	检修周期		检修时间/d
		走行里程/(万 km)	时间间隔	
定期检修	大修	90	10 年	30
	架修	45	5 年	15
日常保养	定修	9	1 年	7
	三月检	2.25	3 月	1
	周检	0.2	1 周	0.5

注:① 表中检修时间按部件互换修来确定;
② 设计中检修周期应采用年走行里程指标;
③ 可行性研究报告阶段可采用时间间隔指标。

也有部分城市采用车辆平台按照走行里程制定检修周期的方法,以斯柯达平台为例,如表 3-18 所列。

表 3-18 斯柯达平台车辆检修周期表

定义	日检 (DI)	基本检查 (BI)	详细检查 (DI)	中修 (MeR)	大修 (MR)	厂修 (GR)
走行里程/(万 km)	每日运行前	2	10	20	60	240(或 30 年)

车辆检修各修程主要作业内容如下。

1) 大修

对车辆各部件及系统(包括车体)进行全面分解、检查和修理,对车辆各系统进行全面的检测、调试和试验,并对部分系统和部件进行修理或更换。大修年限一般为车辆投入使用后 10 年。

2) 架修

对车辆的重要部件,特别是走行部件(转向架及弹性车轮)、电机、电器、减振器、悬挂系统、制动系统和车钩缓冲器装置等进行分解、检查、探伤和修理,更换报废的零部件,对电气部件进行清洁和测试,对空调机组和受电设备进行检测和修理,对蓄电池进行清洗及容量测试。对车辆各系统进行全面的检测、调试和试验。架修年限一般为车辆投入使用后 5 年。

3) 定修

对车辆各系统状态进行检查、检测,对各部件进行全面的检查、清洁、补充润滑油脂,对部分部件进行清洁、测试及维修,并对车辆进行全面调试。定修年限一般为车辆投入使用后 1 年。

4) 三月检

对车辆重要部件及各系统进行状态检查,同时对部件进行清洁、润滑及检查且更换磨耗件。

5）周检

对与车辆行车安全有关的部件进行技术检查,对车辆易损件和磨耗件进行检查,对车辆玻璃液和砂箱进行检查。

6）日常保养

车辆日常检查、清洁,记录车辆运行信息。

7）临修

对车辆在运营时临时发生的、超出定修周期范围的临时故障进行修理,目的在于尽快恢复车辆运营能力,减小车辆故障对系统运营造成的影响。

避免设备费用过高并保证设备的大修质量,设备大修应尽可能委托给相关的专业工厂来承担。车辆大修宜利用轻轨车辆厂家的大修设备。设备外委大修和车辆外委大修都应因地制宜、充分论证并于设计阶段予以落实。车辆基地运用整备设施应根据生产需要配备停车库、周(月)检库、洗车库、定(临)修库等,以及相应线路和必要的办公、生活房屋及设施。

2. 运用检修设施

1）停车库(棚)

停车库(棚)应根据气象条件和运营要求来设计。停车台位数应按配属车辆数扣除在修车数和定、临修保养台位数的计算结果来确定。

停车库(棚)宜采用贯通式布置。当停车线每股道的停车数量大于 3 辆时,不宜采用尽端式布置。停车库(棚)的长度应根据车辆长度、停车台位数及通道宽度综合确定,并应结合厂房组合情况和建筑、结构设计要求做适当调整。

当设有架空接触网或接触轨时,停车库前应设置隔离开关或分段器,并应设置送电时的信号显示或音响设施。停车库(棚)内应根据作业需要设置 AC 380 V/220 V 的检修插座。图3-24 为上海松江大学城停车场停车棚。

图 3-24　上海松江大学城停车场停车棚

2）周(月)检库

当周(月)检库的每股道停车数量大于 2 辆时,宜按贯通式设计。库长应根据车辆长度、周月检台位数、通道宽度及设计附加长度综合计算确定,并应结合厂房组合情况及建筑、结构等设计要求做适当调整。

周(月)检库内线路应设柱式检查坑,并应根据作业要求来设置车顶作业平台。每线台位之间和库前均应设置隔离开关或分段器,并应设置送电时的信号显示或音响设施。

周(月)检库股道内外作业面高度和车顶作业平台的结构尺寸应根据车辆几何尺寸、结构和作业要求来确定。车顶作业平台中间应设防护栅栏和门禁系统,股道两侧应设置固定或移动式司机上下车平台。检查坑及车顶平台应根据作业需要设置 AC 380V/220V 检修插座。

3) 定(临)修库和大(架)修库

应根据功能和检修工艺的要求设置生产、生活房屋及配套设施,具体包括:定(临)修库、大(架)修库、临修库及相应线路和转向架、电机、电子电器、受电弓、空调、制动、蓄电池等部件检修分间等。

定(临)修库和大(架)修库的规模应根据各修程的检修工作量和检修时间计算确定。厂房的布置和尺寸应根据厂房组合形式确定,并应满足工艺流程和检修作业的要求。

车辆基地的定(临)修库和大(架)修库均不应设置接触网,当进行升弓调试作业时,应在库端设移动接触网。车辆定(临)修和大(架)修宜采用定位作业,台位的长度宜按车辆模块解编的作业要求来确定。库内应根据作业需要配置适当数量的移动式上下车平台。

定(临)修库线宜按一台位设计,定修设柱式检查坑,临修设壁式检查坑,且检查坑内应有安全照明和排水设施。图 3-25 为大架库线实景图,图 3-26 为定修及临修库线实景图。

(a) 架车线

(b) 转向架存放线

图 3-25　大架库线实景图

(a) 定修库线

(b) 临修库线

图 3-26　定修及临修库线实景图

定(临)修库和大(架)修库均应设电动桥式或梁式起重机及必要的搬运设备。起重机的起重量应满足工艺和检修作业的要求;起重机走行轨的高度应根据车辆高度、架车方式、架车高度、车顶吊运作业的要求及起重机的结构尺寸综合计算确定。

定（临）修库和大（架）修库均应根据作业要求设架车设备，其中临修库可选用移动式架车机；定修库和大（架）修库可根据作业需要选用地下式固定架车机组或其他形式的架车设备。

4）试车线

试车线的有效长度应根据车辆性能和技术参数及试车综合作业要求来计算确定，以满足正线最高设计时速为佳。在困难条件下，至少应设置满足试车速度为 30 km/h 的中低速试车线，而车辆高速试车可在正线进行。车辆基地应在适当位置设置试车设备房屋。

试车线轨道、路基等按正线标准设计，宜为平直线路，困难时线路端部可根据试车速度设置适当的圆曲线与缓和曲线。两端应设缓冲滑动式车挡。

试车线应保持与正线一致的供电方式，并应单独设隔离开关。

5）洗车库

车辆基地应设置洗车库，如图 3-27 所示，而停车规模超过 12 辆的停车场应设置机械洗车设备。洗车线宜布置在入库前及入场线侧，按通过式设计。当地形受限制时，可结合场内布置情况按尽端式或八字形往复式布置，同时做工艺流线比选后方可确定。洗车库的长度、宽度和高度应根据洗车机的作业要求来确定，并应根据洗车设备的要求配备辅助生产房屋。洗车线在洗车库前后一辆车

图 3-27 洗车库实景图

的长度范围宜为直线，且为有效长度。洗车机应满足车辆两侧和端部（驾驶室）的洗刷要求，并应具备清水清洗及化学洗涤剂功能。洗车作业时的速度宜为 3~5 km/h。

6）加砂及日检线

车辆基地应根据日常作业需要设置加砂及日检库线，并配备加砂、日检设备和生产房屋，加砂及日检库线宜设于入库前。加砂及日检库线宜各按贯通式一台位设计。加砂台位进行车辆砂筒加砂作业。日检台位可对车辆空调、走行部等部件进行快速检查、临时检修。加砂作业可根据条件配置移动式或固定式加砂设备。

7）镟轮库

车辆段应根据条件设置固定式或移动式不落轮镟设备。镟轮库及其线路应结合总工艺流程和厂房组合情况合理布置，可单独设置，也可与检修厂房合并设置；当镟轮库与其他检修厂房合并设置时，宜以实体隔墙隔开。图 3-28 为镟轮库实景图。

镟轮线的有效长度应满足所有车辆的轮对

图 3-28 镟轮库实景图

镟修工作的要求。固定式不落轮镟设备前后应设有一辆车长度的直线段；应根据作业的需要配置车辆牵引小车或其他牵引设备，不宜采用架空接触网作为镟轮作业的车辆牵引动力。

8）油漆库

定修及以上等级的车辆基地应根据线网使用车辆的车体材质综合考虑设置油漆库。油漆库内应设置通风、给排水设施和压缩空气管路，并采取消防和环保措施，漆雾、粉尘处理应满足环保和消防要求。应根据油漆工艺和库内设备安装区域确定设备的防爆标准，油漆库内电气设备均应符合防爆要求。

9）牵出线

车辆基地应根据车场线站场布置和作业需要设置牵出线，牵出线一般设于检修库一侧及需要调机作业库线前，其数量应根据作业量确定。牵出线长度应满足调车作业要求，并留出安全距离。

10）其他库房

车辆基地应按线网资源共享原则配备工程车和相应的工程车库，工程车的牵引能力应满足牵引车辆在空载状态下通过全线最大坡度地段的要求；工程车库的规模应按远期配备车数确定，库内应根据作业需要设置必要的检修设施。

车辆基地应根据车辆运用和日常维修作业的需要，配备车载通信信号设备的维修、车辆内部清扫、工具存放、备品存放和工作人员更衣休息等生产、办公、生活所需的房屋。

3. 综合维修中心

综合维修中心是轻轨系统各种设备和设施的维修管理单位，其功能应满足全线轨道、路基、桥涵、房屋建筑、道路等设施以及供电、通信、运营控制、机电设备和自动化设备的维修保养和检修工作的需要。

综合维修中心根据其规模和工作范围可分为综合维修中心、维修工区和维修组。综合维修中心宜设于车辆段内，根据需要可在停车场设维修工区或维修组。维修工区和维修组隶属于综合维修中心管理。

根据各专业的工作性质和工作内容分设或合并设置工务、建筑、供电、通信与运营控制、机电等车间。机械设备宜综合考虑，统一配备；通用设备宜与车辆基地共用。大修宜委托当地专业队伍承担。

4. 仓储设施

仓储设施一般分为物资库、材料间、材料周转间等，主要承担材料、设备、机具、配件、备品备件及劳保用品等的采购、存储、发放任务和管理工作。其规模应根据所存放的材料、配件和设备的种类及数量确定。其中，物资库一般作为轻轨系统的主要物资存放基地，通常设置在车辆段；材料库一般作为次要物资存放基地，或归属物资库管理，通常设置于停车场；材料周转间一般与运用和检修车间联合设置，以便在对车辆进行维护检修时临时存放材料。

不同性质的材料和设备宜按分库存放设计，同时应满足精密电子、电器和橡胶类等物资存放的特殊要求。另外，易燃品库应单独设置。

3.2.4 总平面布置

车辆基地总平面布置应以车辆段（停车场）为主体，综合考虑车辆运用检修的作业要求、场址地形条件及维修中心、物资库、培训中心和其他生产、生活、办公设施的布局以及道路、管线等情况，还应结合气象条件，消防、卫生、通风、采光、绿化、环境保护和城市规划等方面的要求。同时还应充分考虑远期的发展条件。在满足车辆基地功能需求的基础上，充分考虑对综合开发条件的预留。

车辆基地总平面布置形式分为纵列式、横列式和混合式。纵列式工艺流程较顺畅，无须频繁转线，如图3-29所示。横列式布置较紧凑，但车辆转线作业较多，如图3-30所示。混合式布置结合场地条件，布置非常紧凑，充分利用用地形状，工艺流程顺畅，目前采用此种形式较多，如图3-31所示。在实际设计时，需结合车辆基地功能定位、设计规模和工艺要求，充分利用地块形状，因地制宜，多方案综合比选，优化布置形式。

图3-29 纵列式车辆基地总平面效果图

图3-30 横列式车辆基地总平面效果图

(a) 效果图

(b) 俯瞰图

图 3-31 混合式车辆基地总平面效果图

房屋布置应根据作业性质。各辅助生产房屋应根据功能分区布置；与运用和检修作业关系密切的辅助生产房屋宜分别布置在相关库房的邻近地点；考虑集约用地，各单体宜合建，也可根据使用特点独立设置。根据生产和管理的需要，应配备相应的辅助生产房屋和司乘人员公寓、办公楼、食堂、浴室、更衣休息室及卫生设施，以及汽车停车场和自行车棚等配套设施。

物资仓库的布置应方便汽车运输，在有条件的情况下宜设置材料堆放场地。

变配电所、给水所和锅炉房等动力房屋宜靠近相关的负荷中心布置。

按照垃圾分类的最新管理要求，落实垃圾房分类设置、给排水管道和车辆段生活污水处理设施。危废物贮存仓库门前区域应便于叉车装卸以及危废物运输车辆的出入。

按照危险品的管理要求，设置危险品仓库和危废品仓库，同时与其他建（构）筑物间要留有一定的安全距离。

结合地形条件，合理布置排水系统和道路系统，同时应考虑新采购车辆和大型设备的进入条件。为了满足消防要求，车辆基地应有不少于两个与外部道路相连通的出入口，以保证发生火灾时消防车能从不同方向进入现场。出入口宜衔接不同的外部道路。

车辆基地应设围蔽设施。围蔽设施宜结合当地的环境要求，选用安全、实用、美观，且不易攀爬的实体结构形式和材料。在车辆基地内的出入线、试车线、洗车线和镟轮线及车场线群外侧应设通透的隔离栅栏。若线路采用全自动驾驶系统，还应考虑全自动无人驾驶区与有人驾驶作业区的界限。

3.2.5 站场与道路

1. 站场设计主要原则

车辆基地的布置应因地制宜，充分利用地形，尽量减少占地面积，减少拆迁和土方工程。各单体的布置应既有独立性，又能相互联系，形成整体格局。站场线路布置应满足列车运用、检修的需要，符合生产工艺流程的要求，力求工艺顺畅、作业方便，布置力求紧凑合理并兼顾其他专业要求，为总图合理布置创造条件。

车辆基地应设置出入线和各种库线[包括停车线、周(月)检线、定(临)修线、大(架)修线、镟轮线和洗车线等]，并根据基地功能需要设置牵出线、试车线等。

2. 出入线

车辆基地出入线是确保轻轨出入正线正常运行的首要条件，它还担负着工程车辆夜间进出正线进行沿线维修作业、运送机具材料和工作人员的任务。出入线的设计应保证安全、可靠、迅速，且运行合理、经济。

出入线应在车站接轨，并宜选在线路的终点站或折返站，从而有利于正线车辆的正常运行，确保行车便捷，减少车辆出入的空走时间，降低运营成本。当车辆基地选址受城市规划、地形、工程地质等多种条件的限制时，在设计中应结合选址、线路条件、车辆技术条件和接轨站条件进行经济技术比选，合理确定出入线接轨方案。

由于车辆基地车辆出入频繁，为了保证车辆出入安全、可靠、迅速，出入线应按双线双向运行设计，以确保在事故状态下，当一条线路发生故障时，另一条线路仍能保证车辆出入作业。当停车规模小于12辆时，仅设置一条出入线也可满足运营需要。

3. 站场线路

站场线路的平面及纵断面设计与车辆性能、行车速度、地形等条件有关，其设计是否合理，将对工程造价、运行速度、养护维修产生很大影响。当车辆空载并低速运行在小半径曲线上时，对行车安全基本无影响，也无乘客舒适度的要求，因此站场线路的最小曲线半径应根据道岔的导曲线半径以及车辆构造允许的最小曲线半径等因素综合确定。由车辆性能来看，车辆在曲线半径不小于 25 m 的曲线上较少发生不正常磨耗现象。困难情况下半径可选用 20 m，但应根据不同的车辆性能限速通过。

站场线路的布设因限制因素多，且一般不载客通行，运行速度较低，因此可根据实践经验,在车辆构造允许的条件下,两反向圆曲线间的夹直线长度可按不小于 4.5 m 考虑。为了保证曲线及轨距递减不侵入道岔范围且便于施工和养护,要求道岔端部距曲线头(尾)有一定距离,站场线路为作业线,行车速度较低,且多为碎石道床,规定其最小距离为 4.5 m。

各检修库的库前股道宜设一段不小于一辆车长度的平直线路,库前平交道不小于 7 m,并应满足车辆进出库时车辆外侧各部分距库门安全净距的要求。

站场库外线宜平坡设计,困难条件下库外线可设在坡度不大于 1.5‰ 的坡道上,以防止车辆溜坡。

4. 场坪标高

车辆基地轨道路肩的高程应高出百年一遇的洪水位、基地附近最高地面积水位、内涝水位和周边既有道路、规划道路高程和安全高之和,并综合考虑土石方填挖平衡等因素,同时保证有效的排水,合理确定。安全高度通常采用 0.5 m。

5. 路基排水

站场路基面应设倾向排水系统的横向坡度,宜采用 2‰ 锯齿形横坡。

站场路基排水系统宜采用重力自流排水方式,有条件时应汇入车辆基地排水系统。排水设备可采用排水沟、排水管相结合的形式。建筑密集区宜采用暗管排水,股道间应采用盖板排水沟。站场雨水排水系统的设计,应使纵向和横向排水设备紧密配合,并应使水流径路短而顺直。纵向排水坡度不宜小于 3‰,穿越股道时,横向排水槽的坡度不宜小于 5‰。

排水设备的数量应根据地区年降雨量、站场汇水面积、路基纵横断面和出水口等因素确定。当车辆基地内设有洗车机的洗车线时,应根据具体情况加强路基排水设计。

6. 场区道路

为了满足生活和生产需要,车辆基地应配有运输道路和消防道路,且道路布置应和管线、绿化景观设施等相协调,应满足安全、卫生、防火及有关的特殊要求,应有不少于 2 个出入口与外界道路相连通,并应设环形汽车通道以满足消防要求,当设单行车通道时,相应地需设回车场地。

道路宜采用水泥混凝土路面或沥青路面,主干道的路面宽度为 7.0 m,通行汽车的道路路面宽度为 4.0 m,其他道路的路面宽度则应满足生产与运输要求。道路与轨道平交或道路转弯时,均应留有瞭望视距。供运输车辆通行的道路的转弯半径(从路面内缘算起)不应小于 12 m。场区道路还应设置必要的交通安全标志和设施。

3.2.6 建筑结构

1. 房屋建筑

车辆基地内的房屋建筑应根据工艺要求进行设计,以满足生产使用的要求,并应充分考虑当地地区的气候特点及规划的有关要求。房屋布置时应按功能进行分区,各功能区相对集中,且便于相互联系,布局紧凑、沟通便捷,做到节约用地,并宜注意朝向。车辆基地的办公、生活房屋和控制中心等宜合并建成综合楼,以便土地能够被集约利用,便于使用。对于物资总库而言,除堆放大型物材外,其余均宜设立体库房。另外,应积极推广并采用行之有效的新技术、新工艺、新设备、新材料,以满足消防、环保、卫生、通风、园林绿化、城市规划等方面的要求。

房屋的建筑设计应与周围环境相协调,并做好环境绿化规划设计。

车辆基地内建筑的耐火等级应根据其使用功能来确定,而耐火等级与防火分区的划分均应符合《建筑设计防火规范》(GB 50016—2014)(2018 年版)的有关规定。车辆基地内的单体建筑物和控制中心大楼的疏散楼梯间、疏散通道及安全出口处应设置疏散指示标志。

当车辆基地需要综合开发时,建筑在平面和空间上的布局应优先满足车辆基地的生产与生活要求,同时兼顾综合开发需求,在满足轨道工艺要求的前提下,还应保证整个建筑综合体的功能合理性、使用安全性和节能环保等要求。应做到先期统一规划,并做好设计上的预留、衔接与协调,以便未来根据需要可以分期实施建设。

2. 房屋结构

房屋结构设计应分别按施工阶段和使用阶段进行强度、变形计算,并进行裂缝宽度验算,同时满足防火、防水、防锈、防雷等要求,做到安全可靠、技术先进、经济合理。房屋结构尺寸应满足建筑净空、设备安装、使用功能以及施工工艺等要求。下部结构应综合考虑上部结构形式、工程水文地质条件、环境要求和使用要求等,以便选择合理的持力层及基础形式。

结构设计应满足抗震、耐久性等要求。沉降缝、抗震缝、伸缩缝的设置应综合考虑,宽度上应满足抗震缝的宽度要求。钢筋混凝土结构的伸缩缝应按《混凝土结构设计规范》(GB 50010—2010)(2015 年版)的要求设置,若无条件设置,应采取相应的措施以避免温度应力导致裂缝的产生。

另外,应按照相关规范及项目的具体要求来控制建筑物的最终沉降量及差异沉降,同时控制轨道基础、设备基础与其他结构的最终沉降量及差异沉降。

3. 路基结构

路基结构应根据车辆基地的工程地质、水文地质、环境条件等进行设计,以满足整体承载力的要求,而工后允许差异沉降量应综合考虑轨道线路的平顺性要求及轨道结构的最大调整量来确定。

路基与道路、建筑地坪、桥台、横向结构物等易产生差异沉降,故均宜设置过渡段。另外,须加强与站场、建筑结构、轨道、机电、道路等的接口设计,预留必要的预埋件。路基结构设计还应重视与邻近建筑物相协调。

3.2.7 机电工程

1. 通风空调

在满足工艺要求的前提下,按国家有关建筑设计标准的规定、当地气候条件和生产生活需要,设置通风、空调、采暖及防、排烟系统。

空调系统应根据车辆基地各单体内设备管理用房的实际使用情况进行设置,选择合适的空调冷热源方案,按设备管理用房的功能进行系统划分,同时考虑人员房间的新风需求。通风系统优先采用自然通风方式,若无自然通风条件或自然通风不能满足功能需求时,应设置机械通风系统。另外,防排烟系统应根据《建筑设计防火规范》(GB 50016—2014)(2018年度)和《建筑防烟排烟系统技术标准》(GB 51251—2017)中有关防排烟设施的区域设置要求来进行设置,优先采用自然排烟方式,若无条件则设置机械加压送风系统、机械排烟系统。

可能突然散发大量有害气体或有爆炸危险气体的区域或房间应设置事故通讯,通风量不小于12次/h,保证足够的通风量,防止对工作人员造成伤害及事故的进一步扩大。

通风空调系统应综合考虑节能措施,设备选型应符合安全可靠、工艺成熟、技术先进、经济节能的原则,以及满足消防和环保要求。系统设计中应留有设备、管道及配件所必需的安装和操作维修空间,预留安装、维修用的通道及孔洞,对于大型设备及管道还应提供运输和吊装条件。另外,应选用可靠性高、节能性好、低噪声、运转平稳、模块化、小型化、紧凑型的设备,以便于安装、维护和维修。

2. 给排水与消防

车辆基地给排水与消防系统应包括生产、生活和消防给水系统及气体灭火系统,而排水系统由生产废水和生活污水子系统组成。排水系统应考虑路基与轨道排水。给水设施要安全可靠,满足各用水点对水量、水质和水压的不同要求,水源宜采用城市自来水。生产、生活给水系统应是独立且安全可靠的供水系统,并应满足各用水点对水量、水压、水质和水温的要求。

另外,污水、废水和雨水排放应符合国家现行相关排水标准。污水及各类废水应采用分类集中的方式,并且接入市政下水道的污、废水其主要水质指标应符合国家和当地现行排水的规定后方可排入市政排水系统。

给排水设备的选型优先采用技术先进、安全可靠、经济合理并经过实践运营考验的产品,规格尽可能统一,以便安装和维修。

3. 动力与照明

车辆基地动力与照明系统包括变电所、动力供电、室内外照明和基地低压线路,设计应满足所有动力照明设备的要求。

车辆基地内应设牵引和降压变电所,可合建,宜靠近负荷中心,并且进出线方便。各建筑物室内照明应包括一般照明和应急照明,对于有检修坑的场所,坑内应设安全超低压照明。照明应符合《城市轨道交通照明》(GB/T 16275—2008)及《建筑照明设计标准》(GB 50034—2013)的规定。照明配电应采用放射式和树干式相结合且以放射式为主的配电方式。电源由低压变电所低压馈出柜供电,应通过电缆分别引至各库房、综合楼等总配电柜(箱)。室外照明、道岔区照明配电箱应设置在变电所内,并考虑设置SPD浪涌保护器。照明灯具和插座宜采用不同的分支回路供电。

基地正常照明电源应在满足其功能照明和采光的前提下,选择安装、调试、维修方便且运行成本低的节能产品。

第4章 土建工程

4.1 车站建筑

4.1.1 技术标准

1. 轻轨车站的特点

轻轨交通运送旅客的任务需要通过车站吸引和疏散客流来达到,因此车站是为旅客乘坐轻轨服务的基本设施。车站的选址、布置、规模等对轻轨运营效果具有决定性的意义。车站设计的好坏不仅影响到运营效益和运送旅客的质量,而且影响到城市环境及景观,对乘客的心理状态和精神面貌也会产生一定的影响。而轻轨车站往往又是连接其他交通的枢纽,车站周围是城市发展的核心地区,所以必须对轻轨车站设计的重要性提高认识,使车站建筑既能为乘客提供安全、便捷、舒适的乘坐条件,又能增进轻轨的运营效益,同时美化城市景观,进而取得经济、社会和环境的综合效益。

轻轨系统采用全封闭型或部分封闭型的线路,敷设方式以地上为主,考虑到敷设方式、客流需求和经济效益的相互协调,轻轨系统车站以地面车站和高架车站为主,局部困难情况考虑采用地下线。因此,本章重点介绍地面车站与高架车站,如图4-1所示。

(a) 地面车站

(b) 高架车站

图 4-1 轻轨车站

2. 车站设计原则

1) 车站选址

站址的选择应满足轻轨线路设计及运营管理的要求,同时考虑城市公共交通组织和城市规划的要求。这就需要轻轨交通主管部门、城市规划管理部门以及相关各方面协作，综合考虑各种因素，使其既能满足运营管理的要求，与线路平纵布置关系协调，站间距适宜，又能符合城市规划的合理布局。在最大限度地吸引客流的同时，妥善处理与城市道路、地面建筑、地面及地下管线、地下构筑物之间的关系，尽量减少房屋拆迁、管线迁移以及施工对地面建筑物、地面交通及市民生活的影响。

2）车站规模

车站规模应满足初期、近期、远期所预测的车站客流集散量和行车管理的需要。同时，满足事故紧急疏散客流的需要，并考虑高峰小时内客流的不均衡性，计入超高峰系数。对城市规划、交通规划中未来的交通换乘站或枢纽站要考虑留有扩建的余地。

3）车站布置

车站的形式应根据线路及运营条件、配线设置、市政管线、所处周边环境特点、地面交通状况等因素，因地制宜地确定。车站布置要方便乘客使用，迅速进出站，并且具有良好的通风、照明、卫生、防灾等设备条件，以提供旅客安全、舒适的乘降环境。

4）车站造型

地面车站、高架车站和地下车站由于所处位置的不同，其建筑设计应各具特色，并因地制宜地考虑建筑风格，在经济合理的条件下，应力求与城市景观相协调，使轻轨线路所有车站既保持相对统一的整体感，又不失各个车站独特的个性。同时，应进行标准化、模块化、集约化的设计，以期合理控制工程规模，并充分采用新技术、新工艺和新材料。

5）综合换乘

车站的换乘形式应根据线网规划、客流特征、换乘线路的建设时序、线路敷设方式和工程实施条件等因素来确定，并且换乘设施的通过能力需满足远期换乘客流的需要。同时，还要特别注意轻轨车站与周边公交、地铁、轮渡、有轨电车、交通枢纽等的换乘。

6）其他原则

车站建筑应综合考虑防火、疏散、反恐、防淹（地下站及地下出入口）等防灾设计；符合当地的环境、气候、地形、地貌等特征。在有条件的情况下，考虑地下和地上空间的综合开发，并与物业开发相结合。同时，车站设计还应注重节能环保，以及与周边景观、环境的协调共生；重视车站人文精神的建设，如统一考虑无障碍设计，并与城市道路的无障碍设施平顺衔接。

3. 车站总平面设计

1）车站位置布局

车站位置一般以线路专业提供的总体车站布局和规模为基础，并根据地区客流分布、轻轨运营管理要求、城市交通组织以及城市发展规划等综合确定。一般应尽量设置在大客流集散点，如火车站、机场、码头、公共交通枢纽站、商业中心、文化娱乐中心、居民区等。对于每一个车站具体位置的确定，应有几个关于总体布局的不同的方案，以便从中选取综合效益最好的方案。具体设计时，应根据线路的平纵布置情况、运营管理要求及建筑基地周围环境的条件，与各相关专业做好协调配合。例如，地面车站位置需考虑与平交道口的关系及道口视距的要求;高架车站位置需考虑与高架桥结构的关系;站址的地质、地形及地下管线情况以及车站与周围建筑的关系等都需要被考虑在内。另外,应尽量减少现有建筑物的拆迁和原有管线的改迁。最后将各种因素综合起来确定车站的平面位置。

车站建筑优先布置在线路平直线段上,当布置困难时,地面车站线路的平面曲线及纵断面坡度均应满足线路的设计要求,且尽量避免小半径曲线,进入曲线时,轨道中心线与站台边缘的距离应按限界专业要求适当加宽。

2) 站台形式选择

轻轨线路的站台形式可分为三种,具体选用哪种形式,要根据线路总体布置和车辆运行要求来确定。

(1) 岛式车站:站台位于上下行线路之间,站台供上下行两条线路使用;

(2) 侧式车站:站台位于上下行线路的两侧,多用于换乘车站和客流不大的高架车站;

(3) 混合式车站:是将岛式车站和侧式车站同设在一个车站内,可同时在两侧站台上下车,也可适应列车中途折返的要求。一般布置成"一岛一侧""一岛两侧"等形式。通常,混合式车站规模较大,一般用在换乘站。

岛式站台和侧式站台各有优缺点。岛式车站具有站台面积利用率高、客流能灵活调剂、乘客使用方便、管理人员相对较少等优点,常用于客流量较大、潮汐客流明显的车站。但当岛式车站设置在地面时,大多前后区间会有"喇叭口"过渡段,线路结构复杂,故会影响城市景观或交通,且改造时车站延长困难。此外,当车辆同时到达时,易造成乘客乘错方向。而侧式站台两侧客流不易混乱,线路较为平顺,但不能起调节作用,站台利用率较低,站台管理分散,所需工作人员较多。对于换乘站来说,岛式车站应用较多,而高架车站、普通地面车站则选用侧式站台更为常见。特别是地面车站,一般选用对称侧式车站(或称为"侧式站台横列布置"),基于此还衍生出"分离式侧式站台"(或称为"侧式站台纵列布置"),而岛式车站衍生出"长岛式站台"(或称为"分离式岛式站台")。

3) 车站平面总体布局

轻轨车站原则上由站台、站亭、出入口、服务设施、站前广场、设备管理用房等组成,其中站台是最基本的部分,不论车站的类型、性质有何不同,都必须设置。其余部分因车站情况不同会有差异,在满足功能要求的前提下可简略设置。

在轻轨车站里,由乘客活动所形成的流线及车站服务的设施都相对较为简单,且形式也比较多样。有的轻轨线路不设置进出站闸机,而采用车上售检票的形式,其车站布置就类似公交站台,极为简单;有的轻轨线路则设置站厅空间,其中包括安检、售票、检票设施和设备管理区域,类似地铁车站的组成和布局。无论如何,车站平面的总体布局应按照乘客进出站的活动顺序,合理布置进出站的流线,避免产生干扰,且流线应简捷、通畅,为乘客创造便捷、舒适的乘降环境。

4. 车站站台

1) 站台长度

车站站台的计算长度应采用列车最大编组的有效长度与停车误差之和。其中,列车最大编组的有效长度是指列车首末两节车尽端客室门外侧之间的长度。停车误差一般取 1~2 m。

2) 站台宽度

决定站台宽度的主要依据是高峰小时客流量。在高峰小时,车站内集中了全日乘降人数的 15%~30%。当然,高峰小时客流量也存在不均匀现象,例如实际上有可能在高峰小时的 20 min 内通过了 40%~47% 的高峰小时客流量,这时就应该引进超高峰系数。超高峰系数一般取 1.2~1.4,可按各站的位置及客流组成情况而定。

根据《轻轨交通设计标准》(GB/T 51263—2017)[22],站台宽度一般可按下列公式计算:

$$B_1 = 2B_3 + D_1 \tag{4-1}$$

$$B_2 = B_3 + D_2 \tag{4-2}$$

$$B_3 = \frac{N\alpha\rho}{L} \tag{4-3}$$

式中 B_1——岛式站台宽度,m;

B_2——侧式站台宽度,m;

B_3——侧站台宽度,m;

D_1——岛式站台支撑站亭柱子的宽度,m;

D_2——侧式站台支撑站亭柱子的宽度,m;

N——远期或客流控制期,每列车高峰小时单向最大上下车设计客流量,人;

α——超高峰系数;

ρ——站台上人流密度,可在 0.33~0.75 之间选用;

L——站台计算长度,m。

实际上,因为轻轨车站形式差别较大,以上公式只是诸多研究中的一种。譬如,对于地面车站,不少专家考虑到其多为单面进出,故提出在站台宽度中考虑 1~2 股乘客通行的宽度;对于式(4-3)中 N 采用了"上下车设计客流量",也有提出采用与"上车设计客流量"加安全线宽度进行比较的。对于设置站台门的车站,需要考虑设备的宽度;有的车站立柱较小,对此控制站台宽度的是座椅而非立柱。尽管各家观点不同,但鉴于轻轨交通的运力特点,一般差别不大。

此外,《轻轨交通设计标准》(GB/T 51263—2017)还给出了地面侧式车站的最小宽度不宜小于 3 m,岛式车站宽度不宜小于 5 m(困难情况下不应小于 4 m)的要求[22]。

如果进出站台或跨线设施的天桥或地道的出入口设在站台的候车区段内,站台宽度还应考虑出入口的宽度以及对候车区的影响。在轻轨线路设计中,各车站的站台宽度可计算几种宽度,为了便于设计和施工,不宜种类太多。

3) 站台距离轨道的高度和宽度

站台面距离轨面的高度,分为低站台和高站台两种,这主要与车辆的选型有关。站台与车厢地板面同高,称为高站台;站台比车厢地板面低 1~2 个台阶,称为低站台。采用低站台可降低站台的造价，适宜于客流量不大的线路。高站台则便于乘客上下车，特别有利于残障人士和老年人上下车，缩短车辆在车站的停车时间，提高线路的通过能力。考虑到车辆弹簧的挠度，当处于最大乘车效率时，车厢地板下沉，因此靠近轨道区一侧的站台边缘应低于空载车辆车门附近地板面 50 mm。站台面一般设置横坡排水，故站台会呈现内高外低的情况，对此只能控制其靠近轨道区一侧的站台边缘与车厢的高度，以方便乘客舒适地上下车。

轨道中心线与站台边缘的距离由车辆限界确定，并适当考虑站台侧面铺装和施工误差。

4）站亭

站亭也称为"雨棚"，主要应用在地面车站和高架车站的站台上。一般采用开敞设置，不宜过于封闭。其立柱和棚体不应影响乘客通行，更不能进入车辆限界范围，还应注意与车辆开门的关系。对于超过 60 m 的封闭型雨棚还要考虑排烟要求。站台上部净空最小建筑高度应高于车厢顶的高度，且不宜小于 3 m，顶棚边缘与候车座椅之间的距离不宜小于 1.5 m。对于采用非接触网供电的车站，车站站亭还要考虑设置接触受电轨道的需要。

地面车站及高架车站的站亭可全部设置，也可局部设置。设计时雨棚和护栏应综合考虑，二者相互呼应，共成韵律，立面设计可虚、可实，虚实结合，使立面既丰富活泼又不杂乱烦琐。

5）站台设施及用房

站台服务设施一般包括信息设施、便利设施、安全设施、运营设施和安全设施等，中间站、始末站的配置要求会有所不同，应根据运营管理的要求来决定。一般的站台设施布置可参考表 4-1。其中，便利设施和商业设施的形式较为多样，例如有些城市出于人性化的考虑，在站台布置了空调候车室、暖棚、雾化降温等设施；有些城市则在站台布置了公共艺术品。

表 4-1 站台服务设施

设施		配置		备注
		始末站	中途站换乘站	
信息设施	站牌	√	√	
	区域地图、线路图	√	√	
	时刻表	√	√	
	PIS 显示屏	√	√	
	信息查询机	√	○	
	乘客导向	√	√	
便利设施	无障碍设施	√	√	
	候车棚	√	√	当设在建筑中可不设

(续表)

设施		配置		备注
		始末站	中途站 换乘站	
便利设施	座椅	√	√	
	非机动车存放	√	○	根据区域交通规划
	机动车停车换乘	○	—	
	垃圾箱	√	√	
	饮水机	○	—	
	自动售票机	√	√	
	检票设备	○	○	
	Wi-Fi	○	○	
	喷雾系统	○	○	
	挡风板	○	○	
安全设施	照明	√	√	
	监控	√	√	
	紧急呼机	√	√	
	公共广播	√	○	
	急救设施	○	○	
商业设施	广告	○	○	
	自动售卖机	○	○	
	公共艺术品	○	○	
运营设施	卫生间	√	○	可利用城市既有卫生设施
	交接班室	√	○	
	售票亭	○	○	
	自动售票机	√	√	应按远期规模考虑
	检票设备	○	○	

注："√"表示应有设施,"○"表示可选设施,"—"表示不设的设施。

车站用房一般包括运营管理用房以及必要的设备机房。目前,由于自动售检票设施已经比较成熟,加上电子支付的快速发展,人工售票及其配套用房已不常见。对于一些规模较大的车站,乘客和管理人员较多,则需要考虑设置卫生间。当轻轨系统采用全封闭线路时,全线设独立信号系统,统一指挥列车运行,因此需要根据系统要求设置一定的设备空间。对于动照、信号、通信等系统相对简单的车站,一般以箱柜形式设置,可以结合站棚设计,不一定设置专门的房间。高架车站和地下车站对于必须布置的用房,应尽量将其布置在地面,以降低工程造价。若考虑到景观影响,或达到尽量少占或不占道路的目的,也可利用高架桥下空间或结合设置到车站周边原有或新建建筑中,地面车站的一些运营管理用房也可结合地下通道设置。

5. 车站安全防护

1) 安全的基本要求

车站安全问题涉及的方面有很多,重点在站台候车乘客的交通安全问题上,同时还包括防止犯罪、材料安全、反恐需求、设施制作、防火防盗等。例如,在《菲尼克斯中央/东谷轻轨交通项目城市设计指南手册》中有专门关于"安全"的章节可供参考。

(1) 确保所有的垂直遮阳装置都能提高运输乘客的透明度、能见度和安全意识。

(2) 避免使用容易被破坏的材料,因其不能承受长时间的高温,或易成为偷窃的目标。

(3) 确保垃圾容器满足自由贸易协议的国十安全要求。

(4) 所有潜在的设计危险必须从建筑形式和设备上尽量避免。

(5) 所有的材料都应该耐用、易于维护和不易遭受破坏。

(6) 避免提供易于涂鸦或易被划伤的表面,如玻璃或抛光高亮的不锈钢材质。

(7) 对所有建筑、工程、景观和公共艺术进行安全审查。

(8) 建立清晰、合理的循环路线。

(9) 通过车站的开放性和良好的视野条件,提供"街道眼"的功能。

(10) 尽可能提供至少两条进出车站的路线。

(11) 保持车站平台的开放和整洁,通过车站设施的有效布置,使整个区域拥有最大化的视野。

2) 防护栏杆

侧式站台非乘降侧应设置防护栏杆,这会使乘客有安全感,并且方便车站管理。上下行线路之间设置防护栏杆可防止乘客随意越线,以免造成意外。岛式站外侧应设置防护栏杆,以防止车门错误开启而导致乘客坠落。对于跨越城市道路的天桥,也应设置防护栏杆,高度不宜小于1.8 m;对于天桥至地面站台的楼扶梯,其侧面栏杆也应加高,有接触网时还应考虑电气安全防护的要求。推荐在站台乘降一侧设置安全门,或者在非车辆开门的区域设置安全栏杆。防护栏杆应防止儿童攀爬,当采用竖向栏杆时,栏杆间距不应大于0.11 m,当采用玻璃栏板时,应采用安全玻璃。

3) 防滑

站台应有适当的排水措施。地面车站在站台靠线路侧的下面与轨枕间可布置排水暗沟,与整个线路排水系统及市政管网相连接。高架车站与高架桥面排水可以结合起来考虑,地下车站则可按地铁排水方法设计。站台的地面铺装材料要强调耐用与防滑,安全带要颜色醒目。站亭的屋面不应向轨道区内排水。

4) 站台与车辆缝隙

需要注意的是,目前我国轨道交通已经发生多起因车站站台与车辆之间缝隙过宽而造成的乘客崴脚、卡脚等安全事故,大多发生在设置于曲线上的车站。因为考虑到车辆的平面偏移和超高引起的车辆倾斜影响,轨道中心至内侧站台的距离要适当扩大。当然,也有一些缝隙偏大是由于施工误差或车辆选型调整造成的。目前,可以采用在站台加装橡胶条等加宽设施的方法,也可以在车辆招标中要求车门处设置翻板,以弥补土建的不足。

5) 照明

站台应考虑设置照明,且照度要均匀,以满足乘客的乘降需求。可结合站亭布置内部照明,也可在站台设置灯柱,但要与栏杆、雨棚相协调。

6) 防撞

地面车站是沿道路路中敷设的,当机动车发生交通事故时,存在冲向车站危及乘客人身安全的可能,故要有防护设施。由于快速路上机动车的速度快,一旦发生事故,其破坏性就较大,因此一般需要设置防撞护栏。防撞柱的高度不应低于 0.4 m,防撞护栏距离站台边缘的净距不得小于 0.25 m。站台上的所有设施不应存在可能遭到碰撞的尖锐物,也不应有影响乘客通行的突出物。

7) 安全提示

为了避免车辆进出站时乘客距离站台过近而造成的伤害,车站站台应充分考虑车辆动态限界的影响,一般应在距离站台边缘处通过颜色、材质或画线的方式来划定安全防护带,防护带的设置可与盲道一并考虑。

4.1.2 地面车站

1. 特点概述

当轻轨线路走行于地面时,相应地,车站也常随之采用地面车站。该类车站工程量小,且可以根据周边建筑灵活布置,乘客进出站方便,不需要自动扶梯,可以采用自然通风和采光,故造价较低。但这种方式主要是会占用地面道路,因此需要注重与城市交通的协调布设。在道路资源允许的前提下,一般优先采用地面车站。

2. 设计技术要点

1) 总平面布局

地面车站不应设在平交道口中心(不包含交叉口设置绿岛转盘的情况)。地面车站与平交道口的关系有三种选址方式:接近道口或道口前的一侧、经过一个道口后远离下一个道口的一侧、在两个道口之间。选哪种方式应根据轻轨运营最佳经济效益来确定,并使轻轨车辆和其他车辆及行人之间的干扰最小。此外,站台边缘至道路交叉口的距离须经计算确定,且不宜小于 10 m。

2) 站台形式

地面车站的站台形式分为岛式站台、侧式站台和混合式站台,但因其自身的特点,在岛式和侧式的基础上又增加了"分离式"和"标准式"的划分维度,因而车站类型一般有标准岛式车站、标准侧式车站、分离式岛式车站、分离式侧式车站和混合式车站。

（1）标准岛式车站

标准岛式车站的站台设于轨道中间，被广泛用于路段和交叉口处，如图 4-2 所示，便于乘客进站后选择乘坐方向，对客流潮汐特征的适应性较好，站台宽度通常为 3～5 m。

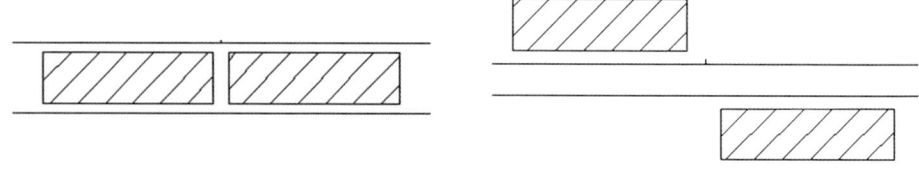

图 4-2　标准岛式车站示意图　　　　图 4-3　标准侧式车站示意图

（2）标准侧式车站

标准侧式车站又称为"侧式站台横列布置"，其站台对称设于轨道的两侧，如图 4-3 所示，主要用于路段上设站的情况，单侧站台宽度一般为 2～3.5 m。

（3）分离式岛式车站

分离式岛式车站也称"长岛式车站"，通常是由于特殊的设站条件造成的。站台宽度与标准侧式车站相同，而长度则不小于标准侧式站台车站的两倍。不同方向的车辆停靠在车站的不同侧、不同位置，如图 4-4 所示，有时分离式岛式车站的两个站台之间以通道相连。

（4）分离式侧式车站

分离式侧式车站又称侧式车站纵列布置，两个侧式站台前后错开布置，如图 4-5 所示，一般设置在平交道口处，不同方向线路的站台位于交叉口的两侧。两个侧式站台布置在交叉口两侧，分别占用单侧的道路空间资源，以便于交叉口的渠化改造及交叉口信号控制。

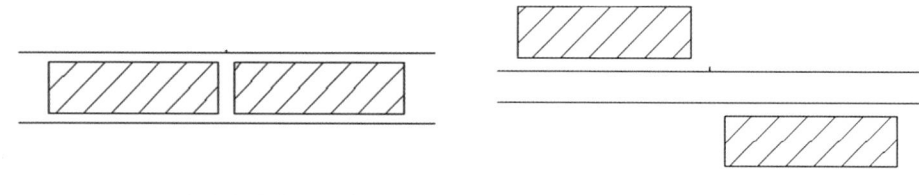

图 4-4　分离式岛式车站示意图　　　　图 4-5　分离式侧式车站示意图

（5）混合式车站

混合式车站是结合实际情况，采用岛式站台、侧式站台组合而成的车站，如图 4-6、图 4-7 所示。

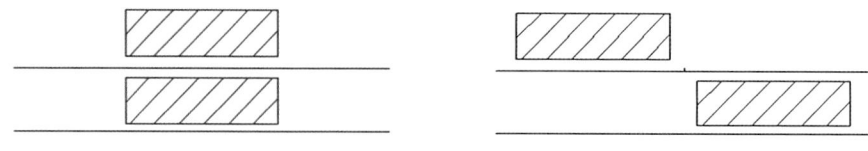

图 4-6　同位混合式车站示意图　　　　图 4-7　错位混合式车站示意图

地面车站类型的选择通常根据车辆的到发频率、客流特征、道路红线宽度、线形特征、分隔形式、其他车辆与行人流量、行人过街、周边环境等因素综合确定,车站类型要与使用要求相匹配,以便乘客进出站及与周边客流生成点的有效衔接。从道路平交道口交通组织的角度来看,分离式侧式车站较为有利。该类车站对一般交叉口的渠化展宽的影响较小,基本符合常规交通组织模式,且将轻轨车到站和离站时的低速运行与过平交道口时低速运行结合在一起,使轻轨运营效率得以提高,并有利于安全。

3) 车站站位与道路的关系

轻轨车辆行驶在地面上,线路走向比较灵活,轻轨车站在道路横断面上的布置方式通常有三种:路中式、路侧式和单边路侧式。其中,路中式应当确保进出车站的乘客能够安全、顺畅地穿越机动车道,对此可利用站台端部组织客流,并结合地面过街条件设计进出车站的乘客步行动线。对于标准侧式车站而言,为了便于对向乘客通行,可以在站台两端设置跨越轨道的人行横道。当车站上下客流量较大或连续封闭区间超过 500 m 时,可设置人行天桥或地道。对于路侧式车站和单边路侧式车站而言,应确保进出车站的乘客步行动线与道路慢行交通之间的协调。

3. 跨线设施及出入口

1) 跨线设施

对地面车站来说,当客流量较小,地面交通量不大,轻轨车辆运行密度较低,车站附近有开放道口或开放段时,可不设跨线设施。但是当地面车站不具备上述条件时,须考虑设置跨线设施。

地面车站的跨线设施可以是天桥或地道两种方案。天桥方案较为经济且施工方便,对交通的干扰也少,但对城市景观影响较大。地道则造价较高,但对地面景观影响小,一般设置在城市中心区。对于天桥和地道的相关要求,参见本书 4.1.3 节中高架车站"垂直交通"的相关要求。需要特别指出的是地下人行通道的宽度问题。《轻轨交通设计标准》(GB/T 51263—2017)中关于地道规定的最小净宽不应小于 3 m,最小净高不宜低于 2.4 m,实际工程中还要遵守当地的相关要求。例如,上海规定在轨道交通地下通道中,单一地下通道的宽度必须在 6 m 以上,带有商业设施的地下通道宽度必须大于 8 m;在高度方面,带有商业设施的地下通道其高度不得低于 3.5 m,单一地下通道长度大于 30 m 的,最小净高不低于 3.0 m。此外,除了客流计算和地方规定外,地下通道的施工方式也会影响通道的宽度,例如采用顶管法时,地道宽度主要取决于顶管的自身尺寸。

2) 车站进出

车站进出主要指乘客如何快捷、安全地到达/离开车站。譬如,首末车站应将进站客流和出站客流分开;对于设于路中的车站而言,当采用站台端部一侧作为乘客的主要出入口时,出入口至路口或人行横道边缘应有一定的缓冲距离。对于不能通过地面直接到达的车站,还需要通过设置天桥或地道来与站台相连。

轻轨车站的乘客进出主要分为"平面形式直接进出站"和"立体形式进出站"两种方式。"平面形式直接进出站"是指乘客通过连接站台的出入口通道或人行道,经道路交叉口而无须立体提升即可直接到达道路两侧。"立体形式进出站"是指乘客通过连接站台的人行天桥或地道,经过立体提升后到达道路两侧。

地面车站乘客宜采用平面形式直接进出车站,这是因为轻轨地面站乘客平面直接进出车站可以减少上下提升、缩短进站距离、方便乘客上下车。当地面车站在快速路路中敷设时,由于快速路是封闭线路,乘客无法平面进出车站,因此宜采用天桥或地道形式进出站。对于超高峰小时最大上下车设计客流量大于 5 000 人的车站而言,当其沿道路路中敷设时,应采用立体形式进出车站。

地面车站集中组织乘客进出站可以减少行人和机动车之间的相互干扰,以确保乘客的安全。地面车站出入口一般会设置坡道来连接站台,主要是因为站台距地面的高度较低,一般不满足设置几级踏步的条件,同时采用坡道可以兼顾无障碍的要求。

4.1.3 高架车站

1. 特点概述

一般当城市地面交通拥挤而需利用地面上部空间时,轻轨交通会采用高架线路和高架站的方式。高架车站位于地面高架桥上。高架车站除了出入口及部分设备用房外,大部分建筑体量均在高架桥上,而高架桥下还可以通行车辆和行人。由于高架线路和城市道路形成立交形式,因此不会对城市交通产生干扰和影响,但对城市景观和环境(行车噪声)的影响较大,会有永久性阴影区。

2. 设计技术要点

1) 总平面布局

在人口集中的繁华地区,高架轻轨线应避免分割领域空间,高架车站可设领域边缘,例如在交叉路口附近,高架车站距离路口 30 m 为宜。

高架车站不应设在交叉路口,否则对道路的景观影响巨大,而高架车站的立柱对交叉口的交通组织也非常不利。

2) 岛、侧站台形式比较

对于车站站台形式的选择,除了考虑潮汐客流、管理人员数量等要素之外,高架车站有其自身的特点和需求。在满足功能的前提下,侧式车站总宽度略大于岛式车站,但岛式站台在车站两侧有区间喇叭口段,工程量较大,总体上来说,岛式车站和侧式车站在土建规模上的投资相差不多,如图 4-8 所示。在设备方面,考虑到目前我国的经济水平和无障碍要求,岛式站台车站上下交通集中组织,可节省自动扶梯和电梯,设备初期投入少,长期的运营、维修、管理费用也较少,但侧式站台在每边的站台都应考虑自动扶梯和无障碍电梯设施,设备费用较岛式站台高。

从城市景观要求方面考虑,由于岛式站台车站前后两端各有一定长度的喇叭口,对城市景观影响较大,而侧式站台车站线路顺直,因此,在景观融合方面,侧式站台车站要优于岛式站台车站。

对于路中的高架车站,考虑到轨道区域受力要求,岛式车站横向立柱间距通常在

10 m以上,匹配的路中绿化带 14～15 m;侧式车站轨道梁设置在中部,横向立柱间距通常在 4～5 m,因此从交通角度来看,匹配的路中绿化带 6 m 即可满足要求。

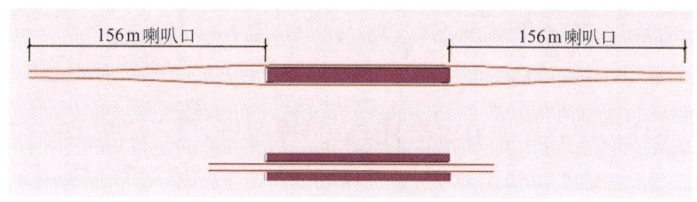

图 4-8　岛式、侧式站台线形比较

3) 结构形式选择

高架车站不同的结构形式会产生不同的建筑空间效果。根据高架车站的建筑布置和受力特点,结构形式可分为"站桥合建"与"站桥分离"两种。

表 4-2　高架车站结构形式比较

比较内容	站桥合建	站桥分离
建筑布置	灵活	一般
乘车环境	舒适、美观	一般
结构受力	立柱、梁数量较少,结构受力复杂	立柱、梁数量较多,结构受力明确
工程造价	规模小,较经济	规模大,投资高
设计难度	较高	较简单

"站桥分离"是指区间高架桥在车站范围内连续贯通,但与站台和站厅的梁、板、柱及基础完全脱开,各自形成独立受力的结构体系。这种形式的特点是:车站内立柱、梁的数量较多,建筑布置受到限制,但结构体系清晰合理,受力明确,设计较为简单。

"站桥合建"是指轨道梁支承于车站结构上或站台梁等车站结构支承于轨道梁桥上,从而形成组合结构体系。这种形式的特点是:减少了车站内立柱、梁的数量,使得建筑布置灵活,能较好地满足车站的建筑功能要求,乘车环境舒适;车站结构断面合理经济,整体刚度好;可以有效降低车站总高度,工程投资少;但需要同时考虑"建规"和"铁规"两套规范,设计较为复杂。

4) 跨线设施

对于高架车站而言,考虑乘客的候车安全,若采用侧式站台,则上下行线间加防护栏杆隔开,如此便会有上下行越线问题。若采用岛式站台,乘客进站也有越线问题,而且行人过街也同样有越线问题。所以,高架车站需设置垂直交通和跨线设施,应将车站的垂直交通与乘客越线和行人过街越线综合起来考虑。

高架车站的跨线设施若为高架桥上再设天桥,这不仅加重了乘客负担,让其安全感降低,还会占用较多高架站台的面积,增加高架车站结构的复杂性,造价随之提高,并且不利于城市景观。因此,应尽量利用高架桥面以下的结构空间解决跨线问题,也可在解决高架车站的垂直交通时，同时解决跨线问题。但应注意避开道路交叉口，以满足道路上空的限高要求。

对于采用低站台形式的侧式站台而言，为了便于两侧的工作联系及清扫车站，线路可设置较简易的平交跨线设施，该设施应避开停车区，并加强管理，以防乘客越线造成意外。

5) 垂直交通及天桥出入口

高架车站与地面之间必然要通过垂直交通联系，从而可以疏导乘客，而天桥也需要有垂直交通。因此，对于垂直交通的设计，要求位置适宜、路线简捷合理，以及通畅的宽度。

路中高架车站的垂直交通布置通常为两种方式：一种为街道两侧布置垂直交通，经天桥进入高架站台，即天桥进出方式；另一种是利用桥下空间，经由一跑楼梯通向休息平台，再分为两跑楼梯向两侧高架站台，或直接通向岛式站台，即为桥下进出方式。两种方式各有优缺点，应根据高架车站所处的地形条件、道路条件及景观要求综合考虑后选择。前者不占桥下道路面积，对机动车道干扰小，但造价较高，且侧式站台乘客中途折返不便，上下行乘客越线问题需另行解决。后者利用桥身下空间垂直交通可解决乘客越线问题，乘客上下行选择方便，建造过程无须另外考虑拆迁问题，但在桥下会占用道路宽度，故对机动车道有一定影响，需城市、交通规划部门拓宽车站附近道路。这种方式更适合岛式车站和路侧车站，对于自动扶梯和无障碍电梯的布置较为不利，布局时应因地制宜慎重选择。

高架车站设置的人行天桥应与市政道路的天桥结合起来设置。在市中心道路紧张的地方，高架车站的垂直交通也可设在街道两侧的建筑物（如商场、文化娱乐中心等）内，通过天桥进入高架站台。这样既能解决道路紧张的难题，又能为商场、文化娱乐中心等带来经济效益，但必须保证车站疏散的独立性。

4.1.4 车站景观与环境设计

建筑造型是建筑的性质及功能、空间形态及结构形式、周围环境及城市文化、历史等内涵、外延因素的融汇。而车站建筑应反映所在城市的特点，如城市的性质、历史、文化、建筑特色、气候、地理等。轻轨交通是城市公共交通中独具特色的现代快速交通系统，其车站造型应该既要反映出轻轨的特色又要体现出城市的时代特征。

由于各座车站的建筑性质（地面或高架）、规模、所在区域的特点均有不同，尽管标准化是发展趋势，但所有车站不可能也不应该按同一模式来建造，而是尽量为乘客提供一种新鲜感，增强可识性。这就要求轻轨车站的建筑造型在大同的基础上各有小别。各座车站建筑的规模、细部处理、色彩、空间组织等各方面都应反映车站自身的特点，同时，也应防止脱离城市或区域环境的整体要求，避免片面夸大。

1. 地面车站景观与环境设计

当轻轨线路以地面线为主时，相比于无轨电车和公交车，"轨道"这种独有的连续视觉信息形象突出，而与地下车站看不到四季变换、高架车站独立于城市平面之外不同，地面车站和线路与城市肌理密切贴合，因此其需要与城市更好地融合。同时，轻轨地面车站对城市景观、肌理、文脉均造成较大影响,若处理不当,可能造成视觉识别的混乱。因此,必须按照城市设计的理念,对车站区域的环境形态进行合理的处理以及综合性、系统性的艺术设计。

轻轨线路既拥有解决交通问题的基本功能,其建设又是城市更新、改善环境景观的良好契机,城市综合设计是轻轨交通形成特色的关键因素,将地面轻轨车站视作城市环境景观的重要组成部分也是当前的一种发展趋势。车站的景观与环境设计既要充分考虑乘客在车上、站台上看到的环境景观,又要充分考虑轻轨系统中的车辆、轨道铺装、触网立柱、车站雨棚等元素对城市整体环境的影响。地面车站的景观与环境设计就是使得轻轨线路在完成其交通功能的同时,还有令人愉悦的外形和环境。

1) 标准化与差异化

轻轨车站不是单独一座建筑,而是由数十个站点组成的线性分布的建筑群体。从车站外观的总体设计策略来说,标准化和差异化是首先需要考虑的问题。换言之,全线数十个车站,是"一线一景"还是"一站一景"?所谓"一线一景"就是全线的所有车站外观基本都是一致的,只是个别车站采用不同的造型;而"一站一景"则是每座车站的面貌各不相同,但常常都是在一种"母题"、风格或色调之下,不会彼此毫无瓜葛。两种策略都是为了给乘客以统一的视觉形象。

2) 形式与功能

"形式追随功能"(Form follows the function. This is a law.)是芝加哥学派的现代主义建筑大师路易斯·沙利文(Louis Sullivan)的一句名言,其影响非常深远。在设计史上,形式和功能的问题一直是一个不断被探讨和修正的话题,在轻轨车站外观的设计上也是如此。对车站"功能"有不同形态层面的理解,一方面,轻轨车站的基本功能就是满足乘客的乘降和车辆的启停,在保证乘客的安全性和舒适性的同时,充分反映轻轨系统的特征;另一方面,在基本功能中加入对"环境"和"人文"的思考,车站的外观才能各有不同。正如环境心理学的奠基人 A·拉普卜特(Amos Rapoport)指出的那样:"意义不是脱离功能的东西,而且其本身也是功能的一个最重要的方面。"

3) 体现文化濡染

轻轨车站和其他城市建筑一样,都是地域文化的物质载体。但与一般建筑不同的是,轻轨车站是市民接触的频率和广度最高的公共建筑之一,也是城市中最大的开放性流动空间。因此,在车站的外观设计中体现地域文化特征,突出车站的"文化濡染"功能,往往都能取得较好的效果。所谓"文化濡染",就是通过对车站物质要素的设计,赋予其历史、文化、地域、时代等元素,使人产生认同感、归属感,进而形成记忆并影响人的行为。

2. 路中高架车站景观设计

从与城市的关系来看,高架车站一般分为路中设站和路侧设站两种形式。路侧设站就与一般街道两侧的建筑类似,在此不做讨论。路中高架车站对城市街道景观产生了重要的影响,改变了城市街道的原有比例,如果设计不当,将使城市空间在某种程度上割裂开来。这种割裂,首先是视觉层面的,之后逐渐发展成为心理层面的,甚至成为城市的疤痕。正因如此,随着近年来我国轨道交通建设高潮的来临,高架车站的景观设计问题越来越受到人们的关注。

1) 车站景观设计要素分析

外部空间基本上是由一个物体同感觉它的人之间产生的相互关系所形成的,空间环境的主体是会产生活动的人。行人对高架车站的感知一般分三个方面:一是从环境外部观察高架车站所处的整个环境的感受;二是高架车站与周围街道、建筑之间形成空间视觉;三是高架车站本身的视觉感受,即对文化的物质表达和环境的认同感。从这一角度来看,影响高架车站景观的因素很多,譬如站型、体量、造型、色彩、与周围环境的协调性等,其中影响最大的是车站建筑的"体量",车站的功能组合也是在体量中反映出来的。高架车站的功能组合关系和车站的高度这两个要素构成了车站给人的基本形象,车站对城市空间的影响是最严重的,因此这就成了路中高架车站景观设计中首先应考虑的核心问题。

2) 车站高度对景观的影响

相关研究表明,人眼由于构造的局限,视力、视野和视距均受到一定的约束,人对外部空间的认识尺度存在一个最佳的范围。"D/H 理论"就是建立在这种人眼的生理构造和环境心理学的基础之上的,并在外部空间设计中应用非常广泛。"D"代表视点到对象的距离,"H"代表对象的高度,D/H 的不同比值会给人带来不同的空间感受。日本著名建筑师芦原义信先生在其著作《外部空间设计》中对此进行了专门的论述。他将人与人之间的距离的讨论应用到外部空间的讨论中。D/H 可以是建筑与建筑之间的距离与高度,也可以是人与人之间的脸部高度和距离,还可以是广场的宽度与主体建筑的高度之比、人与建筑的高度或宽度之比等。由于垂直界面对空间的划分与控制作用与其高度及相对距离有很大关系,且路中高架车站的景观研究实际上也属于外部空间设计的范畴,因此完全可以从城市设计的角度出发,运用 D/H 理论进行分析研究,再通过相关要求和必要的实践经验进行数据的判断和修正,从而得到更为科学、合理、准确的设计数据和依据。

3) 改善高架车站景观的措施

首先,保证架空层的视线穿透。人们把视线投向对面建筑,仰角小于 10°,正常时仅为 6°、7°。如果透过高架桥底还能看到街道对面的一些蓝天,人们会觉得视线穿透感很好,车站和区间桥梁对街道的割裂作用将大大减弱;当人们可以看到街对面 2 层左右高的铺面时,对于静态景观来说便是可接受的。由此可以计算出,当道路对面红线处建筑的高度在 8.5 m 左右(约 2 层楼高)时,车站下净空高度约为 5.5 m。

其次,减少车站对行人的压迫感。由于一般行人在道路上行动时,人眼俯视要比仰视自然和容易得多,行人对路面上一定高度的印象是清晰的,而对该高度以上的印象就比较模糊。因此,从路的一侧观察车站,建筑的压迫感主要来自架空层底到视平线的距离。当 $D/H=3$,即仰角为舒适视角的边界时,行人会感到较为舒适,设计实践也表明,此时对通风、日照等也较为有利。如果车站没有架空部分,人们对高度的感知则为整个车站,相当于增大了 H 值,这就容易给人造成压迫感。

最后，重视车站本身给人的整体感受。可以根据"D/H 理论"对路中高架车站的立面和造型设计作总体指导。在车站高度不变的情况下（即 H 不变），不同的道路宽度引起了行人观察距离（D）的变化，这就要求我们采取不同的建筑形态设计策略。当 $D/H \leqslant 1$ 时，行人能清晰地看到车站的细部，这时就要对立面的细节进行特别处理（如将楼扶梯突出于主体之外等），以加强近人尺度和构件的处理；当 $1 < D/H < 3$ 时，行人既能观察对象的全貌又能感受到它的一些局部，因此体形的处理就应当是处理的重点（如车站主体采用"鱼腹型"等），同时也应兼顾车站在近人尺度上的处理；当 $D/H > 3$ 时，行人对车站的观察实际仅有一个远景的印象。此时不必拘泥于线脚、分格、凸凹变化，而应重点在整体的形状、色彩上。

3. 低碳节能措施

1) 室内外综合绿化

植物通过新陈代谢可以蒸发水分，从而控制和保持环境的温度与湿度，改善微气候，为室内提供富氧环境，这对紧张的上下车气氛也能起到一定的调节作用。对处于路中绿化带的轻轨车站，施工完毕后必须复原植被，因此设计时应尽可能地减少地面用房的面积，以保证足够的绿化空间与高度，利于植物的生长；对于路侧车站或车站在路侧设置的附属建筑更应充分考虑室外绿化的布置。此外，立面植被也是适用于高架车站的一种绿化措施，不仅可以对车站外墙起到保护作用，夏季还可以遮阳、蒸发降温、减少对外辐射和眩光，冬季则有利于保温。同时，也应重视车站公共区的室内绿化，譬如可以在侧式车站站台两侧设置室内绿化带，不仅可为站台层增添勃勃生机，也可达到一定的生态和节能效果。

2) 太阳能的利用

高架车站由于造型狭长规整，周围环境开阔，特别有利于太阳能设施的安放。一方面，可考虑太阳能与建筑结合的一体化——太阳能光电板作为车站的一部分，嵌在屋顶上、外墙上，或是作为遮阳罩挂在屋檐上、天窗上，为夜间背景照明提供清洁的可再生能源，大大降低车站的长久能耗。另一方面，可考虑太阳能热水器与车站顶棚结合布置，为盥洗室、清扫间提供热水，体现人性关怀。

3) 再生水的利用

车站屋顶普遍存在"自洁"难题，容易造成屋顶积灰问题，影响建筑形象。对于像北京等建有城市"再生水"网络系统的城市而言，车站可利用这一宝贵资源进行车站室内外清洁、卫生间的冲洗、植物浇灌等，以达到节水的目的；还可以考虑在屋顶中部以适当间距设置喷洒头，由城市再生水供给，冲刷后的废水通过设计的路径经沉淀过滤后流入绿化中，以促进自然水系的生态循环。对于没有再生水管网的城市，可以考虑在车站内设置一定的处理、循环设施，形成一个小的自我循环系统，若能由站点发展到轨道网络，集腋成裘、日积月累，必将成为城市发展的一个助力。

4) 再生材料和全寿命周期成本

车站建设还应注意建造过程中使用可再利用的材料或天然材料，以及建筑材料尽量做到同级回收再利用。譬如,使用可循环利用的玻璃与重新生产玻璃相比能够减少32%的能耗、20%的空气污染和50%的水污染。这反映了一种"生态道德观",比生态建筑本身要具有更深层次的意义。此外,要树立"全寿命周期成本"的概念,仅仅压缩车站建造成本而忽略材料的可持续性,只会使车站建筑在使用周期中不断修缮,从而增加维护费用。此外,在车站建设过程中推进装配式技术,这对于推动施工方式变革、保障工程建设质量安全、促进建筑产业转型升级等均具有重要意义,另外对减少污染物和废弃物的排放、提高劳动生产率、加强人口调控与管理等也都有积极作用。

4.1.5 城市综合发展

1. 综合开发

车站站点作为轨道交通与外界联系的纽带,仅被视为客流集散中心是远远不够的。站点对周边地区产生的"集聚效益"正对城市的形态和发展产生前所未有的重大影响,轨道交通站点周边地区已成为大城市发展的新增长点与矛盾焦点。

"轨道交通站点综合开发"(Station-Integrated Development,SID)正是在城市高速更新和轨道交通高速建设背景下产生的新概念和新的建设领域,具有重要的研究价值。它通常指:在考虑站点交通功能的前提下,通过站点与上盖及周边物业一体化建设、整体规划、统筹发展,将不同类别的空间有机地融合在一起,实现功能互利以及土地的集约利用。SID的主要目标:一是引导土地开发,实现资金良性循环;二是调整交通出行结构,缓解交通压力,改善城市环境的质量。

从车站建筑设计的角度来看,站点综合开发通常应重点理解以下两个方面的内容。首先,站点区域的特点。根据研究表明,以站点为圆心,步行距离500 m左右为半径的范围内站点都是有较强影响力的。因此,有学者将站点开发区域归纳为"节点"和"场所"两个最基本特征——它是城市轨道交通网络以及城市交通网络的一个节点;同时它也是一个场所,一个设施集中、有着多样化的建筑物和开放空间的区域。节点主要代表了其交通功能,场所主要反映了其驻留功能和城市功能。其次,对"综合"的理解。所谓"综合"一般主要体现在三个方面:一是实现各种不同"功能"的综合,即将交通设施和公共设施等不同城市功能共同纳入以站点为核心的综合开发系统中来,进行统筹考虑。二是建筑内外"空间"的综合。地铁车站的建设是地下空间开发的黄金机会,也是城市更新、扩展的黄金机会,通过轨道交通车站的纽带效应,各种地上、地下空间应当实现在建筑空间形态上的整合,达到各种空间的"无感过渡"。三是"交通"资源的综合。交通功能是站点综合开发建筑(群)的基本功能,在设计中必须将地铁站点附近的各类交通方式统一考虑,方便换乘,实现"无缝换乘"。此外,对于高架车站的站点开发来说,由于高架车站(特别是路中高架车站)在一定程度上将城市空间在某种程度上割裂开来了,因此还应特别关注对城市景观和城市空间的影响问题,实现城市景观的综合,达到一定程度上"缝合"城市的效果。以上几点都是从城市角度出发的,但本质上体现的是一种人文关怀。

轻轨车站与城市的关系主要有以下四种,如图4-9所示。

模式1：路侧车站，车站从相邻地块中穿过；
模式2：路侧车站，车站在地块内并紧邻城市道路；
模式3：路侧车站，车站与地块隔路相望，相邻其他城市要素；
模式4：路中车站，车站与地块毗邻。

从模式1到模式4，随着轻轨车站与相邻地块之间结合性的不断减弱，车站对城市景观的影响渐次加强。其中，路中高架车站对城市景观的影响尤为突出，也最易对城市造成割裂。

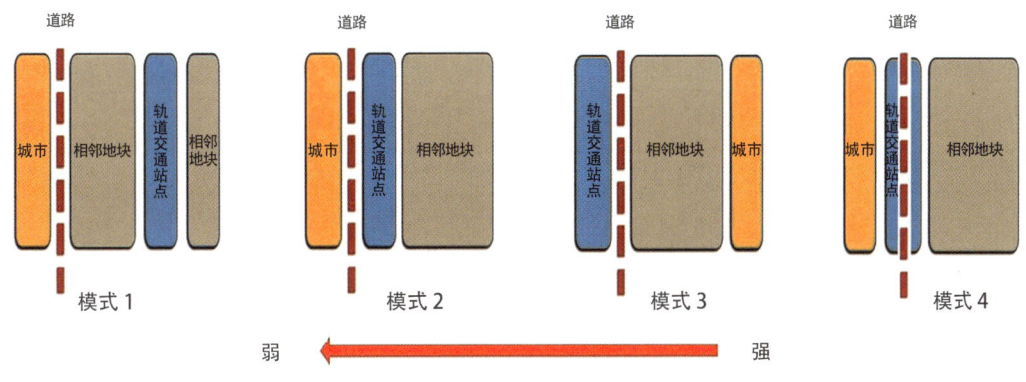

图4-9 高架车站与城市的关系

注：虚线表示城市道路，蓝色代表高架车站，褐色代表与车站相邻的地块，橙色代表地块、城市绿化、湖泊等城市用地。

当然，由于轨道交通建设网络化的要求，势必造成不同车站在轨道交通线网中担任不同的角色，具有不同性质，因此站点综合开发也会形成不同的开发模式，当前主要有以下三种：单一站点型综合开发、两线换乘型综合开发、三线（及以上）换乘枢纽型综合开发。换乘车站由于在城市轨道交通网络中具有越来越突出的"锚固"作用，因此大都是城市的重点发展区域。其中，换乘节点由于可以同时汇集多个方向的客流，该地块更具开发价值。但三线以上的节点一般更强调交通枢纽作用，由于站点本身非常复杂，需要突出人流的疏导作用，因此其开发价值反而有所下降。

轻轨车站的综合开发一般分为站内开发、出入口结合开发和"大平台"开发三种模式。

（1）站内开发在我国的轨道交通规范规定中要求最严，开发区域不得与车站公共区域混合，必须采用完全的分隔措施，因此很少采用。

（2）出入口结合开发最为常见，因为客流需要通过天桥、地道进出车站，如果出入站时可以便捷地进入毗邻的商业建筑，将会给其带来巨大的商业契机，同时也能为车站带来稳定、充足的客流，保证车站的运营效益。高架车站的"出入口结合开发"的方式通常是通过多种形式的空中廊道将车站的出入功能、过街功能、两端地块的商业沟通功能及以沿街开发地块的景观要求等要素适当地整合起来，强调空间的多样性和交通的便利性。由于开发系统中以较为纯粹的天桥为主，周边建筑与轨道交通车站本体相对独立，在建设实施中比较灵活和简单，便于分期实施。

(3)"大平台"开发是高架车站独有的一种开发模式。将高架车站"站厅层"或"站台层"扩展为架在街道两端的大型"平台",从而使车站与两侧的开发建筑群联系在一起。这种形态整体性强,商业开发地块与高架车站结合得非常紧密,多用在商业价值较高的城市区域中心商业节点,或城市一体化开发区域的特殊站点。对于有多线换乘、有"越线""配线"功能的路中高架车站,由于功能需要,车站规模本身就很大,因而更适合进行"公共平台开发"的站点开发形式,如图 4-10、图 4-11 所示。

图 4-10 "公共平台开发"的站点开发实例　　图 4-11 日本多摩新城站点公共平台实景

对于新城和大面积城市更新区域,如果能以轨道交通车站为核心,将车站两侧的公共区域延展到其他城市地块(如公园、住宅等),便能将公共设施清晰地串联起来,发挥更积极的区域促进作用。

2. 轻轨人文精神建设

我国轨道交通建设已经开始从"由无到有"向"由有到好"逐渐转变发展方向,其中车站"人文精神"的缺失成为制约地铁建设进一步发展的瓶颈问题之一。

"车站建筑人文精神"可以概括为:以人文主义思想为核心和根本出发点,在车站的规划、设计、建设、运营等全过程关注人文精神的塑造及对人的影响。

虽然不同的轨道交通车站具有不同的脉络和风貌,但根据环境心理学中"意义传递途径"理论可知,塑造车站建筑的人文精神就是创造出良好的环境,让使用者在身心上感到愉悦、舒适甚至得到某种感染和激励,由于塑造过程具有一定的相似性,因此车站人文精神的塑造具有相似的内容和模式。以乘客使用的车站的公共空间其意义传递的线索和传递途径的共性为依据,地铁人文精神包含三种代表性的理解:文化车站(Cultural Station)、人本车站(Humanistic Station)和人民车站(People's Station)。其对应的主要内容包括以下三个方面:

(1)"文化"表现在"进行文化濡染"。这是指在车站设计中通过对其赋予历史、文化、地域、时代等元素,使人产生认同感、归属感,进而形成记忆并影响人的行为。车站无疑是城市中最大的流动空间。注重这方面的设计,不仅可以对市民进行潜移默化的精神熏陶,也容易形成地方特色,给外来游客留下深刻而美好的印象。例如,在车站建设过程中注重文化艺术氛围的营造,注重车站空间对地域文化的传播作用等。

（2）"人本"体现在"塑造人性空间"。这是指通过地铁物质层面上空间的人性化设计，创造舒适、亲切、安全的环境和良好的景观，使人产生精神上的愉悦。例如便捷的乘车条件、安全的乘车设施等。

（3）"人民"体现在"服务广大群众"。这是城市轨道交通建设的基础目标也是终极目标。真正实现服务大众需要全方位的努力。一方面，努力实现环境的美好，其中构成宜人环境的植物、装饰、艺术品等便是车站人文空间的主要线索；另一方面，车站空间中人性化设施的应用、无障碍设施的周详程度、运营阶段丰富的站内活动也是服务大众的具体表现。

4.2 路基

4.2.1 概述

路基作为轨道结构的基础，其强度、刚度和稳定性是确保城市轻轨安全、舒适、平顺运行的前提条件。相对于城市道路而言，城市轻轨中的路基工程在许多方面改变了传统设计理念，主要体现了以下技术特点。

（1）主要采用无砟轨道结构。轨道结构的主要类型分为有砟轨道结构和无砟轨道结构。由于城市轻轨往往修建在城市主干道、次干道的路中或路侧，所以无法进行频繁的养护维修，特别是在交叉口沥青铺装区域。目前，我国城市轻轨路基结构中，尤其是正线段，以无砟轨道结构为主。

（2）工后沉降，尤其是不均匀（差异）沉降是城市轻轨路基设计的关键[2]。无砟轨道结构的设计关键主要体现在对线路的长期稳定性要求和沉降变形的严格控制上，包括路基上部的轨道结构和列车荷载作用下的工后沉降及长期动载作用下的附加沉降。

理论上，当路基出现均匀沉降变形时，除了线路高程产生变化以外，它对轨道结构的应力、轨面平顺性和行车安全性不会造成显著影响。实际工程中，由于地基土的工程性质沿线路纵向变化，以及不同的地基处理方法，路基沿线路纵向的沉降变形不可能均匀。特别是在路桥（涵）、路隧等过渡段，由于刚度的不同，极易产生不均匀（差异）沉降。而过大的不均匀（差异）沉降变形，一方面可能使轨道结构产生附加应力，影响耐久性甚至安全性；另一方面可能会降低轨道的几何平顺性和列车舒适性。

（3）与道路交通体系、邻近建（构）筑物及地下管网等相互作用及影响是城市轻轨路基设计的特点。城市轻轨作为轨道交通体系中的一部分，除了自身系统外，需要更多地考虑和城市中其他系统的融合、影响。这也是城市轻轨路基工程区别于铁路、公路的重要特征与特点，具体如下：

① 新建城市轻轨路基工程与既有道路路基工程、邻近建（构）筑物基础工程之间存在相互影响，它们之间基础的刚度匹配是主要考虑因素；

② 需与邻近市政道路、地下管线等配套工程整体施工；

③ 对于道路交叉口等非封闭路权段,需承受市政道路车辆荷载;

④ 养护和维修相对困难,需保证足够的耐久性。

4.2.2 设计原则和技术标准

1. 设计原则

基床是路基最重要的部位,也是列车荷载作用最显著的部位。城市轻轨路基工程对基床的要求主要体现在以下几个方面:

(1) 强度:应有足够的强度以抵抗列车荷载产生的动应力而不致破坏,在路基填筑阶段能承受重型施工车辆走行而不形成印坑。

(2) 刚度:在列车荷载的重复作用下,应避免形成过大的不均匀沉降,从而造成轨道的不平顺,以及增加养护维修的难度。

(3) 防渗:能够防止雨水浸入造成路基土软化,防止翻浆冒泥等病害。

2. 技术标准

(1) 路基结构应满足承载力要求,工后差异沉降量应满足轨道线路的平顺性要求。

(2) 路基结构应根据工程水文地质和环境条件选用不同型式。

(3) 路基结构与桥台、横向结构物以及整体道床/碎石道床连接处等易产生差异沉降的位置宜设置过渡段。

(4) 路基结构应满足与轨道、机电、道路工程等专业的接口要求,预留必要的预埋件。

(5) 当利用既有道路改建城市轻轨路基时,应对既有道路路基性状进行调查和评价,以便采取合理的技术方案和工程措施。

(6) 道路交叉口路基应能同时满足市政道路和轻轨通行的要求。

(7) 路基结构设计应结合城市及沿线周边景观,尽量节约城市用地。

(8) 整体道床工后沉降不应超过 50 mm,工后不均匀沉降不应超过扣件允许的可调节量一般按 20 mm 控制。路桥或路隧交界处差异沉降不应大于 15 mm,过渡段与桥梁间的折角不应大于 1/1 000。

(9) 桩基础设计等级为甲级,安全等级为一级。

4.2.3 路基型式

路基主要包括一般路基和桩板结构两种型式。对于一般路基而言,当基床以下承载力或沉降无法满足城市轻轨技术标准时,可结合地区经验进行地基处理。当地层中存在深厚软土,超出一般复合地基有效加固长度,或者现场管线特别密集,导致管线迁改成本较高时,可采用桩板结构型式。

1. 一般路基

一般路基的断面形式为轨道板下设置素混凝土支承层,支承层每侧比轨道板宽 250 mm。为了保证车辆动应力的扩散路径,路基素混凝土支承层下设置基床表层,通常采用水泥稳定碎石,每侧比支承层宽不小于 250 mm。基床底层采用铁路路基设计规范中规定的 A,B 类填料。

当基床以下承载力或沉降控制无法满足技术标准时,需进行地基处理。目前,国内常用的地基处理方法有换填法、水泥土复合地基法等。

1) 换填法

换填地基是指挖除基床底面下一定范围内的软弱土层或不均匀土层,回填性能稳定、抗侵蚀、强度较高的其他材料,并压密形成良好的人工地基。此法适用于处理各类软土土层。

换填厚度应根据被置换的软弱土的深度以及下卧层所需的承载力确定,通常厚度宜为 0.5～3.0 m。常用的换填材料有砂、碎石、粉质黏土、灰土、高炉干渣、粉煤灰、土工合成材料等。

2) 水泥土复合地基法

水泥土复合地基是指以水泥作为固化剂的主要材料,通过深层搅拌、旋喷机械使固化剂和地基土形成竖向增强体的复合地基,适用于处理正常固结的淤泥、淤泥质土、素填土、黏性土(软塑、可塑)、粉土(稍密、中密)、粉细砂(松散、中密)、中粗砂(松散、稍密)、饱和黄土等土层。

搅拌桩的施工工艺分为湿法和干法,干法的加固深度不宜大于 15 m,湿法的加固深度不宜大于 20 m。旋喷桩加固深度不宜大于 20 m。

上述地基处理方法各有优缺点,对比如表 4-3 所列。

表 4-3 地基处理方法比较

方案		换填地基	水泥土复合地基
造价/(万元·km^{-1})	轻轨交通	1 200	900
	道路修复	180	无
设计参数		换填深度一般不超过 3 m	桩长一般为 10 m,可根据地质条件调整
对交通的影响		两侧各多开挖一根车道	可不占用车道
对管线的影响		较大	桩间距较小,对密集管线有影响
施工工期		受天气影响,施工周期长	施工周期较长
施工对环境的影响		若底层采用石灰土回填,施工期间易扬尘	对环境影响小

2. 桩板结构

桩板结构上部采用轨道-路基一体化钢筋混凝土承载板,下部采用混凝土预制管桩。单跨跨度一般为 4～7 m,跨数可根据需要调节,当长度超过 20 m 时须设置变形缝。桩基的长度应按满足沉降控制及穿透软土层要求来确定。桩板结构标准横剖面如图 4-12 所示。

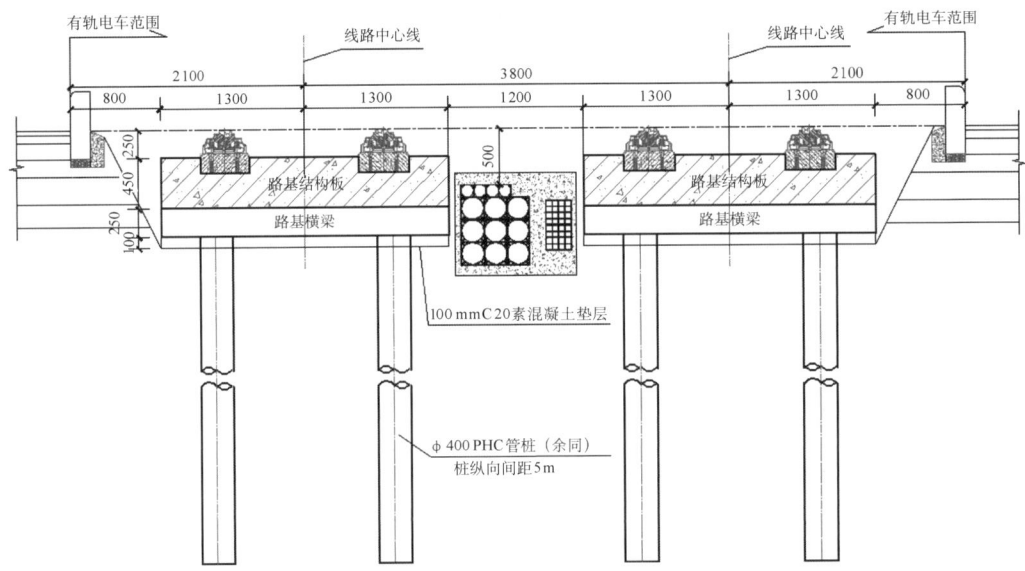

图 4-12 桩板结构标准横剖面

轨道-路基一体化桩板结构是城市轻轨路基中的一种新型方法,是在轨道路基分离式桩板结构的基础上优化而成的,如图 4-13 所示。

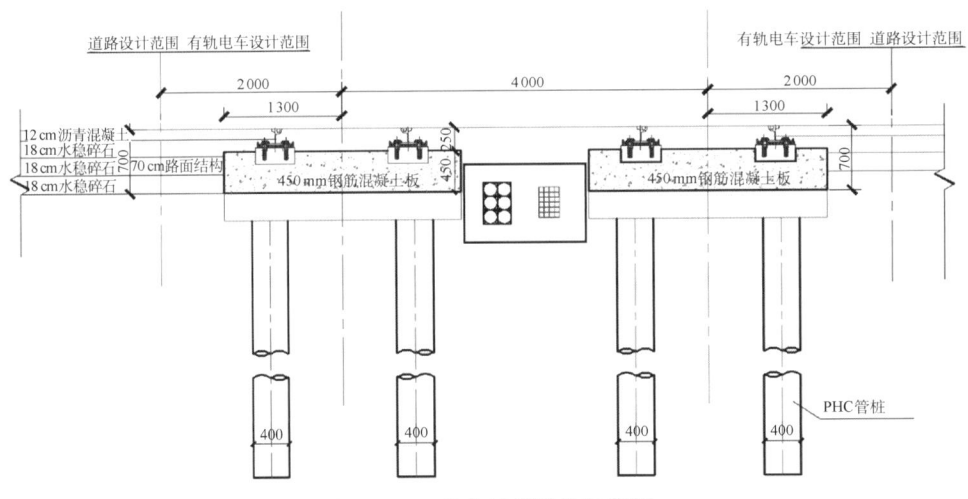

图 4-13 一体化桩板结构示意图

轨道-路基一体化桩板结构具有以下优点[36]:

(1) 一体化桩板结构具有整体性强、稳定性好、轨道变形小、变形累积缓慢等优点,可大大减少养护维修工作量、降低作业强度和改善作业条件。

(2) 构造灵活、适应性强。上部钢筋混凝土承载板可以为了适应各种线路情况而做成任何形状的特殊异形板。下部桩基础可以结合当地条件和既有管线位置灵活避让,合理布置。

(3) 施工方便、快捷。钢筋混凝土承载板是实心板,外形简单,直接浇筑在路基上,只需要侧模,加工制作简易。板内部纵横双向布置钢筋,所需钢筋类型最少,加工和布设简易,无须布设预应力筋。可以大面积浇筑混凝土,振捣方便,尤其是当桩基础采用PHC管桩时,施工速度快,最短时只需3～4 d。

(4) 与桥梁结构相比,桩板之间通过钢筋固结可以节省造价,温度和收缩应力较小,只需在板与板的连接处设置伸缩缝即可满足要求。

(5) 与普通路基结构相比,由于板下是桩基础,沉降相对小而快,工后沉降较易控制,可缩短工期,由此也就相对加快了工程进度。

(6) 结构总高度小。一体化桩板结构将轨道板与支承板合二为一,结构总高度从1.0 m减少至0.7 m。同时,也减少了对既有管线的影响。

因此,一体化桩板结构对控制城市区域富含地下管线的深厚软土地基沉降变形起到了很好的控制作用,并在保证路基变形不大的情况下,优化板的厚度,节约工程造价。

3. 预制装配新技术应用

城市轻轨在既有道路上修建,周边现状交通复杂,预制拼装技术由于具有精度要求高、结构性能可靠、施工周期短、养护维修便捷等优势,从而大大减少了工程建设对周围交通的影响。

预制装配式城市轻轨路基工程由上部预制轨道梁和下部预制桩基础组成。桩、梁之间采用专用连接件连接。预制轨道梁将传统道床结构和下部承载结构合二为一,预制轨道梁之间采用变形缝连接。每根轨道梁下设置预制桩,预制桩从生产到使用的时间短、施工速度快、检测时间短且质量易控制。预制桩施工结束后通过连接部位调整桩顶标高,安装预制轨道梁并与桩顶连接部位连接牢固后即可开始铺设钢轨。预制轨道梁结构设计受力计算同桩板结构,预制桩设计以控制工后沉降为主要目的。

相比原路基分层摊铺碾压、钢筋混凝土轨道板现浇,预制装配技术极大缩短了施工周期。总厚度的减小可避免对大部分道路下方既有管线的影响。由于轨道梁下是桩基础,沉降相对小而快,特别是在软土地区工后沉降控制优势更加明显,具有良好的社会效益和环境效益。

4.2.4 常规路基设计

1. 填料类型

1) 水泥稳定碎石

在具有一定级配的碎石中,掺入足量的水泥和水,经拌和得到的混合料在压实和养护后,当其强度符合规定的要求时,称之为水泥稳定碎石。它的初期强度高,且强度随龄期而增加,很快结成板体,7 d的无侧限抗压强度可达3～5.0 MPa[37],较其他路基材料高。水泥稳定碎石成活后遇雨不泥泞,表面坚实,是理想的基床表层材料。

2) A,B组填料

普通填料按工程性能及级配特征可分为A,B,C,D,E五组填料[38]。其中,A,B组填料可用于城市轻轨基床底层的填筑。当采用 C 组填料时，在年降雨量大于 500 mm 的地区应控制其塑性指数和液限值。

2. 填料压实标准

不同压实参数在压实土碾压质量检测中的作用可归纳为两大类，即物理指标和力学指标。物理指标是指通过比重、容重、含水量等指标换算出的压实系数（K_h）、相对密度（D_r）、孔隙率（n）等。力学指标是指土的强度和变形特性，如地基系数（k_{30}）、二次变形模量（E_{v2}）、承载比（CBR）、回弹模量（E_0）、小型贯入实验（N_{10}）等。这些指标起着同一个作用，就是为了使土尽量密实，其中力学指标也是轨道结构计算的基础。

在铁路路基中，通过现场静态平板载荷试验获得 k_{30} 或变形模量 E_{v2} 等反映路基压实质量的力学指标[38]。在公路路基中，规定路基、柔性基层以压实度、弯沉值作为施工质量的验收指标。无机结合料等稳定类半刚性基层以压实度、无侧限抗压强度作为施工质量的验收指标。

结合上述铁路和公路路基压实指标，城市轻轨路基从结构层受力性能、填料类别等方面进行分析，具体如下：

（1）城市轻轨由于采用钢轮钢轨体系，列车动荷载通过钢轨扣件传递给轨枕再经过碎石道床或整体道床传递至基床结构，从受力特性上更接近于铁路工程。

（2）k_{30} 测试在铁路系统中沿用多年，检测方法较为成熟。

（3）E_{v2} 能消除一部分塑性变形，更好地反映地基的弹性性能。但此为德国基床检测指标，国内引进不久，实践技术储备较少。

（4）E_0 是公路路基设计中的直接参数，采用弯沉法测量较为方便快捷，在具备一定使用经验的基础上，也可作为实验测试方法。

结合以上分析，城市轻轨路基就上部结构动荷载传递方式及自身受力特性而言更接近于铁路、地铁等轨道交通系统，且国内轮轨系统路基压实标准已有较多经验积累。因此，城市轻轨路基压实力学指标建议选用基床系数 k_{30}，物理指标统一采用压实系数 K_h。

3. 基床设计

1）路基面荷载

对于整体道床而言，可认为轮轨荷载由 5 个弹性扣件承担，如图 4-14 所示，分担比分别为 0.1∶0.2∶0.4∶0.2∶0.1，并经弹性扣件传递至轨道板[39]。

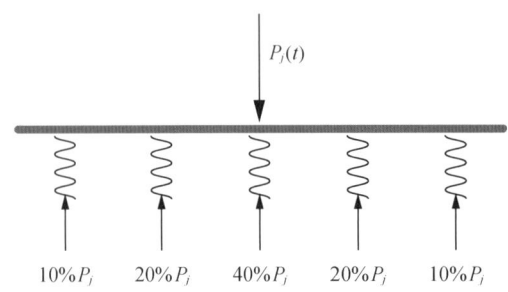

图 4-14 轮轴荷载在弹性扣件上的分布

当考虑邻近轮轴荷载的影响时,如图 4-15 所示:

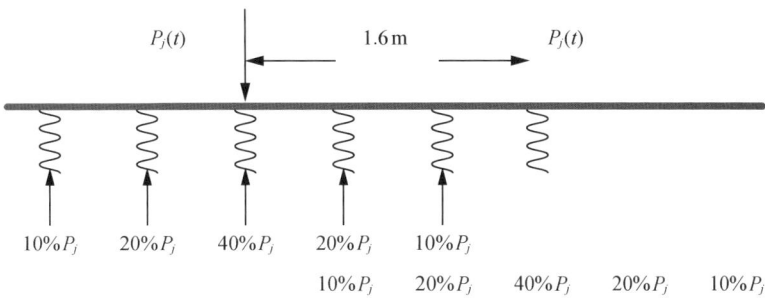

图 4-15 轮轴荷载在弹性扣件上的分布(考虑邻近车轮影响)

荷载动载系数 $\phi_d=(1+0.3v/100)$,当设计最高行车速度为 70 km/h 时,动载系数 $\phi_d=1.21$。假设列车荷载经轨道板传递至板底后为均布荷载,该荷载沿纵向分布的长度为 $1.6+2a+2a=4$ m($a=0.6$ m,为弹性扣件间距),假设横断面内单列车荷载分布宽度为支承层宽度 3 m,则路基面平均动应力为 $\sigma=125\times 1.21\times 2\div(2.5\times 4)=30.25$ kPa(矩形荷载尺寸为 2.5 m$\times$4 m)[40]。

2) 基床动应力

列车荷载是路基受到的一种主要荷载。由于轮对反复加载/卸载,路基中任一点的动应力随时间呈周期性变化。路基材料以岩土为主,因此路基在列车荷载作用下的动力响应与岩土的动力特性有关[41]。

根据无砟轨道传递至路基面的应力分布,路基内的动应力分布可采用半无限弹性空间中心点处任意深度的应力叠加进行计算。

长方形均布荷载作用下的半无限弹性空间内土体中应力的 Boussinesq 解如下:

$$\left. \begin{array}{l} \sigma_{z1}=\dfrac{2P_0}{\pi}\left[\dfrac{m\times n}{\sqrt{1+m^2+n^2}}\times\dfrac{1+m^2+2n^2}{(1+n^2)(m^2+n^2)}+\tan^{-1}\dfrac{m}{n\sqrt{1+m^2+n^2}}\right] \\ m=\dfrac{a}{b};\ n=\dfrac{z}{b} \end{array} \right\} \quad (4-4)$$

式中 σ_{z1}——长方形均布荷载作用下半无限弹性空间内土体中应力;

a,b——长方形荷载的边长之半;

z——深度;

P_0——荷载强度。

三角形均布荷载作用下半无限弹性空间内土体中应力的 Boussinesq 解如下:

$$\left. \begin{array}{l} \sigma_{z2}=\dfrac{mnP_0}{2\pi}\left[\dfrac{1}{\sqrt{m^2+n^2}}-\dfrac{n^2}{(1+n^2)\sqrt{1+m^2+n^2}}\right] \\ m=\dfrac{a}{b};\ n=\dfrac{z}{b} \end{array} \right\} \quad (4-5)$$

式中 σ_{z2} ——三角形均布荷载作用下半无限弹性空间内土体中应力;

a ——沿三角形荷载不变方向的矩形边长;

b ——沿三角形荷载变化方向的矩形边长;

z ——深度;

P_0 ——荷载强度。

对于轨道板下三层系统(支承层、基床表层和基床底层),可按上述理论换算成单层系统,即以最底层作为基层,上面两层换算为与基层相同模量的当量厚度。

$$h_1^* = 0.83 h_1 \sqrt[3]{\frac{E_1}{E_2}} \tag{4-6}$$

$$h_2^* = 0.83 h_2 \sqrt[3]{\frac{E_2}{E_3}} \tag{4-7}$$

式中 h_1^* ——轨道板下支承层按基床底层相同模量换算的当量厚度;

h_2^* ——基床表层按基床底层相同模量换算的当量厚度;

h_1 ——轨道板下支承层厚度;

h_2 ——基床表层厚度;

E_1 ——轨道板下支承层弹性模量;

E_2 ——基床表层弹性模量;

E_3 ——基床底层弹性模量。

通过无砟轨道结构传递至路基范围内的应力分布,应力最大值位于轨枕正下方而两侧应力最小,路基面横向应力总体呈马鞍形分布。

列车荷载以动力波的形式通过道床板传递到基床面,再向深层传播。动力波传播的过程要消耗能量,或者说由于阻尼作用土要吸收能量,因此动应力沿深度增加而衰减,同时自重应力逐渐增大。

3) 路基基床厚度

路基基床由表层和底层组成。一般而言,动、静应力比在 0.2 以下,加载 10 万次后压实土产生的塑性累积应变在 0.2% 以下,并很快能达到稳定。因此,基床厚度按列车荷载产生的动应力与路基自重应力之比为 0.2 的原则来确定。

基床表层厚度由变形和强度两个控制条件确定。在列车荷载作用下,以路基顶面变形不大于 3.5 mm 为变形控制条件,以作用在基床底层顶面的动应力不大于允许应力为强度控制条件。

4. 路基沉降变形控制计算

工程实践表明,工后沉降控制过严会使地基处理造价大幅上升。因此,比较现实的办法是将工后沉降控制在允许范围之内。一方面使其不影响列车的安全、舒适运行;另一方面不因维修过多而影响线路通过能力以及导致费用太高。

1) 沉降控制标准

城市轻轨路基工后沉降控制标准应结合行车安全性、舒适度，上部轨道平顺性要求，扣件调整能力，并兼顾"经济适用、科学合理"的原则来确定。国内已较为成熟的地铁和铁路系统路基工后沉降控制标准及确定原则可作为城市轻轨路基工后沉降控制的参考与借鉴。

现行国家标准规定：无砟轨道路基在轨道铺设完成后，运营期间路基沉降产生的调整只能由轨道扣件提供，工后沉降量应小于扣件调整量[42]。

现行行业标准规定：无砟轨道路基一般不应超过轨道结构扣件允许的沉降调节量(15 mm)，过渡段不均匀沉降不应超过 5 mm。除沉降要求外，还应满足不均匀沉降造成的折角不应大于 1/1 000 的规定[38]。

城市轻轨无砟轨道多采用可调整扣件高度的弹性分开式扣件，最大允许调高量为 15~30 mm。因此，综合考虑城市轻轨自身结构特点，参考铁路和地铁路基沉降控制标准及以往工程经验，其无砟轨道路基工后沉降建议不应超过 20 mm，不均匀沉降量不应超过扣件允许的可调节量；路桥或路隧交界处差异沉降不应大于 15 mm；过渡段与桥梁间的折角不应大于 1/1 000。

2) 沉降变形计算

城市轻轨工后沉降计算可参考公式：$S_r = S - S_T$，其中 S_r 为工后沉降，S 为总沉降，S_T 为施工期沉降量[43]。

(1) 地基总沉降计算方法

关于总沉降，目前常用的计算方法有：弹性力学法、分层总和法、应力面积法和考虑应力历史影响的沉降计算法等。根据城市轻轨工程情况及设计经验，建议可采用应力面积法来计算地基沉降[44]。

$$S = s' \Psi_s = \Psi_s \sum_{i=1}^{n} \frac{P_0}{E_{s1}} (z_i \overline{a_i} - z_{i-1} \overline{a_{i-1}}) \qquad (4-8)$$

式中　S——地基最终变形量；

　　　s'——按分层总和法计算出的地基变形量；

　　　Ψ_s——沉降计算经验系数，根据地区沉降观测资料及经验确定，若无地区经验时，可根据变形计算深度范围内压缩模量的当量值和基底附加压力取值；

　　　n——地基变形计算深度范围内所划分的土层数；

　　　P_0——相应于作用的准永久组合时路基基底处的附加压力；

　　　E_{s1}——路基基底面下第 i 层的压缩模量，应取土的自重压力至土的自重压力与附加压力之和的压力段计算；

　　　z_i——路基基底面至第 i 层土底面的距离；

　　　$\overline{a_i}$——路基基底面计算点至第 i 层土底面范围内的平均附加应力系数，可在规范中查表采用。

(2) 复合地基总沉降计算方法

复合地基是指天然地基在地基处理过程中部分土体得到增强，或被置换，或在天然地基中设置加筋材料,加固区是由基体(天然地基土体)和增强体两部分组成的人工地基。

复合地基的总沉降量可按式(4-9)计算确定:

$$S = m_{js}S_1 + m_{xs}S_2 \tag{4-9}$$

式中　m_{js}——加固区沉降经验修正系数,与地基条件、荷载强度、地基处理措施及路基填筑完成放置时间等因素有关;

S_1——加固区沉降计算值;

m_{xs}——下卧层沉降经验修正系数,与地基条件、荷载强度、加荷速率等有关;

S_2——下卧层沉降计算值。

加固区沉降计算方法可采用复合模量法、应力修正法、桩身压缩量法和 Mindlin-Boussinesq(M-B)联合求解法等。下卧层沉降计算方法可采用应力扩散法、等效实体法、当量层法和 Mindin-Geddes 法等[44]。

需要特别说明的是:有关沉降计算中经验系数的取值,可根据不同地区城市轻轨工程路基沉降观测资料及工程经验综合确定。

(3) 施工期沉降计算方法

施工期间已经发生的沉降可采用固结理论分析。目前,常用的固结理论主要是太沙基一维固结理论。软土地区地基固结情况与太沙基固结理论假设条件较为接近,天然地基中不设砂井等竖向排水体时,可只考虑竖向固结的作用[45]。

当采用多级填筑,各级荷载的起止时间相差较大时,计算方法如下:

$$U'_t = \sum_{i=1}^{i=n} U_t \frac{\Delta P_i}{\left(t - \dfrac{t_i + t_{i-1}}{2}\right) \sum \Delta P} \tag{4-10}$$

式中　U'_t——t 时多级等速加荷的地基平均固结度;

U_t——瞬时加荷地基的平均固结度;

t——计算时的时间;

t_{i-1},t_i——分别为各级等速加荷的起点和终点时间,当 t 在某一级等速加荷的过程中时,设 $t_i = t$;

ΔP_i——第 i 级等速加荷的荷载增量,当 t 在某一级等速加荷的过程中时,用该点的荷载增量;

$\sum \Delta P$——n 级荷载的累加。

(4) 现场观测法

现场观测法是指在路基填筑前埋设沉降检测原件,随着路基填筑不断观测沉降数据。根据现场施工沉降观测数据,采用曲线回归法来推算最终沉降量,判断路基的工后沉降量是否在设计范围之内。当推算的地基沉降与设计有出入时,可以根据实测数据采取相应的措施来完善设计。

4.3 桥梁

4.3.1 概述

城市轻轨桥梁建设方式应根据实际条件确定,可采取专用轨道交通桥梁新建方式,也可采取与城市道路合建桥梁的新建方式,还可采取既有桥梁改造利用方式。

继国内第一条轨道交通高架线路——上海明珠线于2001年建成通车之后,北京、大连、天津、南京、武汉、重庆、广州、深圳等许多城市也相继建成多条高架线。伴随着高架轨道交通线路的迅速发展,轨道交通桥梁的结构形式及施工方法也日益丰富,据不完全统计,国内主要城市轨道交通高架桥梁的结构形式见表4-4。

表4-4 国内城市轨道交通高架桥梁的主要结构形式

序号	项目名称	高架长/km	通车时间/状态	标准梁桥型	施工方法
1	上海明珠线一期	25	2000年	30 m 简支箱梁	支架现浇
2	上海莘闵线	17.2	2003年	30 m 简支箱梁	支架现浇
3	上海地铁1号线北延伸	8.3	2004年	30 m 简支箱梁	支架现浇
4	上海地铁9号线	15.6	2007年	30 m 简支组合箱梁	预制吊装
5	上海地铁6号线	11.7	2007年	30 m 简支组合箱梁	预制吊装
6	上海地铁2号线东延伸	7.2	2009年	25 m 简支组合箱梁	预制吊装
7	上海地铁8号线二期	4.6	2009年	30 m 简支U形梁	预制吊装
8	上海地铁11号线	33	2010年	30 m 简支组合箱梁	预制吊装
9	上海地铁16号线	45	2012年	30 m 简支U形梁	预制吊装
10	上海地铁17号线	19	2017年	30 m 简支U形梁	预制吊装
11	上海地铁10号线二期	6	在建	30 m 简支箱梁	支架现浇
12	北京地铁八通线	11.1	2003年	25 m 型钢简支组合梁	预制吊装
13	北京地铁13号线	3.5	2003年	3×25 m 连续箱梁	支架现浇
14	北京地铁5号线	10.7	2007年	3×30 m 连续箱梁	支架现浇
15	北京地铁机场线	16	2008年	30 m 简支组合箱梁	预制架设
16	北京地铁4号线大兴线	8.5	2010年	3×30 m 连续箱梁	支架现浇
17	北京地铁房山线	21.5	2011年	30 m 简支组合箱梁	预制吊装
18	北京地铁亦庄线	13.8	2011年	30 m 简支箱梁	预制架设
19	北京地铁14号线	4.8	2013年	30 m 简支箱梁	预制架设
20	北京地铁15号线	13.7	2014年	30 m 简支组合箱梁	预制吊装
21	天津津滨轻轨	40.5	2003年	3×25 m 连续箱梁	支架现浇

(续表)

序号	项目名称	高架长/km	通车时间/状态	标准梁桥型	施工方法
22	天津地铁 1 号线	8.7	2006 年	3×25 m 连续箱梁	支架现浇
23	天津地铁 3 号线	14.7	2012 年	3×30 m 连续箱梁	支架现浇
24	广州地铁 5 号线	2.1	2009 年	3×30 m 连续箱梁	支架现浇
25	广州地铁 4 号线	30	2010 年	30 m 简支箱梁	节段拼装
26	广州地铁 6 号线	16.0	2013 年	3×40 m 连续刚构	节段拼装
27	广州地铁 14 号线	32.6	2017 年	3×40 m 连续刚构	节段拼装
28	广州地铁 21 号线	14.7	2018 年	3×40 m 连续刚构	节段拼装
29	深圳地铁 1 号线	3.4	2011 年	3×30 m 连续箱梁	支架现浇
30	深圳地铁 3 号线	21.7	2011 年	3×30 m 连续箱梁、30 m 简支箱梁	支架现浇 预制架设
31	深圳地铁 5 号线	3.5	2011 年	3×30 m 连续箱梁	支架现浇
32	深圳地铁 4 号线	10.3	2014 年	30 m 简支箱梁	支架现浇
33	南京地铁 1 号线	7.9	2005 年	3×25 m 连续箱梁	支架现浇
34	南京地铁 1 号线南延段	11.1	2010 年	3×30 m 连续箱梁	支架现浇
35	南京地铁 2 号线	11.0	2010 年	3×30 m 连续箱梁、30 m 简支 U 形梁	支架现浇 预制架设
36	南京地铁 S1 线	16.9	2014 年	30 m 简支 U 形梁	预制架设
37	南京地铁 S8 线	33.0	2014 年	30 m 简支组合箱梁	预制吊装
38	重庆地铁 2 号线	27.15	2004 年	(PC)轨道梁	预制吊装
39	重庆地铁 1 号线	19	2011 年	30 m 简支箱梁、U 形梁	预制架设
40	重庆地铁 3 号线	44.4	2011 年	(PC)轨道梁	预制吊装
41	重庆地铁 6 号线	6	2013 年	30 m 简支箱梁	预制架设
42	大连快轨 3 号线	13.9	2003 年	3×25 m 连续箱梁	支架现浇
43	大连快轨 3 号线支线	14.3	2008 年	3×25 m 连续箱梁	支架现浇
44	大连 202 路轨道延伸线	31.5	2014 年	3×25 m 连续箱梁	支架现浇
45	大连金普城际铁路	25.2	在建	3×25 m 连续箱梁	支架现浇
46	昆明地铁 6 号线	7.6	2012 年	30 m 简支箱梁	支架现浇
47	昆明地铁 1 号线	21.9	2013 年	30 m 简支箱梁	支架现浇
48	昆明地铁 2 号线	1.3	2014 年	30 m 简支箱梁	支架现浇
49	长春轻轨 3 号线	13.5	2002 年	T 梁	预制架设
50	长春轻轨 4 号线	13.0	2011 年	3×30 m 连续箱梁	支架现浇
51	长春快轨北湖线	13.4	2018 年	30 m 简支 U 形梁	预制架设

(续表)

序号	项目名称	高架长/km	通车时间/状态	标准梁桥型	施工方法
52	武汉地铁4号线	2.91	2013年	30 m简支箱梁	支架现浇
53	武汉地铁1号线	34.6	2014年	30 m简支箱梁	支架现浇
54	无锡地体1号线	7.3	2014年	30 m、35 m简支箱梁	预制架设
55	无锡地铁2号线	6.6	2014年	35 m简支箱梁	预制架设
56	宁波地铁1号线	5.3	2014年	30 m简支箱梁	支架现浇
57	宁波地铁2号线	28.8	2015年	30 m简支箱梁	支架现浇
58	杭州市轨道交通1号线	5	2012年	30 m简支箱梁	支架现浇
59	西安地铁3号线	11.7	2016年	30 m简支箱梁	预制架设
60	成都地铁2号线	13.457	2012年	30 m简支箱梁	节段拼装预制架设
61	贵阳地铁1号线	6.6	2017年	30 m简支箱梁	预制架设

从表4-4中可以看出,一方面,在国内的轨道交通高架桥梁中,梁的截面形式大多采用箱形梁,T形、I形及组合梁应用较少,最新的一些高架线路采用了新颖的U形梁形式。结构体系通常以简支梁和连续梁为主。跨度以25 m和30 m居多,偶有采用40 m跨度的。施工方法早期以现浇为主,近年来预制架设逐渐成为主流。因此,从发展趋势来看,国内轨道交通高架结构有向简支梁体系、标准跨中小跨度、预制架设施工方向发展的趋势。同时,简支U形梁在城市轨道交通桥梁结构中也逐渐得到使用和推广。

另一方面,当城市轻轨线路设置于既有城市道路桥梁上时,为了减少城市轻轨建设对城市交通的影响,降低工程投资,尽量利用既有桥梁进行改造是非常有必要的。在进行改造可行性研究前,应对既有桥梁的结构状况进行检测评估,结构状况评定等级为1类和2类的桥梁可考虑利用既有桥梁进行改造;评定等级为3类的桥梁需进一步分析结构损坏状况,并采取必要的加固改造措施;评定等级为4类及以下的桥梁,不宜考虑利用,需要拆除后新建桥梁。

4.3.2 设计原则和技术标准

1. 设计原则

(1) 城市轻轨桥梁设计应遵循安全可靠、适用耐久、技术先进、经济合理、美观环保的建设原则。

(2) 城市轻轨桥梁设计应在确保结构安全、满足使用功能的前提下,追求新颖美观的外形,与城市规划、周边环境及自然环境相融合,并满足城市减振、降噪及保护生态环境的要求。

(3) 城市轻轨桥梁设计应合理布局,提高标准化桥跨比例,力求标准化、模数化和系列化。

(4) 城市轻轨桥梁设计应根据其功能、使用要求,结合城市规划、沿线地貌和地质条件、区域环境等因素进行优化比选,确定最佳的桥跨结构、梁式和基础形式。

(5) 城市轻轨桥梁设计应满足抗震设防、工程防水、防迷流、结构防火、防腐蚀、防杂散电流等对结构和耐久性的要求。

(6) 城市轻轨桥梁结构的净空尺寸应满足限界和其他使用及施工工艺的要求,并应计及施工误差、结构变形、位移及后期隆沉影响。

(7) 城市轻轨桥梁设计考虑选择成熟、先进的施工工艺。结合工程周边环境和工期要求,在经济合理的前提下,应尽量选择工厂化、预制化的施工工艺。

(8) 当城市轻轨桥梁跨越铁路、城市轨道交通线路、城市道路或公路时,桥下净空应执行《城市轨道交通桥梁设计规范》(GB/T 51234—2017)的有关要求[46]。当城市轻轨桥梁跨越通航河流时应满足现行的有关要求,同时需要充分征求相关行业主管部门的意见,必要时可根据相关法律、法规及行业主管部门的意见,进行交通安全评估、通航论证、防洪影响评价等专题研究。

(9) 预应力混凝土结构应按破坏阶段验算构件截面强度,按弹性阶段验算构件应力、截面抗裂性和构件变形。普通钢筋混凝土结构和钢结构应按容许应力法设计。其材料、容许应力、主力与附加力或特殊荷载组合下的应力提高系数和结构计算方法应符合《铁路桥涵混凝土结构设计规范》(TB 10092—2017)和《铁路桥涵钢结构设计规范》(TB 10091—2017)的规定。

2. 技术标准

(1) 城市轻轨桥梁设计应采用百年一遇的洪水频率设计,特别重要的桥梁可按三百年一遇的洪水频率设计。对于防洪标准较低的地区,地面桥梁可按所在地规划洪水频率设计,但应确保在百年一遇或三百年一遇的洪水频率下结构是安全的。

(2) 城市轻轨桥梁的竖向挠度、梁端折角、横向水平挠度、扭转位移、墩台位移、桥墩水平线刚度、徐变变形、工后沉降等刚度与位移指标应符合《城市轨道交通桥梁设计规范》(GB/T 51234—2017)的有关要求。

(3) 混凝土的环境类别、作用等级、原材料性能、配合比、抗压强度、耐久性指标、裂缝宽度、施工控制措施和构造要求应符合《混凝土结构耐久性设计标准》(GB/T 50476—2019)和《铁路混凝土结构耐久性设计规范》(TB 10005—2010)的有关要求。

(4) 城市轻轨桥梁的桥面宽度应根据建筑限界、应急疏散、设备布置等因素计算确定,并应预留设备的安装、检修和更换条件。

(5) 对于采用直流电力牵引和走行轨回流的城市轻轨桥梁而言,应采取杂散电流防腐蚀措施,而相关措施须符合《轨道交通 地面装置 第2部分:直流牵引系统杂散电流防护措施》(GB/T 28026.2—2018)的规定。另外,对于钢结构及钢连接件应进行防锈处理。

(6) 城市轻轨桥梁的桥面应设置连续、整体密封和耐久的防水层。桥面防水层的技术要求应符合《铁路桥梁混凝土桥面防水层》(TB/T 2965—2018)的规定。防水层上应覆盖致密、耐磨及耐冲击的保护层。

（7）城市轻轨桥梁的桥面应设置性能良好的排水系统。排水设施应便于检查、维修与更换。

（8）城市轻轨桥梁应设伸缩缝，伸缩缝除了应保证梁体能纵向自由伸缩外，还应有效防止桥面水渗漏。在伸缩缝处的护栏或声屏障结构宜采取纵向封闭措施，并且护栏应设置伸缩节。

（9）路基与桥台连接处应设置保证刚度和变形在线路纵向均匀变化的路桥过渡段。

（10）当利用既有道路桥梁进行改造时，应对桥梁结构状况进行检测评估，若检测结果为3类及更劣的桥梁时不宜考虑利用，另外老桥的剩余设计使用年限应不低于50年。

4.3.3 荷载及组合

1. 荷载分类

1）恒载

作用于桥梁上部结构的恒载，主要是结构重力。作用于桥梁下部结构的恒载，主要是由支座传递下来的上部结构的重力、墩台本身的重力、土压力和水压（浮）力等。

预应力在结构进行使用性能（如混凝土应力）验算时，应作为永久作用计算其主效应和次效应，并计入相应阶段的预应力损失。在结构进行承载能力（如抗弯承载能力）设计时，预应力不计入作用，而是将预应力钢筋作为结构抗力的一部分，但在连续梁等超静定结构中，仍需考虑预应力引起的次效应。

支座沉降可能瞬时发生，也可能长期发展。对超静定结构而言，墩台基础的不均匀沉降对结构的影响是长期的，其作用效应可依据基础的实际情况，按最终沉降量分析计算。

2）列车静活载

城市轨道交通列车大体上可分为A，B，C三种型号，分别对应3 m，2.8 m和2.6 m的列车宽度。一般来说，选用A型或B型列车的轨道交通线路称为地铁，采用5～8节编组列车；选用C型列车的轨道交通线路称为轻轨，采用2～4节编组列车。列车型号和编组决定了车轴重量。目前，我国地铁和轻轨大多采用4轴列车，其荷载图式如图4-16所示。对于具体某条线，列车静活载一般由车辆专业提供，按列车的最大轴重、轴距及初期、近期和远期中最长的列车编组确定。

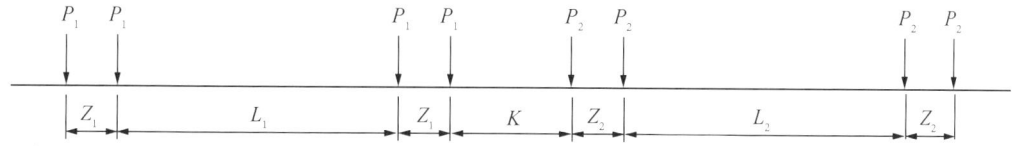

图 4-16 轨道交通列车 4 轴活载图示

对于城市轨道交通线路而言，影响列车设计活载图式的因素有很多，如列车类型、轴距、轴重、编组、运输模式、速度指标、不同结构体系的加载方式等。对城市轻轨而言，静活载常按下列要求确定：

(1) 列车竖向静活载图式按本线列车的最大轴重、轴距及近、远期中最长的列车编组确定。

(2) 对于单线和双线高架结构,按列车活载作用于每一条线路确定。

(3) 多于两线的高架结构,按下列最不利情况考虑:①两条线路在最不利位置承受列车活载,其余线路不承受列车活载;②所有线路在最不利位置承受75%的活载。

(4) 影响线加载时,对影响线异符号区段,轴重按80 kN计。

(5) 对桥梁结构进行加载就是按最不利原则布置标准活载,通过结构分析计算桥梁荷载效应(内力、应力、位移、变形等)的最不利值。

3) 列车竖向动力

列车以一定速度行驶时会使桥梁结构发生振动,进而产生动力作用。列车竖向动力受线路状态(如平顺度)、车辆类型(如机车的偏心轮作用)以及桥梁结构的形式和跨度等因素的影响。通常的做法是在设计中,引入动力系数 μ,按《城市轨道交通桥梁设计规范》(GB/T 51234—2017)的相关规定取值。

4) 人群荷载

轻轨桥梁的人行道一般以通行巡道和维修人员为主。对于明桥面的人行道,考虑到有时需在其上放置枕木、钢轨和工具,宜取竖向静活载为 4 kN/m²。对于道砟桥面,《铁路桥涵设计规范》(TB 10002—2017)规定距离梁中心 2.45 m 以内的人行道,竖向静活载取 10 kN/m²;距离梁中心 2.45 m 以外的人行道,竖向静活载取 4 kN/m²。设计主梁时,人行道竖向静活载不与列车活载同时计算,但在特殊情况(如为了方便城镇居民通行而加宽人行道)下,二者需同时考虑,此时人行道的活载值可按实际情况确定。

5) 列车离心力

《城市轨道交通桥梁设计规范》(GB/T 51234—2017)中对离心力的定义是车辆行驶在曲线线路上时,因方向变化而引起的径向水平力,其大小等于车辆活载(不计冲击力)乘以离心力系数 C,其中 C 值按式(4-11)计算:

$$C = \frac{V^2}{127R} \tag{4-11}$$

式中 V ——设计行车速度,km/h;

R ——曲线半径,m。

6) 列车制动力或牵引力

一般情况下,轻轨列车的制动力或牵引力采用简化方法进行计算,按作用在桥跨范围内的竖向静活载的15%计算。当与离心力同时计算时,可按列车竖向静活载的10%计算[46]。

区间双线桥应采用单线的制动力或牵引力,车站内双线桥梁应根据其结构形式考虑制动和启动同时发生的情况进行设计;三线或三线以上的桥梁应采用双线的制动力或牵引力。

7) 列车横向摇摆力

列车蛇行运动、轨道不平顺等原因致使列车在行进中会发生左右摇摆,从而产生横桥向的水平力。一般情况下,横向摇摆力简化为一个集中荷载以垂直线路中心线水平方向作用于钢轨顶面。集中荷载按相邻两车4个轴重的15%计算时,当与离心力同时计算时,可按竖向静活载的10%计算。多线桥只计算任一条线上的横向摇摆力[46]。

8) 无缝线路纵向水平力

无缝线路纵向水平力包括伸缩力、挠曲力和断轨力,应根据轨道结构及梁-轨共同作用的原理计算,一般由轨道专业根据桥梁结构布置计算并提供结果。

9) 风荷载

风荷载的计算按《铁路桥涵设计规范》(TB 10002—2017)的规定执行。

10) 温度影响

温度影响是指因温度变化而引起的结构变形和附加力。温度变化可分为(年平均)气温变化和梯度温差两种情况,前者可反映结构整体在一年中的温度变化,后者可反映结构截面上的不同点或不同构件之间的温度差异。

气温变化的幅度可按桥梁所在地区的气温条件(一般取当地最高和最低月平均气温)确定,气温变化值应从结构合拢时的温度算起。例如,若最低和最高月平均气温分别为0 ℃和40 ℃,结构合拢时的温度为20 ℃,则气温变化的幅度为40 ℃,而用于设计的气温变化值为±20 ℃。

11) 混凝土的收缩、徐变影响

混凝土的收缩、徐变影响按《公路钢筋混凝土及预应力混凝土桥涵设计规范》(JTG 3362—2018)的有关规定执行。

12) 其他荷载

其他荷载包括车船撞击力、列车脱轨荷载等按《城市轨道交通桥梁设计规范》(GB/T 51234—2017)的有关规定执行。

2. 荷载组合

桥梁设计时,按可能的最不利组合情况进行计算,同时仅考虑列车主受力与一个方向(顺桥向或横桥向)的附加力相组合。

桥上无缝线路纵向力按如下原则组合:

(1) 同一股钢轨的伸缩力、挠曲力、断轨力相互独立,不做叠加;
(2) 伸缩力、挠曲力、断轨力不与同线的牵引力或制动力组合;
(3) 单线及多线桥只计算一根钢轨的断轨力;
(4) 无缝线路的断轨力与车船撞击力只单独与列车主力组合,不与附加力组合;
(5) 列车脱轨荷载不与其他附加力组合;
(6) 地震力与其他荷载的组合应按《铁路工程抗震设计规范》(GB 50111—2006)(2009年版)的规定执行。

4.3.4 桥梁结构设计

我国现行规范体系中桥梁结构设计的主要方法有容许应力法和概率极限状态设计法。

1. 容许应力法

容许应力法是一种以结构构件的计算应力不大于有关规范所给定的材料容许应力的原则来进行设计的方法,一般意义的设计表达式为

$$\sigma \leqslant [\sigma] \tag{4-12}$$

容许应力法以线弹性理论为基础,以构件危险截面的某一点或某一局部的计算应力小于或等于材料的容许应力为准则。在应力分布不均匀的情况下,如受弯构件、受扭构件或超静定结构,用这种设计方法会偏保守。

采用容许应力法的桥梁结构设计规范主要有《铁路桥涵混凝土结构设计规范》(TB 10092—2017)和《铁路桥涵钢结构设计规范》(TB 10091—2017)等。

2. 概率极限状态设计法

概率极限状态设计法将工程结构的极限状态分为承载能力极限状态和正常使用极限状态两大类,按照各种结构的特点和使用要求,给出极限状态方程和具体的限值,以此作为结构设计的依据。用结构的失效概率或可靠指标度量结构的可靠度,在结构极限状态方程和结构可靠度之间以概率理论建立关系。

目前,国内城市轻轨设计采用《轻轨交通设计标准》(GB/T 51263—2017),其中明确规定轻轨结构设计宜按《地铁设计规范》(GB 50157—2013)和《铁路桥涵设计规范》(TB 10002—2017)的有关规定执行,即钢筋混凝土、预应力混凝土和钢结构应按容许应力法设计。材料、容许应力、结构安全系数、结构计算方法及构造要求均应符合《铁路桥涵混凝土结构设计规范》(TB 10092—2017)、《铁路桥涵钢结构设计规范》(TB 10091—2017)、《铁路桥涵地基和基础设计规范》(TB 10093—2017)等铁路结构设计规范。《城市轨道交通桥梁设计规范》(GB/T 51234—2017)中对轨道交通高架桥亦推荐采用相关的铁路桥涵设计规范。因此,本节介绍的城市轻轨桥梁结构设计均参照铁路桥涵设计规范,按照容许应力法进行设计。

4.3.4.1 桥跨结构总体设计

1. 桥跨总体布置原则

(1) 跨径标准化原则:根据高架线路所经过的规划路、既有路、河流或水道情况,在不侵入其限界或不影响桥下建(构)筑物正常使用的前提下进行桥梁布跨。布跨时可适当地局部调整人行道的布置和绿化带的占用,力求尽量布置成标准跨度。

(2) 尽量避开既有地下管线原则:在满足不侵入道路限界的情况下,应尽可能地不改迁或少改迁既有地下管线。在考虑满足道路限界而无法满足地下管线限界的情况下,可考虑大跨方案或其他解决方案,并进行可实施性比较。对于大跨或其他构思方案解决不了的节点布跨,应以管线迁改为准。

(3) 邻跨差值最小原则:在区间标准段和节点段之间,允许在无法完全获得整数倍标准跨布置的情况下,设置非标准跨,尽量保持非标准跨与配跨的跨径差值最小。

(4) 施工工法统一原则:充分考虑桥梁跨度布置与工程实施时的各项影响因素,保证

桥梁施工工法的统一性。

（5）景观效果良好原则：跨径的选择应有利于营造良好的建筑景观效果。

（6）结构相似原则：非标跨节点桥尽量选用与标准跨结构类似的桥型，以便与周围标准跨结构衔接流畅。

（7）远近结合原则：跨路墩位布置必须考虑远近结合，既照顾到目前道路的交通现状，又考虑到将来道路按红线实施的可能性。

（8）不妨碍行车轨迹线原则：交叉口布墩应根据各通行方向上车辆的行驶轨迹线来确定，不应妨碍交叉口的车辆通行。

（9）满足桥上配线需求原则：配线桥必须考虑桥上道岔对桥梁结构的要求，在道岔下不能设梁缝。

2. 结构体系分类

桥梁结构体系包括梁、拱、刚架、悬吊与组合体系等。除大跨度节点桥外，在轨道交通的中、小跨度桥梁中，梁式体系是目前常用的结构体系，而其中尤以简支梁的运用居多，其适用性广、施工方便，相对经济合理。

中、小跨度刚构在轨道交通桥梁中也有少量运用，如已建设并投入运营的香港西铁、广州地铁 6 号线等，其结构形式为单跨或三跨门式刚构。

1）简支体系

简支梁属静定结构体系，具有受力明确，结构构造及施工工艺简单，施工周期短，易于标准化、预制化制作和施工的特点。基础沉降、混凝土收缩、徐变及温度对结构内力的影响较小。各桥墩受力基本一致，桥墩尺寸较为均匀，全线下部整体景观效果较好。

简支梁结构的受力体系特点决定了跨中弯矩随跨度增加而显著增加，材料用量也随之增大，经济指标随之变差。因此，简支梁比较适用于中、小跨度的高架桥梁。另外，简支梁体系接缝较多，通过合理控制梁体竖向刚度及无缝线路的设计等，可满足行车舒适、安全的要求。

2）连续体系

连续体系包括连续梁体系和小跨刚构体系。从受力特点可知，连续体系属于超静定受力结构，中间墩顶主梁受负弯矩，跨中受正弯矩。由于支点负弯矩的存在，使得其跨中正弯矩与同等跨径的简支梁相比要小，梁跨中截面高度可比简支梁主梁截面高度设计得小，或相同梁高下，连续体系的跨越能力较大。

连续体系的缺点在于结构对混凝土收缩、徐变、温度及支座不均匀沉降的反应比简支体系要敏感。另外，连续梁大多采用现浇施工，对施工周边的城市环境影响较大；连续刚构可采用节段拼装施工，对施工要求高。

3）梁式桥各体系对于轻轨的适用性

轨道交通高架桥连续梁每联需设置一个纵向制动墩来承受车辆制动和纵向水平地震作用等纵向水平作用产生的力，致使该桥墩结构尺寸偏大，对全线的整体效果造成影响。对此可采用多制动墩的办法达到减少制动墩尺寸的目的，但这也增加了安装固定支座的难度,且施工精度要求高。而简支梁在每个桥墩上都有一个固定支座,纵向水平力在相邻各桥墩的分配相对简单,且比较均匀,这有利于下部结构断面的统一。

为了满足列车行驶的安全和舒适,对轨道交通桥梁的竖向刚度有一定的要求,连续梁的竖向刚度大,但小跨度简支梁的刚度已足够,因此连续梁的优越性并没得明显体现。

综上所述,在各种轻轨高架桥结构体系中,简支体系因其良好的经济性、适用性和景观效果,是最适用的一种结构体系,也是目前国内轨道交通高架线中应用最广泛的一种结构体系。

3. 上部结构主要形式

1) 梁型方案

(1) 板梁

板梁示意图如图 4-17 所示,其结构高度较低,每线采用两片或四片空心板梁,受力清晰,材料用量省,设计、施工经验相当成熟。但各片板梁间采用铰接方式,故整体受力性差。经济跨度较小,一般在 16~20 m,景观性差。相应刚度较小,很难满足轻轨工程对梁部的刚度要求。梁体后期收缩徐变拱度较大,不利于轨道交通线路轨道调高的要求,仅适用于小跨度地面桥。

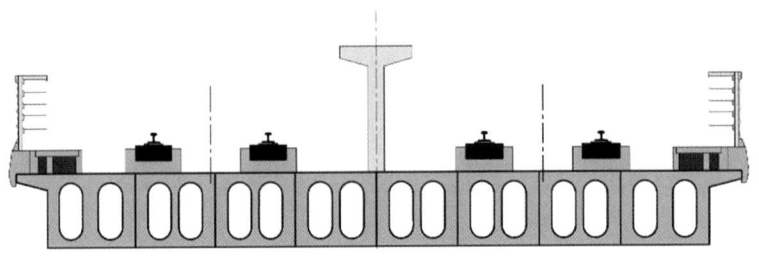

图 4-17 板梁示意图

(2) T 形梁

T 形梁示意图如图 4-18 所示,其结构受力明确,兼具箱梁刚度大、材料用量省的特点,设计及施工经验成熟,跨越能力大。施工中主梁采用工厂或现场预制,可提高质量,减薄主梁尺寸,从而减轻整个桥梁的吊装重量。施工便捷快速,投资较省。该方案结构高度最高,由于梁底部呈网状,故景观效果差。若为改善景观,桥下需设吊顶,这将不利于梁体

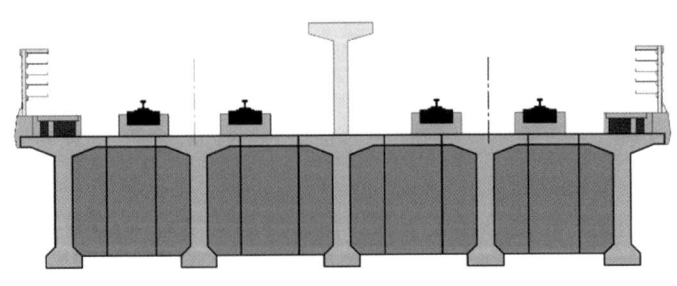

图 4-18 T 形梁示意图

的日常检查。同时,其下部单柱墩盖梁也需设计成预应力混凝土盖梁。T形梁在轨道交通高架中应用极少,国内仅个别高架线路采用。

(3) 箱形梁

箱形梁是目前被国内外广泛采用的高架桥梁结构形式之一,其建筑高度适中,截面外形简洁,线形流畅、轻巧、美观,梁体与造型桥墩配合设计,更显得结构轻巧简捷,线条流畅。箱底截面平整,结构占用空间最小,通透性好,无压抑感。同时,箱梁结构闭合薄壁截面整体受力性能好,抗扭刚度大,适用性强,在区间的直线、曲线段均可采用,对于斜弯桥尤为有利。箱梁截面具有良好的动力特性,它的收缩变形数值小,材料用量较省,设计与施工技术经验较成熟。箱梁结构简单,容易做到设计标准化、制造工厂化。施工方案可采用现场浇注、预制吊装、节段拼装、移动模架等多种施工。可以选择的截面形式主要有单箱单室和双箱单室两种。

① 单箱单室梁(整体大箱梁)

单箱单室梁示意图如图 4-19 所示,一般采用腹板顶部与线路中心对齐的方式,截面形式闭合,桥梁结构整体性好,抗扭刚度大,适用性强,既可用于简支体系梁桥,又可用于连续梁或连续刚构体系梁桥,在区间的直线、曲线段均可采用。整体大箱梁外观线型流畅、美观,设计、施工技术都较为成熟。传统的现浇法施工积累了丰富的经验,也可采用活动模板逐孔浇筑或用架桥机预制吊装或节段拼装,以减小对地面交通的影响,但设备投资稍大。

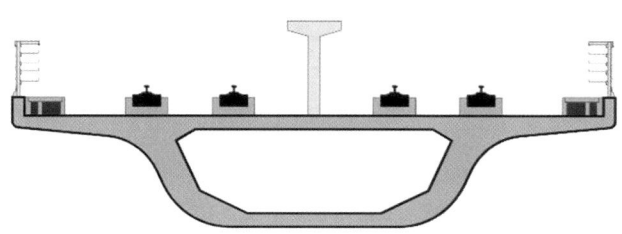

图 4-19 单箱单室梁示意图

② 双箱单室梁(组合小箱梁)

双箱单室梁示意图如图 4-20 所示,采用两个相对独立的小箱梁结构,每个小箱梁各支承一线轨道,通过现浇桥面板和横梁连成整体。该断面可用于简支体系梁桥,也可用于简支变连续体系梁桥,但后者仅在市政公路桥梁中应用,目前尚无在轨道交通中应用的先例。

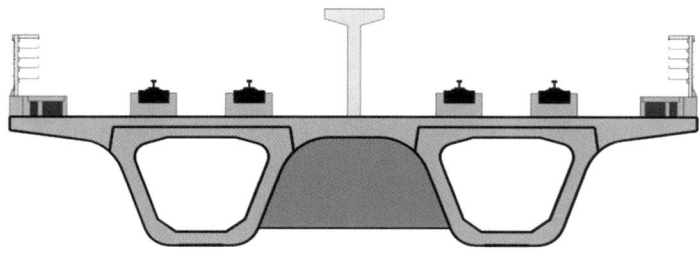

图 4-20 双箱单室梁示意图

小箱梁每箱承受一线荷载,受力清晰,设计施工成熟,材料用量较省。适用跨径 25～35 m,一般取 30 m 左右。可工厂化生产,每根梁的运输吊装重量根据现浇部分调整,可控制在 120 t 以下。施工设备要求不高,适合规模化施工,可上下部结构同时进行,速度较快,对桥下环境影响较小,也可现场就近预制吊装。岔道变宽处的桥面适应性较强,其施工方法也是主梁安装后现浇混凝土桥面板形成整体,外观略逊于整体大箱梁,却又比 T 形梁、板梁好得多。

(4) U 形梁

U 形梁示意图如图 4-21 所示,因其受拉区混凝土即行车道板圬工量大,受压区混凝土圬工量小,梁体多以受压区(上翼缘)压溃为主要特征,不能充分发挥钢筋混凝土的材料性能,故传统上认为其结构受力不是很合理。同时,由于结构为开口截面,结构整体刚度及抗扭性较差。

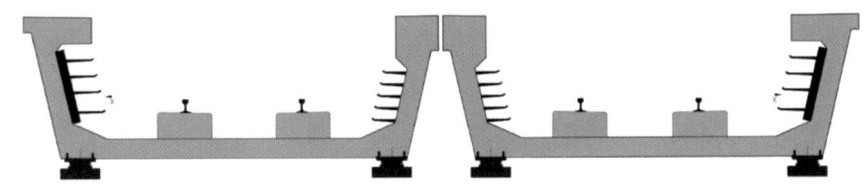

图 4-21 U 形梁示意图

然而,在轨道交通高架桥的应用中,U 形梁的优点也很鲜明:

① 作为混凝土下承式结构,其结构建筑高度非常低,可降低线路和车站标高,节省土建费用,增加乘客的舒适度;

② 两侧的腹板可有效地降低轮轨摩擦噪声,节省了上部隔音墙;

③ 侧梁能避免列车出轨后发生倾覆,提高运行安全的同时节省两侧挡板;

④ 主梁腹板上缘可兼作检修或紧急疏散通道,在车站内也可用作站台的一部分;

⑤ 由于结构建筑高度较常规梁型降低很多,因而在观感上显得轻盈、流畅,景观效果也较好。

由于以上在使用方面的显著优点,再结合新技术、新工艺的采用,近年来,U 形梁结构在城市轨道高架桥中开始得到了越来越多的应用。

与传统的双线断面 U 形梁不同,最近新建的 U 形梁多为并列单线薄壁 U 形梁。另外,与全断面大 U 形梁相比,采用分离的两个薄壁 U 形梁,则车道板的宽跨比减小了,剪力滞后效应小,可认为车道板全截面参与主梁受力,提高了截面材料的利用率;同时由于车道板的横向宽度减小,使车道板受力减小,其厚度也可相应减薄;单片主梁的梁重并不重、体量也不大,故施工方法的选择更加自由。缺点是增加了线间距从而增加了桥面总宽,另外,在道岔区存在多线梁的情况下适应性较差。

U 形梁独特的外形构造与轻轨系统对于桥梁的要求十分匹配。但由于 U 形梁是开口薄壁构件,在列车荷载作用下局部振动和变形相应增大,导致桥梁噪声水平以及轨道扣件受力的增加,设计时应考虑适当增加板厚,降低 U 形梁局部振动水平,运营时应注意增加轨道扣件检查、养护频率,从而保证扣件的正常使用。

2) 标准跨径

标准跨径的选择主要是通过综合考虑沿线的既有道路与规划道路、景观、标准化施工工法和经济技术指标等几个方面来确定。

(1) 工程经济性

不同的梁型和结构体系对应着不同的经济跨度。根据以往的工程经验,简支梁和连续梁的经济跨度在 25～30 m 之间,连续刚构的经济跨度在 30～40 m 之间。选择对应的经济跨度将有利于降低桥梁的工程造价。

(2) 景观要求

实践证明,当城市桥梁的墩高与跨度比例在 1∶2～1∶3.5 之间时,桥梁景观较好,符合人们的视觉审美习惯。考虑到桥下净空和高架车站对于线路标高的要求,轨道交通高架桥墩的高度一般在 10～12 m,因此桥梁标准跨度在 20～35 m 之间呈现的景观效果是比较好的。

(3) 标准化施工工法的要求

根据目前国内各城市地铁架设使用的标准化架梁设备情况分析,地铁的合理架设跨度在 25～30 m 之间,起吊设备吨位控制在 200 t 以内较为合适。当跨度超过 30 m 后,起吊设备的投入会加大,桥梁施工控制增加的材料数量也会较多,易出现偏离经济性指标较大的情况;若考虑地面运梁整孔架设时,跨度越大,地面道路的运输也越困难,运、架梁设备的投入也将增加。因此,标准跨度一般不宜超过 35 m,多数以 25 m 和 30 m 作为选择。

4. 下部结构主要形式

桥墩按形状分通常有 T 形墩、Y 形墩、单柱墩、双柱墩等基本形式及其变形,如图 4-22所示,墩柱断面主要有矩形、圆形、六边形或八边形。其中,Y 形墩一般适用于桥宽较大时,轨道交通一般桥宽在 11 m 以下,故不适用于 Y 形墩。

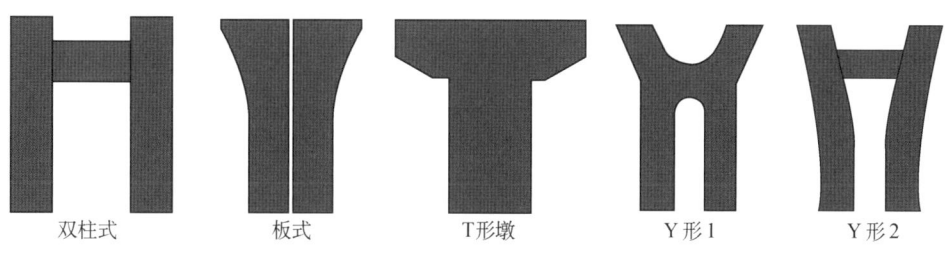

图 4-22　桥墩分类

1) T 形墩

T 形墩适用于组合小箱梁、U 形梁等梁体为分片结构或梁部支承点相距较远的梁型。由于有托盘,一般在满足梁体支承需要的前提下,可以减少墩柱的尺寸,节约圬工,减轻墩身重量。主要优点为受力合理,外形容易协调。

2) 板式墩

板式墩主要适用于整体截面梁形,如整体箱梁。特别是对斜腹板箱梁,如墩高适宜,则可使梁的腹板和墩的边线斜度一致,使上下部浑然一体,缺点是横向体量较大,对墩高变化适应性差,材料耗费大。

3) 双柱墩

配合盖梁使用,适用于各种梁型,用于多线或出岔地段。承载能力及稳定性较强。但对于桥宽 10 m 左右的高架桥,造型显得累赘、臃肿,同时占地较大。现基本不用于轨道交通桥梁标准跨结构。

4.3.4.2 标准跨上部结构设计

本节主要介绍轨道交通桥梁中特有的 U 形梁,其他形式梁设计可参照相关铁路桥梁进行。

U 形梁由整体车道板、纵梁(主梁)及横梁等部分组成。车道板位于梁体下翼缘,在预应力和竖向荷载作用下,不仅会产生双向弯曲和扭转,而且作为主梁截面的一部分,会产生拉伸(竖向荷载作用下)或压缩(纵向预应力作用下),相比一般上承式桥梁的车道板要不利得多。车道板是直接承受车辆荷载的部分,当桥的长宽比 L/B 较大时,车道板为单向板受力特点,荷载通过车道板传给主梁,再由主梁传到支座(接近端部的部分荷载则由车道板经端横梁传给支座)。当桥的长宽比 L/B 较小时($L/B<2$),车道板作为双向板工作,荷载一部分通过主梁、一部分通过端横梁传到支座。主梁承受从车道板传来的荷载,荷载除引起主梁的弯曲,还会引起主梁的扭转。

1. 剪力滞效应

在竖向荷载作用下,U 形梁车道板作为梁体的一部分参与共同工作而承受纵向拉应力。在车道板横向,正应力自边纵梁向桥中线逐渐降低,此现象为剪力滞现象。它是由车道板沿横向的相对剪切变形而引起的。

剪力滞现象直接影响到车道板作为主梁翼缘的有效宽度问题。为了简化计算,通常取一定宽度的车道板作为主梁翼缘,即"计算宽度"。假定"计算宽度"范围内的车道板应力分布完全相同。《铁路桥涵混凝土结构设计规范》(TB 10092—2017)给出了 T 形梁的翼缘板计算宽度取值方法。

根据已有研究成果与试验结果,规范对于 T 形梁的规定也基本适用于 U 形梁。按照这个规定计算得到的纵梁上、下边缘弯曲的纵向正应力与理论计算值相比偏差约为 5%。因此,U 形梁车道板的"计算宽度"可参照执行。城市轻轨单线桥跨度 12 m 以上,双线桥跨度 22 m 以上可取车道板全宽作为主梁翼缘进行计算,而不受上述规定的限制。

2. 车道板

1) 车道板的截面设计

(1) 车道板宽度

U 形梁的特点之一就是车辆必须在两侧主梁之间行驶,因此车道板的宽度较大。当城市轻轨 U 形梁单线不设检修道时,可取宽度 $B=3.8$ m(主梁净距 3.5 m);若设检修道

(宽 0.5~0.6 m)时,可取宽度 $B=4.3$ m(主梁净距 4.0 m)。双线桥可取宽度 $B=8.2$ m(主梁净距 7.8 m,检修道宽 1 m,设在两车道中央)[1]。

(2) 车道板厚度

车道板厚度主要取决于其计算宽度 B 的大小,城市轻轨 U 形梁可初步定为单线 0.30~0.35 m,双线 0.50~0.55 m。若城市轻轨 U 形梁内不设检修道或检修道设在主梁的上翼缘上,则车道板还可以做得更薄些,单线 0.25~0.30 m,双线 0.45~0.50 m。

(3) 内角隅的设置

U 形梁的车道板和主梁内侧交接处常设置斜率小于 1∶3 的内角隅。一方面可减少截面突然变化引起的应力集中,另一方面内角隅构造有利于横向预应力筋弯起布置。

2) 车道板的计算

作用在车道板上的活荷载按轻轨车辆最大轴重,其纵向分布长度为轴距,横向为相应车辆的集中力[1]。

(1) 车道板的计算宽度 B 取主梁腹板中线与车道板中线交点间的距离。

(2) 单位宽度车道板的横向弯矩按下列规定计算:

① 跨中正弯矩

$$M_y = \alpha M_0 \tag{4-13}$$

$$\alpha = \alpha_1 \left(0.6 + 0.05 \frac{L}{B}\right) \leqslant 0.85 \tag{4-14}$$

式中 M_0——单位宽度车道板的跨中最大弯矩,按跨度为 B 的简支梁计算;

α——横向弯矩系数;

L——U 形梁宽度;

B——车道板的计算宽度;

α_1——支撑系数,四点支承时 α_1 取 1,满布支承时查表 4-5。

表 4-5 支撑系数取值表

L/B	1.6	2.0	2.4	2.8	≥3.2
α_1	0.7	0.8	0.9	0.95	1.0

② 支点负弯矩

$$M_{y1} = \frac{1}{3} M_0 \tag{4-15}$$

③ 支点正弯矩

$$M_{y2} = 0.3 M_y \tag{4-16}$$

(3) 竖向荷载作用下车道板的板底纵向正应力按式(4-17)计算:

$$\sigma_x = \sigma_{xc} + \sigma_{xm} \tag{4-17}$$

其中：
$$\sigma_{xc} = \xi \times \sigma_{xb} \tag{4-18}$$

$$\xi = 0.5 + 0.12 \frac{L}{B} \leqslant 1.0 \tag{4-19}$$

$$\sigma_{xm} = \frac{M_x}{w} \tag{4-20}$$

$$M_x = 0.35 M_0 \tag{4-21}$$

式中 σ_{xc}——车道板中线(平均)纵向正应力；

ξ——剪力滞系数；

σ_{xb}——主梁车道板中线水平处，由于全部竖向荷载引起的纵向正应力；

σ_{xm}——由于车道板纵向弯矩 M_x 引起的弯应力；

M_x——单位宽度车道板的纵向弯矩；

w——单位宽度车道板的截面模量。

(4) 车道板的竖向剪力按跨度为 B 的简支梁计算。

(5) 车道板的纵向水平剪应力按式(4-22)计算：

$$\tau_{xy} = \tau_0 + \tau_m \tag{4-22}$$

其中：
$$\tau_0 = \frac{Q}{Zh'} \times \frac{S_1}{S} \tag{4-23}$$

$$\tau_m = \frac{M_{xy}}{w} \tag{4-24}$$

$$M_{xy} = \lambda b_1^2 q \tag{4-25}$$

式中 τ_0——车道板中线(平均)纵向水平剪应力；

Q——主梁剪力；

Z——主梁内力偶臂；

h'——车道板厚度；

S——主梁中性轴以下全部有效面积(车道板作为主梁翼缘的有效宽度范围内)对中性轴的静力矩；

S_1——计算截面范围以外的有效面积对中性轴的静力矩；

τ_m——由车道板扭矩 M_{xy} 引起的剪应力；

M_{xy}——单位宽度车道板的扭矩；

λ——车道板扭矩系数，按表 4-6 取用；

b_1——被考察的纵截面与桥中线距离的 2 倍；

q——作用在车道板单位面积上的荷载，其中活荷载按全部轴重均匀分布在全桥上计算(其横向分布宽度取用轻轨车辆建筑限界的宽度)。

表 4-6 道床板扭矩系数取值表

沿桥跨纵向位置支撑情况	端横梁内侧	跨中
四点支承	0.0225	0.005
满布支承	0.0450	0.012

(6) 车道板的横向预应力按计算跨度为 B 的简支梁计算。

3. 主梁

1) 主梁截面设计

(1) 主梁高度

城市轻轨 U 形梁主梁高度多为 $(1/14\sim1/10)L$。由于预应力筋大部分布置在车道板内,若采用单向预应力,预应力筋重心至下边缘的距离 a 可估计为 $0.12\sim0.18$ m;若采用双向预应力,则车道板的横向预应力筋必须设在纵向预应力筋下,此时跨中截面纵向预应力筋重心至下边缘的距离 a 预估为 $0.2\sim0.35$ m。

(2) 主梁上翼缘尺寸

U 形梁主梁的上翼缘作为主要受压构件,其侧向稳定是依靠腹板与车道板组成的半框架来保证的。在梁端由加厚的腹板与端横梁形成较大刚度的半框架,对上翼缘起到侧向支撑作用。研究表明,主要上翼缘宽度不小于跨度 L 的 3% 就不会有失稳的危险,其厚度可设计为 $0.15\sim0.2$ h。

(3) 主梁腹板尺寸

主梁腹板厚度有薄腹板和厚腹板两种方案。薄腹板可以减轻桥梁自重,但须设置竖向预应力筋,从而增加施工难度。因此,对城市轻轨 U 形梁建议采用厚腹板方案,跨中区段的厚度单线为 0.3 m,双线为 0.4 m,端部腹板厚度可增加到 $0.4\sim0.55$ m,适当加强非预应力筋而取消竖向预应力筋。

2) 主梁的计算

(1) 主梁按简支梁计算。车道板参与主梁下翼缘共同作用的宽度,详见本书 4.2.1 节。

(2) 主梁腹板中混凝土的主应力按一般材料力学公式计算。但当验算腹板下端内侧主应力时,须计入由竖向荷载引起的腹板竖向正应力(压正拉负) σ_{hy}:

$$\sigma_{hy} = -\sigma_{y2} - \sigma_{y3} \tag{4-26}$$

$$\sigma_{y2} = \frac{Q_1}{b} \tag{4-27}$$

$$\sigma_{y3} = \frac{M_{y3}}{w} \tag{4-28}$$

$$M_{y3} = \eta M_{y1} \tag{4-29}$$

式中 σ_{y2}——单位宽度腹板下端平均拉应力;

Q_1——单位宽度车道板的竖向应力;

b——腹板验算处厚度；

w——腹板验算处单位宽度腹板的截面模量；

M_{y3}——腹板下端单位宽度上的横向弯矩；

η——支撑系数，四点支承取0.4，满布支承取0.6。M_{y1}的计算详见本书4.3.4.2节。

4. 端横梁

端横梁是U形梁的重要组成部分之一，在施工和养护维修时起到顶梁的作用。端横梁作为车道板的两端支承，保证了车道板的整体作用。此外，端横梁能增加桥梁的梁端半框架横向刚度，支撑主梁上翼缘，降低车道板的横向弯矩及桥梁支点截面的竖向挠度。

1）端横梁的截面设计

端横梁的高度和宽度尺寸建议为：$h_2=(1.6\sim 2.0)h_1$，$b_2=(1.0\sim 1.3)h_1$。由端横梁的h_2厚度减至车道板的厚度h_1，可以做成台阶或以45°倾斜过渡。

2）端横梁的计算

作用在端横梁上的恒载和活载由端横梁承担，作用在端横梁附近的车道板上的荷载也有一部分会传到端横梁上。

(1) 端横梁按矩形截面的简支梁计算，计算宽度B与车道板相同。

(2) 端横梁的计算以轻轨车辆的最大轴重控制，横向为集中力荷载。

(3) 端横梁承受的荷载范围按楼板的荷载分布原则确定。

(4) 端横梁末端的正、负弯矩可取跨中正弯矩的0.2倍。

4.3.4.3 标准跨下部结构

1. 重力式桥墩设计计算

重力式桥墩一般为采用混凝土或石砌的实体结构。墩身上设墩帽，下接基础。它的优点是充分利用材料的抗压性能，借助自身较大的截面尺寸和重量承受竖直方向和水平方向的外力，具有坚固耐久、施工简易、取材方便、节约钢材等优点。缺点是工程量大，外形粗大笨重，减少了桥下有效孔径，增大地基负荷；当桥墩较高、地基承载力较低时，尤为不利。

1）墩身受压稳定性验算

墩身在竖向压力的作用下，可能由于纵向弯矩失稳而破坏，所以将墩身受压稳定性作为墩身验算内容之一。

混凝土墩台在中心受压或偏心受压时，其整体纵向稳定性应按式(4-30)验算：

$$KN \leqslant N_{cr} \tag{4-30}$$

$$N_{cr}=a\frac{4mE_0I_d}{l_0^2}\left(1+a\frac{4mE_0I_d}{l_0^2}\frac{1}{1.1R_cA_0}\right)^{-1} \tag{4-31}$$

式中 N——作用于墩台顶面处的轴向压力；

K——安全系数，对于整体灌注的混凝土墩台而言，主力时$K=2.0$，主力加附加力组合时$K=1.6$；对于混凝土块砌体而言，主力时$K=2.5$，主力加附加力组合时$K=2.0$；

N_{cr}——墩台顺截面回转半径较小方向弯曲的纵向弯曲(屈曲)临界荷载;

E_0——墩台的受压弹性模量;

I_d——墩台底截面绕垂直弯曲方向重心轴的全截面惯性矩;

A_0——墩台平均截面的全面积,对于上面小、下面大的实体桥墩,则为整个墩身平均截面的全面积;

l_0——整个墩台的计算长度;

m——变截面影响系数,按表 4-7 确定;

a——刚度修正系数;

$$a = \frac{0.1}{0.2 + \frac{e_0}{h}} + 0.16 \tag{4-32}$$

式中 e_0——顺弯曲方向轴向压力 N 对墩台平均截面重心的偏心距;

h——计算截面顺弯曲方向的长度。

表 4-7 变截面影响系数

I_0/I_d	0.1	0.2	0.3	0.4	0.5	0.6	0.7	0.8	0.9	10
m	1.20	1.51	1.71	1.87	2.00	2.12	2.22	2.31	2.39	2.46

注:I_0 为墩台顶截面绕垂直弯曲方向重心轴的惯性矩。

2) 墩身截面强度验算

墩身强度验算的主要目的是保证墩身具有足够的强度,使其在设计荷载作用下,最大压应力不超过材料的容许应力[47]。

桥梁墩身的截面强度验算一般选在墩身与基础结合面或墩身截面突变处(如托盘底、墩身边坡变换处和墩底等)。然而,当桥墩较高时,危险截面不一定在墩身底部,所以一般需要沿着墩身每隔 2~3 m 就选一个验算截面进行验算。

墩身截面一般为偏心受压构件,其截面强度应按式(4-33)验算:

$$\sigma = \frac{N+G}{A} \pm \frac{M_y \eta_x x}{I_y} \pm \frac{M_x \eta_y y}{I_x} \leqslant [\sigma] \tag{4-33}$$

式中 σ——墩台中任一验算截面上的压应力;

G——验算截面以上顺轴向的墩台自重;

A——验算截面的全面积;

$[\sigma]$——墩台中心受压或偏心受压的容许压应力;

M_x,M_y——验算截面上对重心轴 x,y 的弯矩;

I_x,I_y——验算截面绕重心轴 x,y 的全截面惯性矩;

x,y——验算截面上最大应力点或最小应力点的坐标;

η_x,η_y——验算截面上的弯矩增大系数。

其中：

$$\eta_x = 1 + \frac{\left(\dfrac{1}{1-\dfrac{KN}{N_{crx}}B_x} - 1\right)\mu}{\dfrac{l_0}{2}} \tag{4-34}$$

$$\eta_y = 1 + \frac{\left(\dfrac{1}{1-\dfrac{KN}{N_{cry}}B_y} - 1\right)\mu}{\dfrac{l_0}{2}} \tag{4-35}$$

$$N_{crx} = a\frac{4mE_0 I_{dy}}{l_0^2}\left(1 + a\frac{4mE_0 I_{dy}}{l_0^2}\frac{1}{1.1R_c A_0}\right)^{-1} \tag{4-36}$$

$$N_{cry} = a\frac{4mE_0 I_{dx}}{l_0^2}\left(1 + a\frac{4mE_0 I_{dx}}{l_0^2}\frac{1}{1.1R_c A_0}\right)^{-1} \tag{4-37}$$

式中 I_{dx}，I_{dy}——构件底绕其重心轴 x，y 的全截面惯性矩；

μ——验算截面距离墩顶的距离；

l_0——构件的计算长度，对于墩顶自由、墩底固定的桥墩而言，其计算长度为墩高的 2 倍。

3）墩顶位移验算

桥墩的纵向刚度和横向刚度应满足列车运行的安全性及旅客乘坐舒适度的要求，并且应对最不利荷载作用下的纵、横向水平位移进行控制。另外，对于铺设无缝线路的桥梁，还应根据梁、轨共同作用通过计算对桥墩的纵向最小线刚度进行控制。墩顶水平位移应符合下列规定[46]：

顺桥方向：

$$\Delta = 5\sqrt{L} \tag{4-38}$$

横桥方向：

$$\Delta = 4\sqrt{L} \tag{4-39}$$

当列车最高运行速度为 120 km/h 时，桥墩墩顶横桥向弹性水平位移为

$$\Delta = 3.5\sqrt{L} \tag{4-40}$$

式中 L——桥梁跨度，当为不等跨时，采用相邻跨中的较小跨度，当 $L<25$ m 时，L 按 25 m 计；

Δ——墩顶顺桥或横桥方向水平位移，包括墩身和基础的弹性变形及地基弹性变形的影响。由于墩身挠曲变形引起的墩顶位移 Δ_l 是按墩顶为自由端、墩底为固定端的悬臂梁计算得到的，根据虚功原理：

$$\Delta_l = \int_0^h \frac{M_p \overline{M}}{EI} dh \tag{4-41}$$

对于变截面墩身，为了避免烦琐的积分运算，可将墩身等分为 n 段，每段高 Δh_i，再分别计算各段的平均截面惯性矩 $\overline{I_i}$、平均弯矩 $\overline{M_i}$（不包括墩身自重）及其到墩顶的平均高度 $\overline{h_i}$，即可近似计算 Δ_l：

$$\Delta_l = \sum_{i=1}^n \frac{\overline{M_i}}{E\,\overline{I_i}} \overline{h_i} \Delta h \tag{4-42}$$

设计经验表明，矮而粗的实体墩身具有较大的刚度，通常不需要验算墩顶位移；但接近或超过 30 m 高度的桥墩，则应验算墩顶位移。

2. 柔性桥墩设计计算

柔性桥墩是把简支梁及其墩台，用适当的措施连接起来，形成多跨的门式结构，以共同承受桥上传来的墩顶水平力（主要为制动力或牵引力）。此墩顶水平力按桥墩的剪力刚度分配，因此可以显著减小柔性墩所承受的水平力，使大部分水平力传往刚性墩，从而减小柔性墩的截面尺寸及工程量，降低全桥造价。

1) 墩顶位移计算

柔性墩墩顶位移 Δ 可视为由制动力或牵引力引起的墩顶位移 Δ_1 和由梁的变形引起的墩顶位移 Δ_b 这两部分组成，即 $\Delta = \Delta_1 + \Delta_b$。其中，$\Delta_b$ 包括竖向荷载作用下梁下缘伸长、梁体温度变化、固定支座缝隙、梁体混凝土收缩徐变和架梁时墩顶的残留位移引起的各种柔性墩墩顶位移 Δ_2、Δ_3、Δ_4、Δ_5、Δ_6。

故产生墩顶位移的因素共有六项 $\Delta_1 \sim \Delta_6$，由此六项位移进行组合计算。

(1) 制动力或牵引力引起的墩顶位移 Δ_1，按式(4-43)和式(4-44)计算：

$$P = \sum P_i = \sum K_i \Delta_1 = \Delta_1 \sum K_i \tag{4-43}$$

$$\Delta_1 = \frac{P}{\sum K_i} \tag{4-44}$$

$$K_i = \frac{3EI}{l^3} \tag{4-45}$$

式中　P——计算分段内总的制动力；

　　　K_i——单墩的侧向抗推刚度；

I ——桥墩的截面惯性矩；

l ——桥墩高度。

（2）竖向荷载作用下的梁下缘伸长产生的墩顶位移 Δ_2 按式(4-46)和式(4-47)计算：

$$\Delta_{2l} = \lambda \sum d_l \tag{4-46}$$

$$\Delta_{2D} = \lambda \sum d_D \tag{4-47}$$

式中 Δ_{2l} ——活载作用下梁下缘伸长而产生的墩顶位移；

Δ_{2D} ——架梁后二期恒载使梁下缘伸长而产生的墩顶位移；

d_l ——自计算墩至相关联的刚性墩间各孔简支梁在活载作用下梁下缘伸长之和；

d_D ——自计算墩至相关联的刚性墩间各孔简支梁在架梁后二期恒载作用下梁下缘伸长之和；

λ ——折减系数，24 m 和 32 m 的跨度梁取 0.8；16 m 的跨度梁取 0.7。

（3）梁体温度变化产生的墩顶位移 Δ_3 按式(4-48)计算：

$$\Delta_3 = nm\alpha lT \tag{4-48}$$

式中 α ——梁体混凝土的线膨胀系数；

l ——梁的跨度，是相对于架梁时的温度而定的；

T ——梁体温度变化幅度；

m ——对墩内应力效应系数，可采用 0.6；

n ——所计算的柔性墩与相关联的刚性墩之间梁的孔数。

梁体因温度变化引起伸缩并使柔性墩产生内力，这是一个缓慢的过程。混凝土的塑性变形与加载速度有关，同一荷载，如果加载速度慢，则塑形变形部分增大，总的变形也随之增大。因此，如果变形相同，加载速度慢的则内力亦相应较小。所以，柔性墩设计中采用折减效应系数 $m=0.6$。

（4）固定支座缝隙产生的墩顶位移 Δ_4 按式(4-49)计算：

$$\Delta_4 = 2e_f \tag{4-49}$$

式中，e_f 为每个支座的缝隙，盆式橡胶支座取 0.3 mm，铸钢支座取 0.8 mm。

（5）梁体混凝土收缩徐变产生的墩顶位移 Δ_5 按式(4-50)计算：

$$\Delta_5 = n\gamma\alpha lT_s \tag{4-50}$$

式中 T_s ——温度变化幅度，架桥机架梁时取 5~10 ℃；

γ ——相应于梁收缩徐变时柔性墩徐变的应力效应系数，按表 4-8 取用。

表 4-8　相应于梁收缩徐变时柔性墩徐变的应力效应系数

架设时墩的混凝土龄期/d	架设时梁的混凝土龄期/d											
	60				90				180			
	β				β				β			
	1	2	3	4	1	2	3	4	1	2	3	4
60	0.39	0.51	0.61	0.69	0.44	0.57	0.67	0.74	0.51	0.67	0.75	0.81
90	0.42	0.55	0.67	0.75	0.46	0.61	0.72	0.79	0.79	0.53	0.69	0.85
120	0.45	0.60	0.72	0.81	0.49	0.65	0.76	0.84	0.56	0.72	0.83	0.89
180	0.51	0.68	0.81	0.89	0.55	0.72	0.84	0.91	0.61	0.78	0.89	0.94
270	0.59	0.79	0.90	0.96	0.63	0.81	0.91	0.96	0.69	0.86	0.90	0.97
360	0.67	0.86	0.95	0.98	0.70	0.88	0.96	0.99	1.00	0.38	0.97	0.99
540	0.82	0.95	0.98	1.00	0.84	0.96	0.99	1.00	0.88	0.97	0.99	1.00
720	0.92	0.98	1.00	1.00	0.94	0.99	1.00	1.00	0.96	0.99	1.00	1.00

注：① 预应力混凝土梁的龄期按梁建立预应力时起算；
② 徐变增长速度系数 β，湿、冷地区取较小值，旱、热地区取较大值；
③ 架设时梁的混凝土龄期，当 $T_s=5$ ℃时按 180 d 计，当 $T_s=10$ ℃时按 90 d 计。

对于预应力混凝土梁：

$$\Delta_5 = nr(\Delta l_1 + \Delta l_2)(1-C) \tag{4-51}$$

$$\Delta l_1 = 0.8\left(\varepsilon_0 + 0.8\frac{\sigma_h}{E_h}\phi_0\right)l \tag{4-52}$$

$$\Delta l_2 = \frac{6.4 f_c y_c}{l} \tag{4-53}$$

式中　C——温度变化幅度，架桥机架梁时取 5~10 ℃；

Δl_1——由于梁体混凝土的收缩和预加力作用下徐变的轴向变形终极值；

Δl_2——由于梁体预加应力作用产生徐变拱使梁下缘缩短的终极值；

ε_0——混凝土收缩应变终极值；

σ_h——梁内预加应力产生的混凝土平均应力；

E_h——梁体混凝土的弹性模量；

ϕ_0——混凝土徐变系数的终极值；

f_c——徐变终极上拱度，无资料时 24 m 跨度梁采用 3.4 cm；32 m 跨度梁采用 6 cm；

y_c——梁端换算截面重心轴至梁底距离。

2）墩身内力计算

柔性墩内力计算的目标是求解柔性墩在风荷载 q、墩顶支座竖向反力 N_0、墩顶支座反力产生的偏心力矩 M_0、联上总的制动力和梁的变形以及施工误差等所引起的设计墩顶

水平位移 Δ、墩顶水平力 F_0 和墩底弯矩 M_1，有两类计算方法：一类是较严密的方法，根据柔性墩的挠曲线方程求解其内力表达式；另一类是工程实用的近似计算方法。由于后者计算方法简便、计算结果实用，所以本节仅讨论该近似方法。

柔性墩内力是 Δ，N_0，M_0，q 共同作用的结果。可以将诸外力的共同作用简化为分开的单独作用，也就是略去了相互影响，如图 4-23 所示。此方法的思路是：分别求出 Δ，N_0，M_0，q 独立作用时的墩顶水平反力 $F_{0\Delta}$，F_{0N}，F_{0M}，F_{0q} 的表达式，然后叠加在一起得到 F_0。

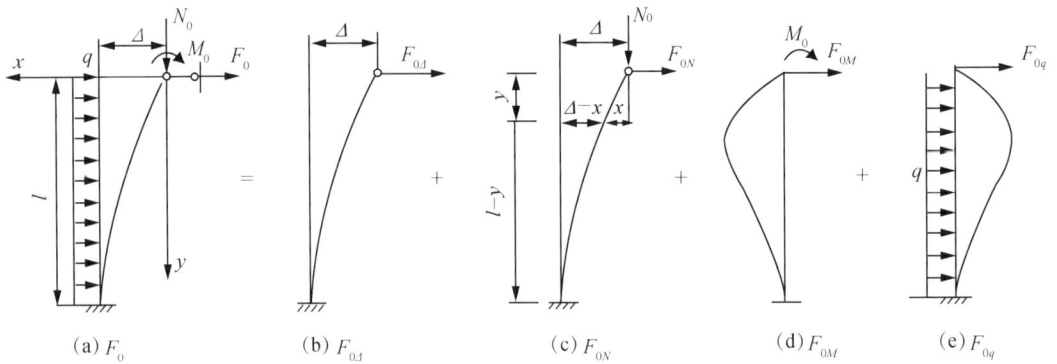

图 4-23 柔性墩内力近似计算示意图

(1) $F_{0\Delta}$ 为墩顶有一位移 Δ 时所引起的墩顶水平反力，可按式(4-54)进行计算：

$$F_{0\Delta} = \frac{3EI}{l^3}\Delta \tag{4-54}$$

(2) F_{0N} 为墩顶有一竖向集中力时所引起的墩顶水平反力，为了简化计算，假设此时的挠曲线为一顶点在墩底的抛物线。根据抛物线的性质，可知：

$$\frac{\Delta - x}{\Delta} = \frac{(l-y)^2}{l^2} \tag{4-55}$$

由此得

$$x = \frac{(2l-y)y}{l^2}\Delta \tag{4-56}$$

由力法原理知

$$F_{0N}\delta_{11} + \Delta_{1P} = 0 \tag{4-57}$$

式中 δ_{11}——墩顶单位水平力引起的墩顶水平位移；

$$\delta_{11} = \frac{l^3}{3EI} \tag{4-58}$$

Δ_{1P}——由竖向力 N_0 引起的墩顶水平位移,按式(4-59)计算。

$$\Delta_{1p} = \int_0^l \frac{\overline{M_1} M_P}{EI} \mathrm{d}y \tag{4-59}$$

式中 $\overline{M_1}$——墩顶单位水平力在墩身截面上产生的力矩,$\overline{M_1} = 1 \times y$;

M_P——N_0 在墩身截面上产生的力矩。

$$M_P = N_0 x = N_0 \frac{(2l-y)y}{l^2} \Delta \tag{4-60}$$

$$\Delta_{1P} = \frac{1}{EI} \int_0^l 1 \times y \times N_0 \frac{(2l-y)y}{l^2} \Delta \mathrm{d}y = \frac{5N_0 l^2}{12EI} \Delta \tag{4-61}$$

将 δ_{11},Δ_{1P} 代入力法方程式(4-57)得:

$$F_{0N} = -1.25 \frac{N_0}{l} \Delta \tag{4-62}$$

(3) F_{0M} 为墩顶作用一集中力矩时引起的墩顶水平反力,由力法方程式(4-57)可求得:

$$F_{0M} \delta_{11} + \Delta'_{1P} = 0 \tag{4-63}$$

$$\Delta'_{1P} = \int_0^l \frac{\overline{M_1} M'_P}{EI} \mathrm{d}y = \frac{1}{EI} \int_0^l 1 \times y \times M_0 \mathrm{d}y = \frac{M_0 l^2}{2EI} \tag{4-64}$$

将 δ_{11},Δ'_{1P} 代入力法方程式(4-63)得:

$$F_{0M} = -1.5 \frac{M_0}{l} \tag{4-65}$$

(4) F_{0q} 为墩身沿高度作用均布荷载时引起的墩顶水平反力,由力法方程可求得:

$$F_{0q} \delta_{11} + \Delta''_{1P} = 0 \tag{4-66}$$

$$\Delta''_{1P} = \frac{ql^4}{8EI} \tag{4-67}$$

将 Δ''_{1P} 代入力法方程式(4-66)得:

$$F_{0q} = -\frac{3}{8} ql \tag{4-68}$$

将 $F_{0\Delta}$,F_{0N},F_{0M},F_{0q} 相加得:

$$F_0 = \left(\frac{3EI}{l^3} - 1.25 \frac{N_0}{l}\right) \Delta - 1.5 \frac{M_0}{l} - \frac{3}{8} ql \tag{4-69}$$

3）温度应力

柔性墩在温度变化的情况下会产生附加应力，附加应力包括温度自应力和温度次应力两部分。温度自应力是指结构的温度变形受到纵向纤维之间的相互约束而在截面上产生自平衡的纵向约束应力。温度次应力是指结构的温度变形受到冗余支座的约束而在冗余支座处产生冗余力从而引起的截面应力。

（1）温度自应力

当墩身向阳面的温度 t_0 沿壁厚 h 按非线性规律递减至背阳面的温度 t_h 时（图 4-24），墩将产生竖向的非线性温度变形，设其竖向应变为 ε_x。但是，墩壁截面在产生温度变形后仍要保持为一平面，其相应的应变为 ε'_x，这样在墩壁截面内的应变差就会引起竖向的温度自应力 σ_x：

$$\sigma_x = E(\varepsilon_x - \varepsilon'_x) \tag{4-70}$$

沿壁厚的温度非线性分布规律采用如下假定：

$$t_x = t_0 e^{-ax} \tag{4-71}$$

式中　t_x——计算点 x 处的温度；

　　　t_0——墩身向阳面与背阳面的温差；

　　　a——系数，取 7；

　　　x——计算点至向阳面侧墩表面的距离。

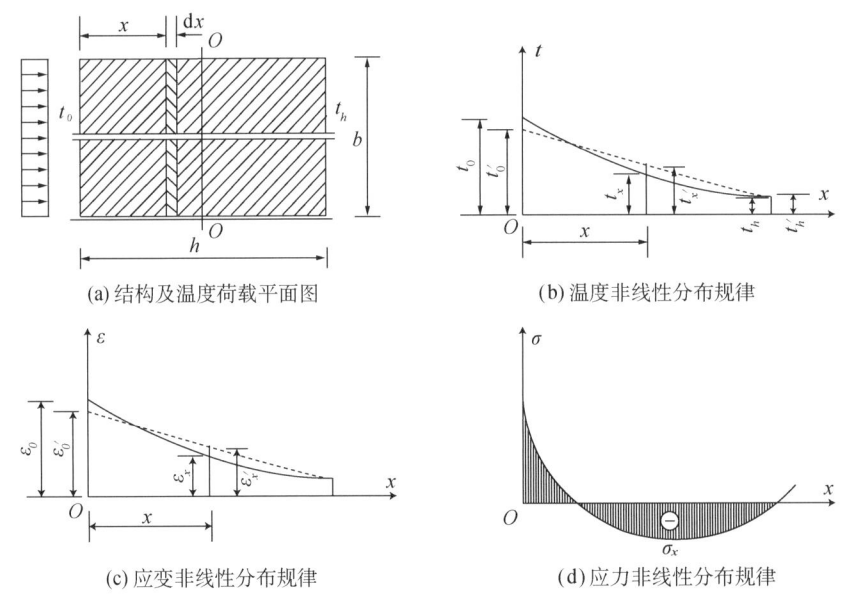

(a) 结构及温度荷载平面图　　(b) 温度非线性分布规律

(c) 应变非线性分布规律　　(d) 应力非线性分布规律

图 4-24　内力近似计算示意图

根据图 4-24(b) 和 (c) 可得：

$$\varepsilon_x = at_0 e^{-ax} \tag{4-72}$$

$$\varepsilon'_x = a\left(t'_0 - \frac{t'_0 - t'_h}{h}x\right) \tag{4-73}$$

式中 t'_0，t'_h——墩壁保持平面变形时，相应于向阳面和背阳面处的实际应变(ε'_0 和 ε'_h)对应的换算温度。

自墩壁截面上的两个静力平衡条件可求得 t'_0 和 t'_h：

$$\sum F_h = 0, \quad \int_0^h \sigma_x b\,dx = 0 \tag{4-74}$$

$$\sum M_0 = 0, \quad \int_0^h \sigma_x \left(\frac{h}{2} - x\right)b\,dx = 0 \tag{4-75}$$

将 ε'_0 和 ε'_h 代入上述各式中，积分再联立求解得：

$$t'_0 = \frac{2}{ah}\left[\frac{3}{ah}(e^{-ah} - 1) + (e^{-ah} + 2)\right]t_0 = \beta t_0 \tag{4-76}$$

$$t'_k = -\frac{2}{ah}\left[\frac{3}{ah}(e^{-ah} - 1) + (2e^{-ah} + 1)\right]t_0 = rt_0 \tag{4-77}$$

由此即可求得：

$$\sigma_x = Eat_0\left[e^{-ax} - \beta + (\beta - \gamma)\frac{x}{h}\right] \tag{4-78}$$

式中，β 和 r 仅为 ah 的函数，工程设计中可据此制成表格以备查用。

(2) 温度次应力

当日照时，柔性墩的向阳面与背阳面之间存在温差 Δt，这一温差使得向阳面沿竖向高度上的伸长量比背阳面大，从而使得墩身发生弯曲变形。当柔性墩的两端受到约束，不能自由变形时，在墩身内就会产生相应的约束应力，其计算方法如下。

根据图 4-25 所示的基本结构，用力法求解。

$$\delta_{11} = \frac{l^3}{3EI} \tag{4-79}$$

$$\Delta_{lt} = -\int_0^l \frac{at'_0 dy - at'_h dy}{h}y = \frac{a(t'_0 - t'_h)}{2h}l^2 \tag{4-80}$$

典型方程：

$$F_{0t}\delta_{11} + \Delta_{lt} = 0 \tag{4-81}$$

解得：

$$F_{0t} = 1.5EI\frac{a(t'_0 - t'_h)}{hl} \tag{4-82}$$

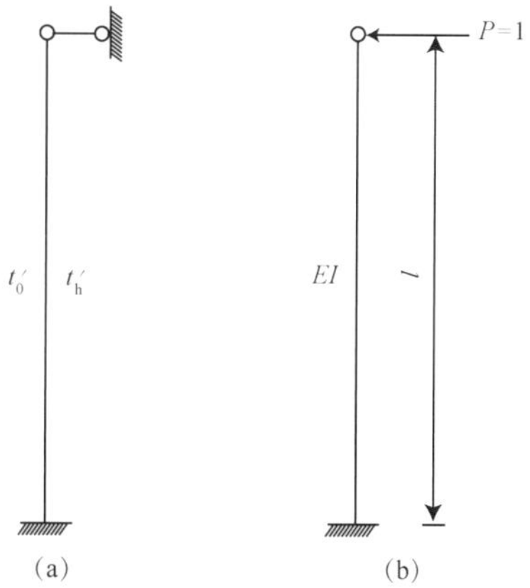

图 4-25 温度应力计算示意图

$$M_{lt} = F_{0t}l = 1.5EI\frac{a(t'_0 - t'_h)}{h} \tag{4-83}$$

则墩身底部的约束应力为

$$\sigma_{lt} = \frac{M_{lt}}{W} = \pm 0.75Ea(t'_0 - t'_h) \tag{4-84}$$

将各截面处的温度自约束应力和温差应力叠加就能得到柔性墩在该处的温度应力。

4.3.4.4 既有桥梁改造利用

当利用既有桥梁进行改造时,应按城市轻轨的荷载特性和安全运营要求,对既有桥梁上部结构的竖向刚度、桥墩水平线刚度等指标进行复核。

竖向刚度对于城市轻轨的舒适度有着重要影响,必须考虑荷载最不利布置影响,对桥跨结构竖向挠度进行复核。桥墩水平线刚度对控制制动附加应力,确保钢轨强度十分重要,而且对于采用排架墩以及橡胶支座的桥梁,水平线刚度较小,因此应进行无缝钢轨纵向稳定性检算,复核纵向水平刚度是否满足制动力及无缝线路纵向力的要求。

按照既有桥梁结构的利用程度,改建桥梁可分为全部结构利用、部分结构利用和线位利用三类方案。

1. 既有桥梁全部结构利用方案

通过结构状况检测评估及结构检算,当既有桥梁满足结构评定等级及剩余设计使用年限,并满足城市轻轨和道路交通的通行要求时,可采取既有桥梁结构全部利用方案,如图4-26所示。此时在既有桥梁上直接铺设城市轻轨轨道结构等设施即可。

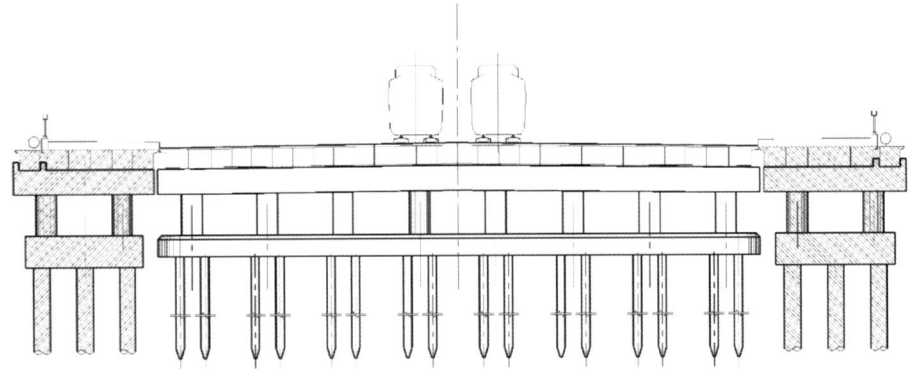

图4-26 既有桥梁全部结构利用方案的横断面布置

2. 既有桥梁部分结构利用方案

当既有桥梁下部结构或通过适当加固后可以满足城市轻轨和道路交通整体通行要求,而上部结构不满足城市轻轨通行要求或不适于直接敷设轨道结构时,可采取既有桥梁部分利用方案,如图4-27所示。此时仅需拆除改建城市轻轨线路范围内的上部结构,再铺设轨道结构等设施即可。

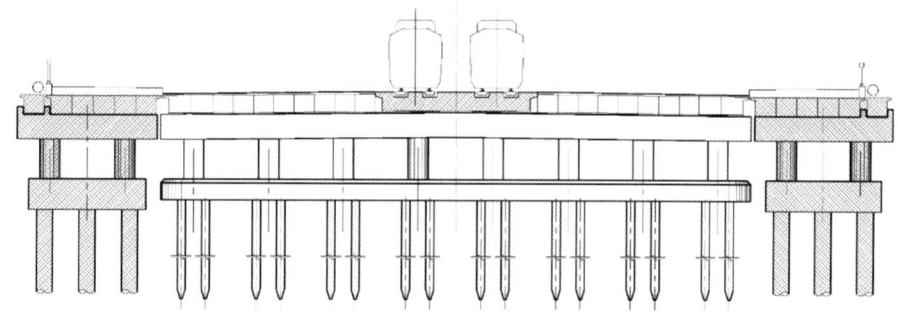

图 4-27 既有桥梁部分结构利用方案的横断面布置

3. 仅利用既有桥梁线位的方案

若既有桥梁结构状况的评定等级为 4 类或以下,则不宜考虑利用既有桥梁结构,而是应拆除城市轻轨线位范围内的部分桥梁后新建桥梁。新建桥梁设计须按现行桥梁结构方法,道路交通范围内的桥梁保持不变,如图 4-28 所示。

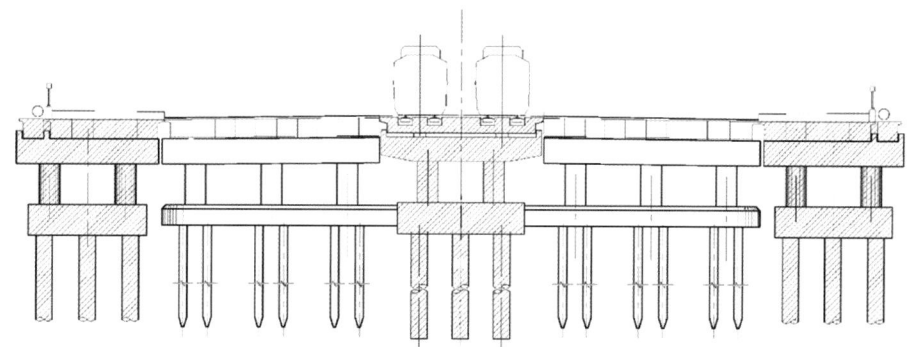

图 4-28 利用老桥线位新建有轨电车桥梁方案的横断面布置

4.4 轨道

4.4.1 概述

1. 轨道的组成

轨道是由钢轨、轨枕、连接零件、道床、道岔和其他附属设备等组成的构筑物。现代轨道通常是用两根专门轧制的钢轨固定在轨枕上形成的,轨枕一般为横向铺设,用钢筋混凝土或钢材制成,通过道床将荷载传递到路基上。轨道是由钢轨、轨枕和道床这些不同力学性质的材料,通过科学、可靠的方式组合起来的。钢轨通过连接零件扣紧在轨枕上,轨枕则埋在道床内,而道床直接铺在路基面上。轨道承受着复杂多变的静荷载和动荷载,通过力学分析与研究,计算出轨道各组成部分所产生的应力和应变,从而确定其承载能力和稳定性。

2. 轨道类型

轻轨交通主要运行在城市环境条件中,为了使轨道形成一个共同受力的整体,需要考虑轨道铺设在地面或是高架结构上的因素,结合轻轨交通客运量的要求,处理好轨道、车辆和路基三者之间相互作用的配合与协调。轨道类型的划分包括钢轨类型、连接零件种类、轨枕的种类和配置、道床材料和断面尺寸、不同减振等级的轨道型式等,其所依据的主要运营条件为客运量的多少、车辆的轴重和行车速度。处于最佳状态的轨道结构,必须做到在规定的运营条件下,保证轻轨车辆或列车在设计最高速度时能够平稳、安全和不间断地运行,并将直接作用在钢轨上的复杂多变的荷载有效地传递到路基上去。

3. 轻轨交通轨道的特点与要求

轻轨线路一般穿经居民区,为了保护环境,须对噪声有较严格的控制。除了车辆结构采取减振措施,必要时修筑声屏障外,轨道结构也要采取一定的减振措施。

(1) 由于轻轨交通行车密度大、运营时间长,留给轨道维修作业的时间很短,因此一般采用较强的轨道部件。在新建轻轨交通系统时,对高架结构,一般采用混凝土道床等少维修非埋入式的轨道结构。对地面线路,一般采用埋入式轨道结构,以增加景观铺设空间,并在平交道口预留土建混行条件。

(2) 轻轨交通一般采用直流电机牵引,以走行轨作为供电回路。为了减小因漏泄电流(或称迷流)而造成对周围地下金属设施的腐蚀,要求钢轨与轨下基础有较高的绝缘性能。

(3) 由于受原有街道和建筑的所限制,城市轻轨交通曲线区段会占很大比重,但曲线半径一般比常规铁路小得多。曲线最小半径通常在 50 m 左右,故要解决好曲线轨道的构造问题。在小半径曲线地段,应采用耐磨钢轨。钢轨铺设前应进行预弯,上道运营前应实施预打磨,并定期养护以减缓磨耗。

4.4.2 轨道结构

轻轨交通轨道结构按照道床类型分为碎石道床与整体道床;按照是否埋入分为"非埋入式"轨道结构与"埋入式"轨道结构(图 4-29)。碎石道床主要用于轨道敷设于道路之外的地面线和车场线上,环境要求等级较低;;整体道床主要用于正线,以提高线路的平顺性与乘客的舒适性。非埋入式轨道结构适用于高架线、地下、地面线等全封闭线路中,埋入式轨道结构主要用于沿道路走行的地面线上。

非埋入式轨道结构的构造同传统的大铁、地铁,而埋入式轨道结构在包含钢轨、扣件、轨枕、道岔、道床等主要构件的传统轨道结构的基础上,还增加了轨道包裹系统及适应城市景观要求的轨道铺装,并采取了满足地下管线安全保护的结构防护、杂散电流防护等技术措施。

1. 钢轨

钢轨质量直接影响到行车的安全性和平稳性。钢轨应表面平滑,为车轮提供连续、平顺和阻力最小的滚动面,同时能承受来自车轮的巨大竖向压力,并将以分散形式传给轨枕

(a)非埋入式　　　　　　　　　　　　　　(b)埋入式

图 4-29　非埋入式和埋入式轨道结构

及下部结构。此外,钢轨在承受横向力和纵向力作用下,应满足防止钢轨产生弯曲、扭转、爬行等变形及轨头产生塑性流动、磨损等要求。

国内常用轨型有 50 kg/m 钢轨、60 kg/m 钢轨、59R2 槽型轨和 60R2 槽型轨这四种。50 kg/m 钢轨通常适用于车辆基地中,供车辆空载通过。60 kg/m 钢轨相较 50 kg/m 钢轨,具有良好的动力响应特性和更好的稳定性,普遍适用于正线封闭线路中[图 4-30（a）],如长春轻轨。

当轻轨交通走行于地面时,为了提高运营安全性,防止车辆在行驶过程中发生脱轨,改善轨道与路面结构的衔接,以适应道路上机动车、非机动车、行人等其他交通方式的通行要求,正线上埋入式轨道结构的钢轨一般采用槽型轨,如图 4-30(b)所示。槽型轨实现了防脱护轨一体化,在减小钢轨磨耗的同时,简化轨道结构、加快施工速度。另外,槽型轨设有轮缘槽,可最大限度地实现绿化和铺面面积,取得更好的景观效果,如曼彻斯特轻轨。

(a)长春轻轨　　　　　　　　　　　　　　(b)曼彻斯特轻轨

图 4-30　60 kg/m 钢轨、槽型轨使用情况

2. 扣件

扣件是连接钢轨与轨枕或其他轨下基础的重要部件,其作用是保持钢轨在轨下基础

上的正确位置及钢轨与轨枕的可靠连接,以阻止钢轨的纵横向移动,并为轨道结构提供一定的弹性。因此,扣件不仅要具备足够的强度和扣压力,还应具有良好的弹性和一定的调整能力。

对于埋入式无砟轨道结构而言,由于后期维修困难,因此扣件系统除了满足上述功能外,还应具备长寿命、低成本、少维护、防腐蚀、绝缘好等特点,如此才能充分发挥扣件性能,又能达到经济合理的目的。

扣件系统虽由多种零部件组成,国内外所用扣件系统也不尽相同,但主要是由扣压件、垫板及锚固连接件等组成。

1) 按结构形式分类

扣件按结构形式分为分开式扣件和不分开式扣件两类,如图 4-31 所示。其中,分开式扣件通常为带垫板(或基板)的扣件,钢轨由扣压件紧固于垫板上,垫板再通过锚固螺栓与预先埋设于混凝土枕或整体道床的绝缘套管配合紧固于基础上。扣件系统形式灵活,零部件组成差异较大,系统静刚度跨度较大,常见的节点静刚度为 20~60 kN/mm,且分开式扣件容易实现对钢轨的高低左右调整,但零部件较多,维修更换工作量较大。

不分开式扣件为由扣件直接将钢轨连接于混凝土枕或整体道床上,其零部件少、造价低、整体系统刚度较大,一般在 50 kN/mm 以上,钢轨调整较复杂,一旦安装,调整空间有限。

(a) 弹条分开式扣件

(b) 不分开式扣件

图 4-31 分开式扣件和不分开式扣件

2) 按扣压件类型分类

按扣压件类型主要分为刚性扣压件和弹性扣压件。刚性扣压件主要为扣板,如图 4-31(b);弹性扣压件主要为弹条式[图 4-31(a)]和弹片式。

刚性扣压件的缺点是扣压力衰减大、变形协调性差、扣压件易松弛和不耐疲劳等,故我国铁路、轨道交通均已不再使用刚性扣压件,但国外部分低速轻轨线路中仍有采用扣板式扣件的。

就扣压件的弹性作用而言,弹片式扣压件仅能利用其弯曲应变,但其形状比较简单,而弹条式扣压件,既可利用其弯曲应变,又可利用其扭曲应变,材料利用效率较高。因此,就弹簧特性而言,弹条式扣压件更为有利,但其线性变化较大,且弹簧形状复杂。根据各国国情,日本、法国、澳大利亚习惯使用弹片式扣压件,而中国、德国、英国则多用弹条式扣压件。

3)按扣压件紧固方式分类

按扣压件紧固方式分为有螺栓式和无螺栓式两类。

(1) 有螺栓式

便于轨道高低调整,扣压力衰减后可复拧螺栓恢复扣压力,但零部件多,养护维修工作量相对较大。

(2) 无螺栓式

零部件少,扣压力稳固,无须复拧螺栓作业,但锚配件损伤时更换困难,扣压力损失时,无法调整扣压力。

4)按垫板形式分类

按垫板形式分为带铁垫板扣件和带基板扣件两类,如图 4-32 所示。其中,铁垫板的主要功能在于固定扣件系统,保护弹性调高垫板,并兼作结合锚固螺栓固定混凝土轨下基础之用。铁垫板的厚度应能保证提供足够的抗弯强度,以防断裂。但在埋入式轨道结构中,铁垫板易大面积接触土壤环境,需重视其防腐处理,否则极易产生腐蚀。带铁垫板扣件主要运用于非埋入式轨道结构中,铁垫板一旦锈蚀,就必须进行更换。

图 4-32 带铁垫板扣件和带基板扣件

基板是一种以非金属材料(如塑料、尼龙、高分子材料等)制成的垫板,因此其具有质量轻、绝缘好、耐腐蚀的特点,且采用弹性基材制作时,还具备良好的缓冲与减振效果,在埋入式轨道结构中普遍采用。对于带基板类扣件,应重视基板的寿命、抗冲击能力与耐腐蚀绝缘性能。

3. 轨道道床

道床是轨道的重要组成部分,是轨道框架的基础。道床通常指的是铁路轨枕下面,路基面上铺设的道砟或无砟垫层。其主要作用是支撑轨枕,把轨枕上部的巨大压力均匀地传递给路基面,并固定轨枕的位置,阻止轨枕纵向或横向移动,大大减少了路基变形的同时,还缓和了机车车辆轮对对于钢轨的冲击,且便于排水。

道床一般有两种类型:整体道床和碎石道床。

碎石道床的优点是结构简单、减振、降噪性能较好、造价低等,但缺点是轨道几何形位不易保证,需要经常养护维修,且碎石易风化、飞溅,会对环境产生一定的不利影响。因此,碎石道床普遍用于车场线,当用于正线时,一般在经济性轻轨交通中采用,线路基本处于封闭状态,以减小对社会道路的影响,如香港轻铁(图 4-33)、长春轻轨(图 4-34)。

图 4-33　香港轻铁

图 4-34　长春轻轨

整体道床是指采用混凝土、沥青混合料等整体基础取代散粒碎石道床的轨道结构。整体道床通过自身稳定性较好的混凝土或沥青来传递行车时的动、静荷载,如图 4-35 所示。整体道床避免了道砟飞溅,平顺性好,稳定性好,使用寿命长,耐久性好,维修工作量少,且有利于混行路面及平交道口路面的稳定,无论何种敷设方式均具有普适性,因而在新建线路中被大量使用。

图 4-35　西雅图轻轨高架线

市区采用整体道床以提高线路的平顺性,提升景观融合性,减小养护工作量;郊区采用碎石道床以提高经济性,这也是切实有效的做法,如卡尔斯鲁厄市区与市郊采用不同的道床形式,见图 4-36。

图 4-36　卡尔斯鲁厄市区与市郊不同道床类型

轻轨线路走行于城市道路中,对于交叉口等混合路权地段,轨顶面与路面齐平,轨道铺装同道路形式,大多采用沥青混凝土、水泥混凝土等,如图4-37、图4-38所示,沿线可根据景观设计需求与城市街道建筑相融的方针,采取不同的铺装形式(如绿化铺装、砌块铺装、鹅卵石铺装等),从而有助于提升沿线综合景观,增加城市融合感。

图4-37　曼彻斯特地面线　　　　　　　图4-38　法国里昂机场快线

4. 轨道包裹系统

轨道包裹系统(柔性材料)是埋入式轨道结构的重要组成部分,也是特有的组成部分,具有密封阻水、绝缘、防腐等作用,并可适当降低车辆运行过程中引起的振动和噪声,以提高乘客的舒适性。其在绿化铺装(图4-39)与沥青等硬质路面铺装(图4-40)地段均有良好的适应性与效果。

图4-39　轨道包裹系统绿化段铺设实景图　　图4-40　轨道包裹系统沥青混凝土铺装段实景图

4.4.3　道岔

轻轨车辆从一股轨道转向或越过另一股轨道的设备,称为道岔。道岔有三种基本形式:线路连接、线路交叉、线路连接与交叉。常见的线路连接形式有普通的单开道岔、双开道岔、三开道岔等。线路交叉形式有直角交叉及菱形交叉。连接与交叉形式有交分道岔及各种交叉渡线、梯形道岔等。通过灵活应用这些道岔,可以把不同位置和方向的轨道相互连接。

由于轻轨交通在市区内运行,故常会遇到小半径曲线,而且中间站通常也不设配线。在设有渡线和折返线的车站,必须通过设置道岔来实现车辆的转线;在车场内,股道则通过道岔逐级与走行线连接。由于车辆运行条件的规定,其最小通行半径为25 m,考虑运行速度及节约用地的要求,在不同场合应选用不同的辙叉号数和道岔结构。

1. 道岔号数与类型

道岔号数的选用主要根据道岔的直、侧向容许通过速度来确定。正线道岔直向通过速度一般为正线的最高设计时速。道岔的侧向通过速度受道岔号数、导曲线半径、尖轨冲角、道岔结构等条件限制。轻轨正线和配线上的道岔一般采用不小于6号的系列道岔,直向允许通过速度不应低于正线最高设计速度,侧向允许通过速度不宜低于20 km/h。车辆基地内的道岔一般采用3号、4号、5号系列道岔或梯形组合道岔,以尽量减少车辆基地的用地规模。

轻轨交通走行道路中,由于布置紧凑,线路相交,于是就会产生几种特殊道岔。

1) 全曲线道岔

交叉口转弯等地段,受道路场地制约及线路条件影响,道岔可采用全曲线布置形式,即尖轨、过渡轨、辙叉采用同一半径曲线。该种道岔布置形式相对于常规道岔而言,可使道岔全长缩短、减小占地,由于线路布置灵活,因而运用越来越普遍。根据道路宽度及线路走向,常见的有R60,R50,R45,R40,R35等全曲线道岔,如图4-41所示。

图4-41　R50全曲线道岔

2) 菱形交叉

当轻轨线路采用地面线时,线路间一般采用平交的方式,两线相交时的道岔结构称之为交叉,大量交叉与普通道岔的联合使用是实现网络化运营的基础。

交叉是指两条轨道在同一平面上相互交叉的设备,主要有垂直交叉和菱形交叉(图4-42),交叉由四副辙叉和连接钢轨组成。交叉在应用中主要分为两种:一是交叉渡线中有一组菱形交叉;二是两条或两条以上不同线路的平面交叉。

3) 梯形组合道岔

梯形组合道岔是将一直股钢轨和多个曲股钢轨相结合的道岔,因其排列形状类似梯子或梳子,故统称为梯形道岔或梳

图4-42　菱形交叉

子形道岔,如图 4-43 所示。梯形组合道岔因其可以在短距离内将车辆引导至各股道上,且具有占地少等优点,故在车辆基地中被普遍使用。

2. 深浅槽设计

常规号数的道岔一般采用深槽设计,车轮以其踏面接触钢轨踏面来通过辙叉,具备较好的平顺性与通过速度。但当采用全曲线道岔、菱形交叉、梯形组合道岔等特殊道岔时,存在交叉角度过大的问题。车轮在脱离心轨后,将首先落入轮缘槽,然后再冲上翼轨(或心轨),即出现"轨线中断"的现象。此时,需要将交叉范围内的轮缘槽深度改为浅槽,车轮以其轮缘接触钢轨轮缘槽通过辙叉,

图 4-43 梯形组合道岔

以保证列车运行的平顺性及安全性。浅槽设计对列车过岔速度有较大限制,一般不超过 15 km/h。

根据线路实际交角情况,并结合车轮廓形、轮轨关系、过岔速度,合理选取深、浅槽方案,如图 4-44 所示。当采用浅槽方案时,还必须注意进行相应的槽深过渡设计和槽深安全计算。

(a) 浅槽

(b) 深槽

图 4-44 深槽、浅槽菱形交叉

3. 转辙机接口

道岔的锁闭一般有内锁闭(图 4-45)和外锁闭(图 4-46)两种方式,非埋入式道岔转辙机一般设于股道外侧。针对埋入式轨道,道岔采取将转辙机埋设安装于两股钢轨之间的方式,以减少对道外空间的占用,并加强对转辙机的保护。

图 4-45 内锁闭

图 4-46 外锁闭

4.4.4 减振降噪

轨道工程应本着"以人为本"的设计理念,针对不同的敏感地段,采取相应的减振降噪措施,以保证沿线敏感目标的噪声和振动满足相关规定的要求。根据振动超标情况及目前的轨道减振技术水平,分为一般性、中等、高等、特殊减振这四级减振措施。

1. 一般性减振措施

(1) 采用槽型轨或 60 kg/m 钢轨,钢轨理论重量在 60 kg/m 左右,有利于降低轮轨冲击,减少振动和噪声。

(2) 采用无缝线路,尽量消除钢轨接头,减少轮轨间的冲击,从而起到减振作用。

(3) 铺设弹性扣件,有利于振动衰减,从而降低振动和噪声。

(4) 制定并执行严格的施工技术标准,确保轨道结构品质优良。

(5) 严格控制轨道设备如扣件、道岔等的制造公差,为铺设高质量的轨道系统打下基础。

(6) 对轨顶的不平处进行打磨,使轨面平顺,轮轨接触良好,从而减少振动和噪声。

(7) 小半径曲线地段安装涂油器,不仅可减少钢轨侧面磨耗,也可减少由摩擦和不均匀磨耗引起的轮轨振动与噪声。

(8) 轨道设计为埋入式结构,钢轨采用轨道包裹系统,道床面进行绿化和沥青等铺装,从而可减振降噪 3~5 dB。

2. 中等减振措施

中等减振措施主要通过减小扣件及轨枕刚度来达到减振 5~10 dB 的目的。常用的措施包括压缩型减振扣件、剪切型减振扣件、弹性短(长)轨枕等,如图 4-47 和图 4-48 所示。

图 4-47 压缩型减振扣件

图 4-48 弹性短轨枕

3. 高等减振措施

高等减振措施主要通过减小扣件及轨枕刚度、减小道床刚度、隔离轨道结构等方式实现，减振效果在 10 dB 以上。常用的措施包括先锋扣件、梯形轨枕、隔离式减振垫道床、中量级钢弹簧浮置板、嵌入式轨道结构（连续支撑式轨道结构）等，如图 4-49 和图 4-50 所示。

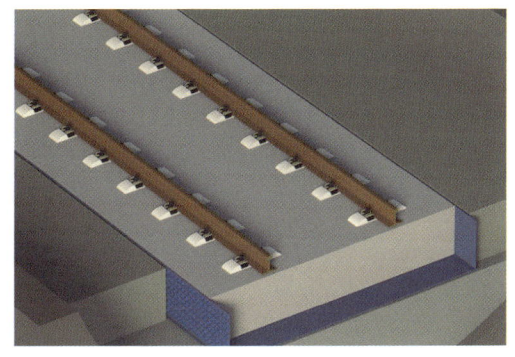 

图 4-49　隔离式减振垫道床　　　　　　图 4-50　嵌入式轨道结构

4. 特殊减振措施

特殊减振措施一般为钢弹簧浮置板整体道床（图 4-51）或橡胶弹簧浮置板道床，这种道床结构是将轨道固定在钢筋混凝土质量平台上，平台再放在由柔性弹簧组成的隔振器上。减振效果在 15 dB 以上，同时可有效消除固体声，且施工简单，精度易保证。

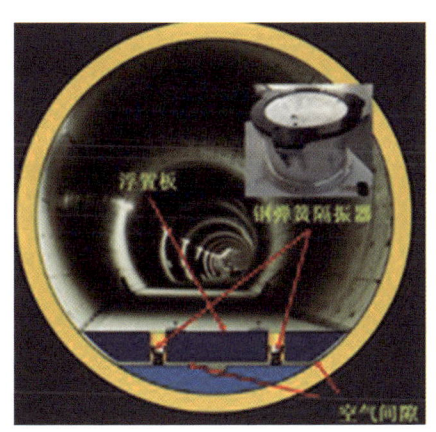 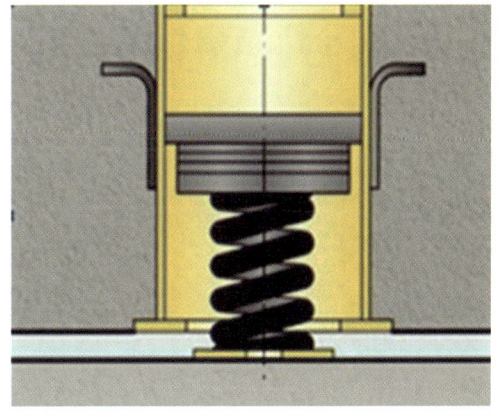

图 4-51　钢弹簧浮置板整体道床

4.4.5　车挡

车挡是一种安装在线路尽头为了阻止车辆因意外情况而越出线路终端的安全设施。

当线路位于封闭性线路终端时，一般采用滑移式车挡或液压缓冲滑移式车挡

图 4-52　液压缓冲滑移式车挡

(图 4-52)，该类车挡的允许撞击速度较大，最大撞击速度为 15～25 km/h，但其体积较大，且占用一定的线路长度，一般占用线路长度为 15～25 m。当线路旅行速度较快时，采用滑移式车挡可保障较高的撞击速度，从而提高线路的安全性。当用于地面线时，须注意结合周边景观综合设计，如线路起终点若位于道路绿化带中时，可利用绿化带设置液压式车挡，在对道路不增加负面影响的同时，又保证了线路的安全性。

当线路终端位于道路地面上，且旅行速度较慢时，线路终端的安全措施设置方式可结合社会交通、起终点位置等综合考虑，灵活布置。常规的方式有采取线路起终点延长或者设置车挡，但必须设置停车警示牌。此时，采用的车挡多为小型车挡，包括滑动升降式挡车器等滑动式车挡、隐形车挡、内摩擦车挡等固定式车挡，如图 4-53 所示，以降低对周围环境的影响，增加与道路景观的融合。滑动式车挡允许的撞击速度为 5～10 km/h。固定式车挡占用线路长度短，对社会车辆的影响最小，但是允许撞击速度也小，一般不超过 5 km/h。

(a) 滑动升降式挡车器

(b) 隐形车挡

图 4-53　小型车挡

第5章 机电工程

5.1 供电系统

5.1.1 技术标准

（1）供电应安全、可靠、节能、环保和经济适用。

（2）轻轨外部电源设计应符合城市轨道交通线网规划、城市电网现状及规划以及城市规划来进行设计，可采用集中式供电、分散式供电或混合式供电。

（3）轻轨列车牵引用电负荷应为一级负荷；动力照明等用电负荷应按供电可靠性要求及失电影响程度分为一级负荷、二级负荷和三级负荷。

（4）中压网络的电压等级可采用35 kV、20 kV 和10 kV。对于分散式供电方案，中压网络的电压等级应与城市电网相一致；对于集中式供电方案，中压网络的电压等级应根据用电容量、供电距离、城市电网现状及规划等因素，经技术经济综合比较来确定；对于延伸线，中压网络的电压等级宜与原线路相一致。

（5）牵引网的电压等级可分为直流750 V 和直流1 500 V，牵引网馈电形式可分为接触轨和架空接触网。牵引网制式应结合车辆受电要求、牵引负荷容量、列车运行最高速度、线网及城市特点等因素综合分析确定。

（6）牵引负荷应根据运营高峰小时行车密度、车辆编组、车辆类型及特性、线路资料等计算后确定的。牵引整流机组容量宜按远期负荷确定。

（7）牵引变电所宜设置两套牵引整流机组，当一套牵引整流机组退出运行时，另一套牵引整流机组具备运行条件时宜继续运行。

（8）正常运行方式下，两相邻牵引变电所应对其同一供电分区采用双边供电方式。

5.1.2 外部电源

供电方案可分为集中式供电方案、分散式供电方案和混合式供电方案。

集中式供电方案：需要设置轻轨专用主变电所，从城市电网引入110 kV 或35 kV 高压电源，经降压至35 kV 或20 kV 或10 kV 后供轻轨系统使用。主变电所的分布需结合城市轻轨线网规划与城市电网建设规划统筹考虑。该种供电方式具有以下特点：中压供电网络系统形成独立体系，可根据工程特点选择合适的电压等级；牵引变电所和降压变电所均由专用供电系统提供电源，利于统一调度管理；电源电压等级高，供电可靠性高。

分散式供电方案：不设置轻轨专用主变电所，而是直接利用城市沿线电网的 35 kV 或 20 kV 或 10 kV 变电所为轻轨系统供电。该种供电方式具有以下特点：供电电源点多，供电可靠性高；供电系统的技术管理难度低；变电所运营管理费用低。

混合式供电方案：不设置轻轨专用主变电所，从城市沿线电网引入 35 kV 或 20 kV 或 10 kV 电源，通过建设 35 kV 或 20 kV 或 10 kV 开闭所，将电源分配给轻轨供电系统使用。该种供电方式具有以下特点：中压供电网络系统形成独立体系；所有牵引变电所和降压变电所均由轻轨专用供电系统提供电源，利于变电所用电统一调度管理；可以减少外部电源数量。

5.1.3 变电所

牵引变电所在线路上的设置位置、数量和容量需根据远期高峰小时的行车密度、车辆编组、车辆型式及线路情况通过牵引供电计算后确定。结合工程的特点，进行优化选择，以满足供电技术要求和经济运行要求。图 5-1 为变电所实景。

1. 牵引变电所容量与主接线

牵引变电所的容量应满足远期高峰，当一座牵引变电所故障解列而由相邻牵引变电所越区供电的情况下，供电区间牵引网采用 DC 1 500 V 时，最低电压不低于 1 000 V。

图 5-1　变电所

整流机组容量满足《半导体变流器　通用要求和电网换相变流器　第 1-1 部分：基本要求规范》(GB/T 3859.1—2013)中Ⅵ级负荷工作制等级的要求，即：100% 额定输出，连续；150% 额定输出为 2 h；300% 额定输出为 1 min。

整流机组直流侧装设电动隔离开关，整流机组和整流变压器由交流侧断路器保护，直流馈出设置直流快速断路器。牵引变电所的布点方案是整个供电系统方案确定的基础之一。其是否合理不仅决定了牵引供电系统的技术性能和投资合理性，也直接影响到土建投资和运营成本。

牵引变电所布点方案根据工程分期实施的特点、牵引供电制式、车辆特性、线路条件、车站及车场位置、运行组织、运营要求，通过牵引供电仿真模拟后确定。

2. 降压变电所运行方式及变压器容量选择

降压变电所内一般设置两台 0.4 kV 的降压变压器。正常运行时，变电所由两回进线同时供电，0.4 kV 母联开关断开，两台变压器分列运行，负责全所供电范围内的动力照明负荷供电。当一路电源故障或一台变压器退出运行时，自动切除三级负荷，0.4 kV 母线开关自动闭合，由另一路变压器负责全所供电范围内一、二级负荷的供电。

变压器容量选择应满足：正常工况下，每台变压器负荷率≤70%；事故工况下，每台变压器负荷率≤100%。

每段 0.4 kV 母线均设带电抗器的无动补偿装置和有源滤波装置。

各车站的照明、动力、空调及区间的动力照明均由车站降压变电所供电。每座车站设一座降压变电所，应结合不同车站的特点进行布置。当一个车站既有牵引变电所，又有降压变电所时，为了节约设备和投资应合建混合变电所。

5.1.4 牵引网设计原则

接触网授电系统与接触轨授电系统的牵引网设计应满足下列原则：

（1）牵引网应满足运营初期、近期、远期的行车要求，具备安全、可靠、稳定的性能，并能与后续线路接触网良好衔接。

（2）牵引网应能持续地向列车提供电能，并具有良好的弓网关系，满足正线列车运行最高速度的要求。

（3）接触网悬挂结构应力求简单，便于施工及运营维护，尽量减少对隧道净空的要求。

（4）牵引网除了与列车有相互作用的设备外，其他牵引网设备在任何情况下不得侵入设备限界，以确保行车安全。

（5）正常运行时，正线牵引网采用双边供电方式，车辆段牵引网采用单边供电方式。

（6）牵引网载流总截面应满足供电区段系统规模运营高峰小时最大持续载流量的要求。

（7）牵引网设备及器材应具有技术先进、经济合理、耐腐蚀性好、寿命长、少维修等特点，其关键受力件采用强度高、性能好的模锻或精密铸造有色金属零件。

（8）在满足技术要求和经济性的前提下，应充分考虑与城市景观的协调。

1. 架空接触网

DC 1 500 V 架空接触网具有较高的工程技术经济性、技术成熟、安全性高等优点，在轨道交通领域得到了比较广泛的应用，如图 5-2 所示。架空接触网在隧道内有柔性接触网和刚性接触网两种类型，在地面及高架线路常采用柔性架空接触网。柔性接触网需要保持平顺，故必须施加较大张力和进行张力补偿，在隧道内，则需增加开挖下锚断面，会给隧道施工带来很大的困难，且增加隧道造价；在地面及高架线

图 5-2 架空接触网

路上，柔性接触网易受强风、雷电的影响，对城市景观影响也较大，且存在断线危险，故可靠性较低。柔性接触网结构复杂、零件种类繁多，施工、维修难度较大，需要配置接触网维修作业车、接触网架线车、接触网检测车等各种车辆，维修费用也较高。但也是由于接触

网采用架空安装,在区间事故情况下,疏散乘客会比较安全;地面设施检修维护时,人身安全保障度高。

隧道内的刚性悬挂,由于结构简单、无须施加张力,故不存在张力补偿需要隧道开挖扩大断面的问题,也就免除了接触线断线之虞,因此被普遍采用。DC 1 500 V 架空接触网已成为轨道交通供电系统接触网的主流。一般新建轨道交通多选用架空接触网,隧道内采用刚性悬挂,在地面段及高架区间一般采用柔性接触网。

2. 接触轨

接触轨安装在走行轨旁,一般采用 DC750V 电压供电,具有安装简单、维护量少、使用寿命长,高架和地面区段不易遭受强风和雷电影响,对城市景观无影响等优点,如图 5-3 所示,但是由于电压较低,不利于远距离供电。另外,由于距变电所的距离较近,接触轨数量较多,接触轨及供电系统综合造价高;安装位置在轨面附近,人员安全性较低。综上所述,接触轨整体结构简单,对景观基本无影响。这使之在北京、天津、武汉、昆明、上海、青岛等城市的地铁线路中均有采用。

图 5-3 接触轨

接触轨供电方式结构简单,工作状态稳定,事故率低,故障抢修时间短,维护检修方便,使用期长,可靠性高,对城市景观无影响。需要注意的是,接触轨需安装保护罩,在发生区间停车事故需要进行乘客疏散的情况下,要求对接触轨先行停电;在线路其他设施抢修或检修维护时,也要先对接触轨停电。采用接触轨的线路要求全面封闭,在车辆段内,工作人员要特别注意防止碰触接触轨和车辆集电靴。同时,在部分封闭路权的线路条件下,接触轨会造成机动车通行阻碍。

5.1.5 动力照明

动力与照明设备的供电负荷分级和供电方式、低压配电系统的接地方式和配电线路的保护应符合国家现行相关标准的有关规定,并应选用高效节能、环保的电气产品和设备。配电系统的主干线路,应选用电缆或密集性封闭母线等阻抗较小的配电线路。照明设计应符合《城市轨道交通照明》(GB/T 16275—2008)及《建筑照明设计标准》(GB 50034—2013)的规定。

1. 用电负荷供电原则

动力照明负荷根据其用途和负荷特点可以分为三级。

(1) 一级负荷供电方式:由变电所一、二级负荷母线提供两回电源至用电设备,在负荷末端自动切换。对于一级负荷中特别重要的负荷,通过设备自带的不间断电源(Uninterruptible Power Supply, UPS)或集中配置的不间断电源(Emergency Power

Supply，EPS)保证供电。

（2）二级负荷供电方式：正常供电由变电所一、二级负荷母线提供一回电源至用电设备，事故情况下通过变电所母联开关的投切来保证供电。

（3）三级负荷不属于一、二级负荷且停电后不影响轨道交通正常运行的负荷。供电方式：正常供电时由变电所 0.4 kV 三级负荷母线提供电源，当变电所只有一路电源或有一台配电变压器退出运行时，为了运营部门今后根据系统负荷情况提供可选择的手段，三级负荷应按自动、手动两种方式切除，各三级负荷配电回路应配置远程操作功能。

2. 动力、照明设计

动力照明系统采用 380 V/220 V 配电，接地保护采用 TN-S 系统。

车站照明的设置应满足功能要求，同时考虑节能、维修方便及建筑装饰的要求，车站正常照明和广告照明宜采用 LED 光源，照明灯功率因数不宜低于 0.9 光源。

车站公共区照明来自降压变电所两段不同母排交叉供电，每回路各承担 50% 的照明。针对两路电源同时失电的情况，在车站设置应急照明。

应急照明和疏散指示采用 EPS 电源箱供电，EPS 由蓄电池提供应急电源，平时处于浮充状态，输出为 AC 220 V。EPS 电源持续工作时间为市电全部失压后蓄电池持续放电时间。

5.1.6 电力监控

电力监控(Supervisory Control And Data Acquisition，SCADA)系统由设置在控制中心的电力调度主站、设置在各变电所内的监控设备（变电所综合自动化系统）和通道三部分组成。电力监控系统具有运行监视、远程控制、信息显示及查询、数据及统计报表管理、模拟培训等功能。

1. 系统设计原则

（1）正线牵引降压混合变电所、降压变电所、车辆基地及停车场混合变电所均按远期无人值守进行设计，预留初期、近期有人值班的条件。

（2）变电所综合自动化系统的管理、控制模式及系统设备布置方式结合系统的可靠性及运营管理的方便性进行设计。

（3）所内通信采用现场工业总线网、以太网，网络选型及网络拓扑结构及传输介质的选择都要充分考虑现场恶劣的工作环境，选用可靠性高、抗干扰能力强、便于现场维护的网络形式。

（4）变电所综合自动化系统所有通信协议均采用通用的开放协议。

（5）各级监控网络及系统设备满足电磁兼容的各项标准和要求。

（6）变电所综合自动化系统设备选型应立足于国产设备。系统应满足可靠性、可维护性和可扩展性的要求，并具有故障诊断、在线修改等功能。

2. 系统功能要求

（1）运行监视，显示系统宏观整体运行状况，并动态显示变电所开关位置及供电系统网络、主接线、牵引网带电状态,具有声光报警等功能。

(2) 远程控制,包括遥控、遥信、遥测、遥调等功能。

(3) 信息显示及查询,包括用户画面显示、信息查询及事故回放分析等。

(4) 数据及统计报表管理,可接受并处理所有由子站监控单元经传输通道传送上来的数据信息,可生成所需的各种报表,并能将数据存储到系统数据库中。

(5) 模拟培训,为培训人员提供模拟电力系统真实运行情况的操作平台,给出在正常运行、操作、事故状态下各种情况的模拟操作培训功能,且对系统的实际运行不产生任何影响。

5.1.7 杂散电流防护

在牵引供电系统中,钢轨为回流线。在轻轨运行时,牵引电流并非全部由钢轨回流至牵引变电所,有一部分由钢轨散流进入大地,再由大地回流到牵引变电所。杂散电流会与地下金属管道、通讯电缆外皮、建筑结构中的钢筋发生电化学腐蚀作用,降低钢筋混凝土主体结构的强度和耐久性,影响建筑结构及地下管线的使用寿命,甚至酿成灾难性的事故。因此,必须对杂散电流采取有效的防护措施。

杂散电流防护可以按照"以堵为主,以排为辅,堵排结合,加强监测"的原则,采取堵、排相结合的方法。采取隔离措施,以控制所有可能的杂散电流泄漏途径,减少杂散电流进入地下金属管线及其他的相关设施;通过杂散电流的收集及排流系统,提供杂散电流返回牵引变电所的金属通路,以限制杂散电流继续向轻轨系统以外泄漏,减少杂散电流对金属管线及金属构件的腐蚀;设置杂散电流监测系统,监视、测量杂散电流的大小,为运营维护提供依据。

为了保证人员的安全及设备的安全可靠运行,需要建立综合接地系统。接地系统须满足变电所、各类通信、信号、计算机等弱电设备、车站设备、接触网系统等设备的工作接地和防雷接地要求。

5.2 通信

通信系统由专用通信系统、民用通信系统和公安通信系统三部分组成。由于轻轨一般采用地面或高架线路,公安通信系统及民用通信系统已有覆盖,因此不考虑单独设置,如需单独设置,则参考地铁设计规范中的相关规定。本节主要描述专用通信系统相关设计规定。

5.2.1 设计原则与技术标准

(1) 在轻轨正常运营时,通信系统是保证列车安全高效运营和为乘客提供高质量的出行服务的重要手段。在异常情况下,通信系统能迅速转变为供防灾救援和事故处理的指挥通信系统。

(2) 通信系统宜根据轻轨交通路权方式、速度等级的不同进行差异化设计,体现高性价比。对于采用全封闭式的轻轨交通,通信系统设计应符合《地铁设计规范》(GB 50157—2013)的相关规定。

(3) 通信系统不仅应满足新建线缆运营和管理的需求,还应与已建线路通信系统实现必要的互联互通,并应为今后其他线路的接入预留条件。

(4) 通信系统设计应充分考虑当地人文、地理、气候等特点,以及当地城市轨交通信系统的建设情况。

(5) 通信系统应考虑建立系统的安全机制。从网络结构、系统规模及架构、软硬件配置、权限管理、对非法用户或计算机病毒入侵的抵御能力、接口等多方面保证系统的安全性及可靠性。

(6) 通信系统设备应适应当地的应用环境,采用体积小、重量轻、能耗低、防雷击、防尘、防锈、防震、防潮、防霉的设备和材料,区间内设备不得侵入限界。

(7) 通信系统应适应城轨云与大数据平台体系的建设和应用。

5.2.2 系统功能与构成

专用通信系统一般由传输、公务电话、专用电话、无线通信、视频监视、广播、时钟、办公自动化、乘客信息、集中告警、电源系统及接地等子系统组成。

1. 传输系统

1) 系统功能

传输系统为专用通信各子系统、信号系统和自动售检票系统等提供可靠、灵活的通道,以保证能迅速、准确、可靠地传送轨道交通运营和管理所需的各种信息。系统应具备完善的网络自愈特性,且具有备份保护及故障切换功能。

(1) 根据通信各子系统及相关专业的要求,专用传输系统承载的主要系统的类型及接口要求如表 5-1 所列,轨道交通专用传输系统承载的业务主要包括 TDM 和 IP 两类业务,随着语音、视频等业务的 IP 化,数据业务的大量增加,专用通信传输网络的主要业务逐渐由传统的 TDM 业务向宽带以太网数据业务转变。

表 5-1 主要系统接口表

序号	系统名称	种类	接口类型	信道类型
1	专用电话系统	TDM 或数据	E1 或 FE	点对点
2	公务电话系统	数据	FE	总线
3	无线通信系统	TDM	E1	点对点
		数据	FE	总线
4	视频监视系统	数据	GE	总线
5	广播系统	数据	FE	总线
6	乘客信息系统	数据	GE	总线

(续表)

序号	系统名称	种类	接口类型	信道类型
7	时钟系统	数据	FE	总线
8	办公自动化系统	数据	GE	总线
9	集中告警系统	数据	FE	总线
10	电源系统	数据	FE	总线
11	信号系统	数据	FE	总线
12	自动售检票系统	数据	FE	总线
13	预留	TDM	E1	点对点
14	预留	数据	FE	总线

注：① E1：欧洲的 30 路脉码调制 PCM 简称 E1 速率是 2.048 Mbit/s。
② FE：又称为 FE 端口，是 Fast Ethernet 的缩写，即快速以太网，是目前主流 100 M 网络的称呼，也是通常说的百兆网，有光纤、也有普通线缆接口。
③ GE：指的是 Gigabit Ethernet 千兆以太网接口，带有 GE 标记的接口，说明是 1 000 M 以太网网络接口。

（2）通信网的各节点可提供点对点直通式、一点对多点共用式及总线式等信道形式。

（3）传输子系统与架设在线路两侧的光缆组成环路网络。当环路中的传输设备发生故障或光缆断路时，传输环路应能自动脱离故障设备或光缆，并组成新的环路以继续工作，同时发出故障报警信息。

（4）系统具有集中维护管理的功能，采用简明、直观的维护管理界面和系统安全机制，传输子系统通过本地管理接口和控制中心维护管理终端可方便地对节点、传输通道进行配置和管理，以监视每个传输节点主要模块和用户接口模块的工作状态，并可提供声光报警功能和告警信号数据输出。

（5）系统具有可扩展性，并能平滑升级。

2）系统构成

轻轨交通传输系统中所传输的信息大多是与行车调度、运营管理密切相关的信息。目前，在轨道交通通信传输网中采用的传输设备有 OTN、增强型 MSTP、工业以太网等几种制式和技术的设备。另外，随着通信技术的飞速发展，如 ASON 等作为大型数据网络的解决方案也已被广泛应用。而 PTN 作为新一代基于分组的、面向连接的多业务统一传送技术，也值得关注。

目前，采用全封闭线路的轻轨交通一般主要采用增强型 MSTP 方案（MSTP＋），主要由各车站、车辆段、控制中心的增强型 MSTP 设备以及在控制中心设置的网络维护管理设备组成。

采用半封闭式的轻轨交通一般采用工业以太网的方式组网，主要由各车站、车辆段、控制中心的工业交换机以及在控制中心设置的网络维护管理设备组成。

2. 公务电话系统

1）系统功能

（1）完成本线交换网内部用户间的呼叫及其与公用网、本市相邻轨道交通公务网用户间的出入呼叫。

（2）能接入轨道交通的无线交换设备。

（3）具有识别用户数据、用户传真等非话业务的功能，并确保非话业务不被其他业务中断。

（4）具有系统和用户数据管理、线路维护测试、硬件和软件故障诊断、故障显示告警、话务统计、集中网管等功能。

（5）可根据用户需求实现统一的通信功能，如一号通、网络会议、文档共享、移动办公、电话会议、统一邮箱、视频会议集成等增值功能。

2）系统构成

公务电话系统设备的技术目前有两种：数字程控交换技术和软交换技术。

前期建设的国内轨道交通电话系统主要采用程控交换技术，设备主要以数字程控交换机为主，PABX 交换网络设备功能少、带宽窄、网络的专用卡板和接口繁多，但是它的技术成熟、性能稳定、可靠性强。

软交换技术是基于宽窄带统一的 IP 分组网络，可实现网络化运营管理和信息化服务，能够更好地服务于城市轨道交通。目前，新建的轨道交通公务电话系统一般采用软交换技术，系统由核心交换控制设备、媒体服务器、应用服务器、媒体网管、中继网管、接入网管、计费服务器、网管服务器、维护终端等设备组成。

3. 专用电话系统

1）系统功能

（1）控制中心各调度台的值班员能与各车站、停车场、车辆段的值班员直接通话。

（2）调度台可对单个用户、一组用户或全体用户分别进行单呼、组呼或全呼三种不同的操作，并且对通话进行自动录音。

（3）各调度台可以对分机间的通话进行监听、插话、强拆，并具有显示用户忙闲状态的功能。

（4）所有用户均可对调度台进行一般呼叫和紧急呼叫，在调度台上能显示呼出（呼入）分机的号码、呼叫类别，紧急呼叫应具有能引起调度员听觉、视觉注意的功能。

（5）系统具有维护管理、网络管理、故障告警等功能，能设定告警等级和报警方式。

2）系统构成

系统由调度电话、站间行车电话、站内电话、站场电话等部分组成，为列车运行调度指挥、设施维护等相关工作人员之间进行简捷联络提供有效、可靠、迅速的通信方式。

在控制中心设置一套专用电话调度主系统，在各车站、车辆段/停车场分别设置一套专用电话调度分系统。

专用电话系统可与公务电话系统合设。

4. 无线通信系统

1）系统功能

无线通信系统提供通话、呼叫、数据传送、辅助业务及网络管理功能。

(1) 呼叫功能

① 具有组呼、选呼、紧急呼叫、全呼和直通模式等呼叫功能。

② 具有多级优先、新进用户优先等优先呼叫功能。

③ 具有遇忙排队/自动回叫、自动重发、缩位拨号、状态呼叫、会议呼叫、呼叫限时、呼入呼出限制、来电显示和呼叫转移等呼叫功能。

(2) 通话功能

① 行车调度指挥中心列车调度员与运营中列车之间的通话。

② 车站值班员经调度员同意与运营中列车之间的通话。

③ 维修调度员与维修人员及其相互间的通话，环控调度员与防灾人员及其相互间的通话。

④ 车辆段/停车场值班员与车辆段/停车场内司机、移动人员及其相互间的通话。

⑤ 无线有权用户与有线用户的通话。

⑥ 车载台、手持台越区切换功能。

⑦ 数传功能。短数据业务（含车辆设备运行状态信息）。

⑧ 系统控制与管理功能。具有集中的网络管理功能，具有呼叫记录存储等功能。

⑨ 扩展扩容功能。系统主要部件冗余备份、系统采用模块化结构，具有扩容的能力，可以平稳地升级扩容。

(3) 降级模式功能

① 基站应支持单站集群工作模式。当基站和中心设备之间的线路连接出现故障时，基站将自动进入单站集群工作模式；一旦连接恢复正常，基站将自动返回系统正常集群模式。

② 移动用户可脱离集群系统网络，构成移动用户之间的脱网直通功能，此功能的应用仅限于手持电台。

(4) 虚拟专网功能（VPN）

多个用户群体可以共享一个数字集群系统网络，网络中所有的系统管理功能都可以合理地分配给每一个群体，以满足每个群体的需求。系统为各用户群体提供专用调度台，以组成虚拟专网。系统应支持多个虚拟专网，不同的虚拟专网之间具有高度的通信保密性和独立的控制权限，不会造成干扰和失密。虚拟专网的用户管理和系统的网络管理可由不同的设备分开实现。

(5) 系统管理功能

系统管理功能包括系统配置、用户管理、安全管理、移动台遥毙/激活、统计报告、故障管理和自诊断功能。

2)系统构成

现阶段采用全封闭路权的轻轨交通专用无线通信一般采用自建 TETRA 或 LTE 的方式。TETRA 技术主要以语音调度为主,不仅能够提供丰富的多群组的调度功能,而且还可以提供短消息信息服务、分组数据服务及数字化全双工移动电话服务。LTE 为 4G 通信技术,采用 OFDM 调制方式和 MIMO 技术,具有较大的传输速率、较高的频谱利用率、高可靠性和高覆盖率,并支持视频图像的传输。无线通信系统结构如图 5-4 所示。

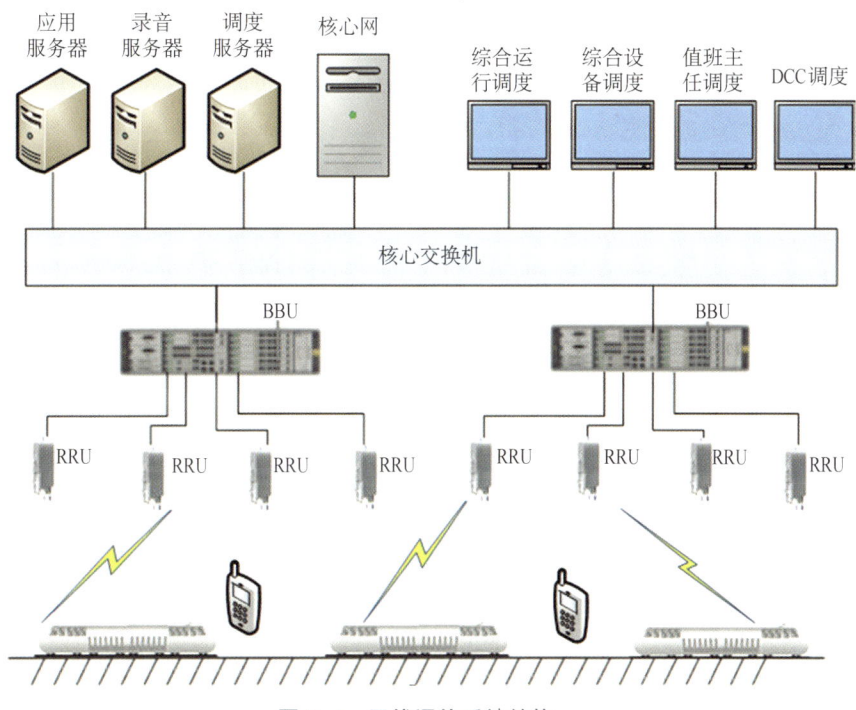

图 5-4 无线通信系统结构

半封闭路权的轻轨交通可根据项目实际情况选择适宜的系统制式:

(1) 在高速度等级的情况下采用自建方式;

(2) 在 70 km/h 速度等级,司机采用目视人工驾驶的情况下,经方案论证后可考虑采用租用运营商专网的方式来实现无线通信系统的功能。

系统由中心系统平台、固定调度台、手持台、基站和漏缆等组成。

同时,随着通信技术的发展,如 5G 等新兴技术在论证可行的前提下也可应用。

5. 视频监视系统

1) 系统功能

(1) 监视功能

① 控制中心调度员、车站值班员等通过监视器来监视本站站台、站厅、自动扶梯、出入口、列车和票务室等处的情况。

② 列车司机通过安装在站台上的监视器来监视旅客上下车的情况。

(2) 图像控制及选择功能

① 调度员能选择全线任一摄像机的图像在任一监视器上显示,图像显示方式既能用各种时序自动循环切换,也能操作人员手动切换,能进行单一画面和多画面的切换。

② 设置统一的控制权限管理服务器,能对各级操作员进行统一的优先权设置及控制管理,且能简单灵活地进行更改。

(3) 存储/回放功能

① 各车站和控制中心设置数字网络实时存储设备,对本线所有摄像机摄取的视频信号进行实时不间断地录像,并具有动态录像功能;保存时间≥90 d,每天 24 h 计,具有自动覆盖最早的录像资料循环录制的功能。

② 调度员能根据时间、地点等信息对任何一路图像信号进行检索和查询。

(4) 火灾报警等系统联动功能

火灾发生时,视频监视系统能够根据综合监控系统提供的报警信息及火灾所在区域信息,在车控室等的显示终端上自动进行火灾区域图像的显示以及轮巡功能。

(5) 系统网络管理功能等。

2) 系统构成

视频监视系统由前端摄像机、视频网络交换机、视频控制服务器、存储设备、监视工作站等组成。

6. 广播系统

1) 系统功能

(1) 中心广播功能

控制中心调度员可通过控制平台实现全线选站、选区的人工广播或预置广播,可进行单选、组选或全选任意车站的广播区;可通过中心广播音源设备对车站进行语言直播、语音合成广播或播放 CD,并有多种广播模式。可根据需要选择监听任意车站的广播情况。

(2) 车站广播功能

① 行车值班员可以通过综合监控系统统一控制平台来实现对本站的选区广播。可进行单选、组选或全选本站的任意广播区进行多信源广播,包括背景音乐、话筒等。

② 可完成列车进站自动广播,即列车到站时自动打开对应广播区,进行自动广播。可预先设置紧急情况或特殊情况下的广播程序和内容,通过与综合监控系统的联动来进行广播。

(3) 车辆段/停车场广播功能

车辆段/停车场 DCC 行车值班员和停车库、检修库运转值班员等,可单选、组选或全选停车库、检修库等的任意广播区进行多信源广播。可根据需要选择监听任意广播区的广播情况。

(4) 维护管理功能。

(5) 优先级设置功能。

2) 系统构成

目前,轻轨交通一般采用数字广播组网,即采用全 IP 组网,控制信令、数据语音文件的编辑和更新可通过设在各个站点的计算机基于以太网联网来完成,其网络拓扑以及与传输系统的接口都较为简洁。人工实时语音信号通过模数转换后,以 IP 数据包的形式发送到指定车站的计算机,解码后播放,随着以太网技术的不断发展,通过 QoS 控制、业务带宽提高等技术手段极大地改善了实时语音信号的传输质量。前端设备可选用数字扬声器或者模拟扬声器。

控制中心广播子系统设中心系统控制设备、调度员话筒等。

车站广播系统由信源、备用广播控制盒、网络音频播放器、接口控制器、音量回授控制设备、功率放大器及扬声器等组成。

车辆段/停车场广播系统由信源、广播控制盒、网络音频播放器、接口控制器、功率放大器及扬声器等组成。

7. 时钟系统

1) 系统功能

(1) 一级母钟能接收外部标准时间信号来进行校准。当接收外部标准时间信号的装置出现故障时,一级母钟利用自身的高稳定度晶振产生的时间信号仍可驱动二级母钟正常工作,并向时钟子系统网管设备发出告警。

(2) 一级母钟能向列车自动监控系统(ATS)、综合监控系统及其他通信系统等发送年、月、日、时、分、秒等标准时间信号。

(3) 时钟系统具有网络集中监控管理功能。

(4) 二级母钟应能接收一级母钟的校时信号,并能够发送校时信号,以控制驱动所辖范围内的子钟。当一级母钟或传输通道出现故障时,二级母钟仍可驱动子钟正常工作,并向时钟子系统网管设备发出告警。

(5) 各车站、车辆段/停车场的子钟在本站、车辆段/停车场的二级母钟的控制驱动下,向工作人员及乘客直接显示标准时间信号:时、分、秒。当二级母钟出现故障时,子钟仍可正常自运行工作,并向时钟子系统网管设备发出告警。

(6) 系统设备的工作时间:24 h 不间断工作。

2) 系统构成

在控制中心设 GPS/北斗时钟源、主备母钟设备、监控设备和分路输出接口设备。

在各车站、车辆段/停车场设二级母钟、分路输出接口设备;在各车站的站厅、车站控制室、警务室、票务室、变电所、会议交接班室、站长室及其他与行车有关的处所,并在车辆段/停车场的运转值班室、值班员室、停车列检库、联合检修库等有关地点设置子钟。从节约投资及保持立面简洁美观的角度考虑,建议车站站台层时钟信息由乘客信息系统显示屏显示,不再重复设置子钟。

8. 办公自动化系统

1) 系统功能

通过构筑内部通信平台，整合整个企业的信息资源，强化信息资源共享，以实现企业业务流程的智能化，经营和管理的信息化，为企业管理提供实时、准确的决策支持，提高企业的工作效率和反应能力。办公自动化系统的主要功能包括以下内容：

(1) 日常办公。为办公人员提供所需的各种常用功能及日常办公环境。

(2) 协同合作功能。为运营各部门、人员之间提供办公协同处理能力。

(3) 设备维护与管理功能。通过建立设备台账来接收和传递与运营管理和生产维修有关的数据和信息，并实现相关信息的存档和打印功能。

(4) 企业资产管理（Enterprise Asset Management，EAM）功能。对资产生命周期的全过程进行管理，具备对所有资产的日常工作和管理情况的统一分析、关键指标分析和统计分析等功能。

(5) 企业资源计划（Enterprise Resource Planning，ERP）功能。包括多媒体信息功能、人事管理、文档管理、会议管理、费用管理和公文管理等。

(6) 系统管理功能。包括自诊断功能、用户组管理、权限类型管、管理员账号口令管、系统访问日志管理和公共信息维护管理等。

(7) 安全防范功能。在系统内设有防病毒和防火墙专用服务器，通过网络管理安全策略，对系统内的各工作站自动进行软件升级和安全防范，以保证系统内的信息安全。

2) 系统构成

办公自动化系统的建设根据所承担功能的情况，分为网络层和系统服务层。其中，网络层由控制中心设置的核心层交换机，车辆段/停车场设置的场段汇聚交换机，各车站、车辆段、停车场各楼栋楼层设置的入层以太网交换机，综合布线等组成。系统服务层由相应的软件、工具、应用服务器和数据存储、备份系统等组成。

9. 乘客信息系统

乘客信息系统（Passenger Information System，PIS）在正常情况下，可以提供乘车须知、服务时间、列车到发时间、列车时刻表、运营公告、政府公告、出行参考、股票信息、媒体新闻、赛事直播、广告等实时动态的多媒体信息；在火灾、阻塞及恐怖袭击等非正常情况下，提供动态紧急疏散提示。

1) 系统功能

(1) 控制中心系统功能

① 具有外部信息接收、信息媒体文件的存储和转发、信息的编辑处理和播出、计划的制订及发布控制等功能。

② 负责本线PIS公共信息的编辑、发布和播出。

③ 系统管理功能包括：用户管理、磁盘空间管理、日志管理和网络管理。

④ 从时钟系统接收标准时间信息。

⑤ 能接收有线电视信号，并具备向车站显示屏实时播放1路有线电视的能力。

⑥ 紧急事件发生时,通过发布工作站可以实现对显示屏播放内容的完全控制。

(2) 车站系统功能

① 具备从中心自动接收发布内容信息并存放在车站播放控制器的功能,由播放控制器进行解码后在显示终端上播放。

② 对接收失败的内容信息能够自动触发重新接收,对下发失败的内容能够自动重新下发。

③ 能发布紧急信息。

④ 能通过车站无线网络设备向列车传递实时信息。

⑤ 可对车站范围内的终端播出设备进行人为干预,满足中心到车站通信中断情况下的降级运行需要。

⑥ 具有交互查询功能,乘客可通过触摸屏查询资讯信息等。

(3) 车辆段/停车场系统功能

① 从中心自动接收发布内容信息,并集中存放在车辆段的服务器上。

② 通过无线宽带网络将需要发布的信息内容传送到停靠在车辆段内的车载设备上。

③ 对接收失败的内容信息能够自动触发重新接收,对传送失败的内容能够自动重新下发。

④ 对所有接收的内容具备完整的日志记录,包括接收百分比、接收状态、接收时间、未接收或者接收失败的记录。

(4) 车载系统功能

① 实时信息的接收、下载和播放。

② 经过无线网络,将控制中心发送的实时信息(包括视频、文字、图片)通过车载无线单元设备接收下载后,经播放控制器处理并沿着车载数据传输线路传至列车客室的 LCD 显示屏显示播放。

③ 车载子系统具有同一传送内容的断点续传功能。

(5) 网络子系统功能

① 有线网络功能。能实现数据的传送及网管等功能。

② 无线网络功能。能为车-地信息传输提供无线通道,将中心下发的播放列表和播放内容以及实时新闻下传至车载设备。车载设备的检测和设置状态可通过无线网络上传至中心。

2) 系统构成

(1) 在控制中心设交换机、视频编码器、播放控制器、媒体服务器和网管等设备。

(2) 封闭式线路在车站设置车站操作员工作站、车站 LCD 显示控制器及 LCD/LED 显示屏、多媒体查询机、接入交换机、无线 AP 接入设备、区间漏缆等设备,如图 5-5 所示。半封闭线路开放式车站一般仅设置车站 LCD 显示控制器及 LCD/LED 显示屏。

(3) 在列车上设置车载 LCD 显示控制器、视频分屏器、车载 LCD 显示屏、车载 AP、车载网络交换机等设备。

图 5-5 封闭式线路

10. 集中告警系统

1) 系统功能

(1) 提供良好用户界面,以图形方式显示网络拓扑,在网络拓扑图上实时、动态地显示被管网络及设备的运行状态。

(2) 告警信息采集功能。集中故障告警设备系统应对告警信息能进行如下实时采集。

① 网元告警:通过各通信系统的网管系统实时采集各通信系统网元设备的全部告警信息。

② 性能越限告警:通过各通信系统的网管系统实时采集各通信系统的性能超限告警。

③ 连接告警:可以查看并测试通信各子系统与集中故障告警设备的通信状态及工作状态。

(3) 告警信息过滤功能。系统可以控制告警接收条件,实现告警过滤功能,以提高工作效率。

(4) 告警查询与统计。

(5) 告警信息处理。系统可以根据告警源、告警级别、状态、类型、产生时间等条件对告警信息进行确认等。

(6) 系统安全管理功能。

(7) 集中故障告警设备应向综合监控系统输出各子系统的告警信息。

2) 系统构成

在控制中心设置通信系统的集中告警系统,系统由工作站、打印机、网络部件等组成,通过以太网与各子系统的网管服务器/监控终端连接。

11. 电源系统及接地

1) 系统功能

(1) 在外供交流电源正常的情况下,通信电源设备应能为通信系统设备提供高质量的电源供应,并具有输出短路保护功能。

(2) 在外供交流电源中断或发生超限波动的情况下,仍能保证通信系统在规定的时间内正常工作,等待外供交流电源恢复正常。

(3) 满足通信各其他子系统设备 AC 220 V 和 DC 48 V 的供电需求。为通信各其他子系统设备提供不间断、无瞬变的供电。

(4) 满足通信各其他子系统保护、工作的接地要求。

(5) 对电源系统设备进行集中监控和维护管理。

(6) 通信设备接地主要是保证通信设备不受强电的危险影响和电磁干扰,保证通信系统及人身安全,以提高通信系统的服务质量。

2) 系统构成

在控制中心、车辆段和各车站设 UPS 电源设备、电源屏、蓄电池等。在控制中心设电源网管设备,以负责管理全线各站点电源设备。

由供电专业负责在通信机房及电源设备室内设置地线盘,接地电阻应≤1 Ω。

5.3 信号

5.3.1 设计原则与技术标准

(1) 信号系统必须以安全可靠、技术先进、经济合理为设计宗旨,系统需具有成熟的使用经验。系统设备选型应结合市轨道交通线网规划统筹考虑,并满足系统扩展及分期实施的要求。

(2) 信号系统应在满足单线工程功能需求的基础上,建设互联互通工程,以实现资源共享和线路间的共线、跨线运行,以满足网络化运营的要求。

(3) 信号系统设备应具有很高的安全性、可靠性和可用性,凡涉及行车安全的设备必须符合故障-安全原则。

(4) 信号系统主要行车设备的计算机采用硬件冗余设备,其中涉及联锁、ATP 等安全设备的计算机系统应采用三取二或二乘二取二的安全冗余结构,其安全完整性水平必须达到 SIL4 级。

(5) 采用全封闭式的轻轨交通,其信号系统设计应符合《地铁设计规范》(GB 50157—2013)的相关规定。

(6) 信号系统具有灵活、多样、安全、可靠的降级或后备运行控制模式。

(7) 信号系统应满足线路和列车最高运行速度的运营要求,在确保行车安全和不降低运营服务水平的前提下达到所有的运营指标要求。

(8) 全封闭式的轻轨交通正常运行时,正线列车以车载速度信号为主体信号;工程车、ATP 故障列车以及 ATP 设备故障情况下或半封闭线路以地面信号机作为行车凭证。在正线道岔区段、车站正方向发车位置、尽头线终点、折返进路终点、进入正线的入口及其他需要防护的特殊位置设地面信号机。

（9）全线按双线右侧行车运行设计，正常运行时线路按双线单方向右侧行车。在全封闭线路的情况下，对于反向运行的列车，信号系统应至少具有 ATP 防护功能。折返线、出入段/场线及试车线均按双方向运行设计。

（10）信号系统应满足与车辆专业、供电系统、综合监控系统、通信系统、站台门系统、土建、轨道等其他专业的接口要求，并考虑预留工程延伸的系统容量和接口条件。

（11）信号系统设备必须具备防雷、抗电磁干扰和防迷流的功能。

（12）信号系统的供电为交流 TN-S 三相五线制，380 V/220 V 50 Hz，一级负荷，两路独立电源。

（13）数据传输系统必须符合欧洲或世界相关无线网络的协议标准和安全标准。

（14）信号轨旁设备的安装应遵循《地铁设计规范》(GB 50157—2013)中提及的"道床面应作为疏散通道，道床步行面应平整、连续、无障碍物"的要求，以免影响疏散。

（15）信号系统应适应城轨云与大数据平台体系的建设和应用。

5.3.2 系统功能与构成

1. 系统功能

轻轨交通信号系统是其自动化系统中的关键部分，也是保证列车和乘客安全，实现列车运行高效、指挥管理有序的自动控制系统。

全封闭式线路信号系统的核心是列车自动控制系统（ATC），它由列车自动监控子系统（ATS）、列车自动防护子系统（ATP）、计算机联锁子系统（CI）和列车自动运行子系统（ATO）组成。上述四个子系统通过信息交换网络构成闭环系统，从而保证行车安全，提高运行效率，缩短行车间隔，促进管理现代化，最终提高运输能力和服务质量。

半封闭式线路，当速度等级为 70 km/h 时，可采用司机目视人工驾驶模式，信号系统一般由列车自动监控子系统（ATS）、车载子系统、正线及车辆段计算机联锁子系统（CI）和平交路口信号系统组成；当速度等级大于 70 km/h 时，道口宜采用道闸、栏木等物理隔离方式，信号系统需增加配置列车自动防护子系统（ATP），可选择配置列车自动运行子系统（ATO）。

1) ATS 子系统

ATS 子系统与 ATP 子系统、ATO 子系统相结合来完成运行图的编辑、运行图自动调整、列车运行状态显示、进路自动排列、运行历史记录、行调人员培训等功能，以实现对全线列车的自动监控，实现列车运行的自动管理。ATS 系统主要功能如下：

（1）列车自动识别、跟踪、车次号显示；

（2）时刻表编制及管理；

（3）列车进路的控制；

（4）列车运行的调整；

（5）列车运行和设备状态的自动监视及故障报警；

（6）运行统计及报表生成处理，各种操作信息的记录及回放功能；

(7) 列车运用计划及车辆管理；

(8) 系统故障时可降级使用及故障复原处理；

(9) 站台发车指示及提供旅客向导系统显示信息；

(10) 列车运行模拟及培训；

(11) 与其他系统交换信息；

(12) 操作员身份识别及记录管理功能，防止非法登录操作功能。

2）ATP 子系统

ATP 子系统主要保证列车运行安全，并提供行车间隔控制及超速防护，且必须符合故障-安全原则，其主要功能如下：

(1) 保证系统对列车进路和行车间隔的安全控制；

(2) 确定列车运行权限和列车运行的最大安全速度；

(3) 连续监督列车运行速度，以实现超速防护；

(4) 控制列车运行间隔，满足规定的通过能力，确保同一径路上的列车之间具有足够的安全距离；

(5) 对于车地通信中断以及列车的非预期移动、任何列车完整性电路的中断、列车超速、车载设备故障等将产生安全性制动（如紧急制动）并报警；

(6) 车门及站台门开、关的安全监控，为列车车门及站台门的开闭提供安全可靠的信息；

(7) 与 ATO 子系统、ATS 子系统和联锁设备进行信息交换；

(8) 支持不同驾驶模式下的列车控制；

(9) 车载信号设备的人机界面其主要显示及报警功能；

(10) ATP 车载设备轮径校核功能；

(11) 车载 ATP 设备具备自诊断、故障报警及列车运行重要数据的记录、统计和打印功能；

(12) 车载 ATP 设备和车辆控制设备的接口应保证安全和对列车实施连续、有效的控制，设备故障时实施紧急制动。

3）ATO 子系统

ATO 子系统是自动控制列车运行的设备。在 ATP 子系统的安全保护下，根据 ATS 子系统的指令，以实现列车的自动驾驶和列车在区间运行的自动调整功能，从而改善司机的劳动条件，确保达到要求的行车间隔及旅行速度，并实现列车的节能控制等。其主要功能如下：

(1) 在 ATP 子系统的保护下，完成列车的牵引、巡航、惰行和制动的控制，以较高的速度实现在正线、折返线、出入段线运行的自动追踪功能，确保列车达到设计追踪运行间隔和旅行速度；

(2) 列车运行自动调整；

(3) 列车节能控制；

（4）牵引及制动控制距离满足舒适度的要求；

（5）车站站台精确停车；

（6）车门与站台门的安全控制；

（7）通过车地通信设备将列车运行的有关信息传递至 ATS 子系统，以便 ATS 子系统能对在线列车进行监控；

（8）车载 ATO 设备应向列车广播设备及车厢信息显示牌提供有关旅客信息的数据；

（9）ATO 子系统应具有自诊断功能，当发生故障时应立即向司机和 ATS 子系统报警，根据故障性质可实施常用制动和紧急制动。

4）联锁系统

联锁设备是保证列车运行安全的设备，为了实现轨道区段、道岔、信号机之间正确的联锁关系，必须符合故障-安全原则，其主要功能如下：

（1）与 ATS 子系统相结合以实现车站和中心两级控制，根据运营要求实现自动控制和人工控制两种模式办理进路；

（2）实现列车进路、自动折返进路、自动通过进路、站台紧急控制、引导进路、进路解锁和取消、列车运行方向控制及倒换、轨道区段故障恢复、信号机关闭、道岔单操及锁闭、临时限速、车站封锁、区间封锁、扣车和取消、站控/遥控等功能；

（3）向 ATP 子系统提供信号机和道岔状态、列车进路设置情况、保护区段的建立、线路的临时限速、区间运行方向等信息，并能使 ATP 的信息发送满足列车在各种折返模式下的作业要求；

（4）实现与车辆段/停车场以及与其他线路联络线的接口功能；

（5）具有较完善的自诊断功能及提供信号监测诊断系统必要的信息；

（6）可在降级模式下实现自动站间闭塞功能，指挥列车运行。

5）车载子系统

（1）车载子系统与正线道岔控制系统共同实现对道岔的控制；

（2）当道岔区防护信号显示禁止通过信号时，车载设备应提前能给出声光报警，提示司机防止冒进信号；

（3）司机超速或与前车距离较近时，车载设备应提前能给出声光报警，提示司机防止超速及追尾等；

（4）系统具备闯红灯及超速防护功能；

（5）系统具备运行线路前方障碍物探测功能；

（6）系统具备测速定位功能；

（7）系统具备路口信号优先权请求功能。

6）平交路口信号系统

（1）系统应向道路交通信号控制系统提供电车到达信息，包括电车头部进入交叉口，车辆尾部离开交叉口等；

（2）系统应在不同位置向道路交通信号控制系统提供信息，包括提供通行方向、优先请求级别信息和进路控制状态信息；

（3）系统应可控制路口物理隔离设施设备；

（4）系统应具备声光报警功能。

2. 系统构成

根据行车组织和运营管理的需求，信号系统由正线信号系统和车辆段/停车场计算机联锁系统组成。信号系统设备按地域划分为控制中心设备、车站及轨旁设备、车载设备、车辆段设备等。

1）控制中心设备

控制中心设备主要包括多台调度员工作站、调度长工作站、数据库、应用服务器、通信服务器、运行图编辑工作站及显示终端、大屏接口工作站、数据通信设备、综合监控等系统的接口设备、维护工作站、网管工作站、培训/模拟工作站、电源设备及打印机等。

2）车站及轨旁设备

车站及轨旁设备包括联锁设备、ATP 设备、车地双向通信设备、微机监测设备、轨道检测设备、应答器、信号机、道岔转辙机、光缆、电缆、接口设备、电源及防雷设备等。

3）平交路口设备

路口设备包括路口信号控制器、车地双向通信设备、信号机、光缆、电缆、接口设备、电源及防雷设备等。

4）车载设备

车载设备在头尾各设置一套，包括车载 ATP 主机、测速装置、天线、人机接口 HMI、与车辆的接口设备和驾驶模式转换开关等。

5）车辆段设备

（1）车辆段信号系统相对独立。设备室内配置国产计算机联锁系统设备、微机监测设备、ATS 终端、智能电源屏、UPS 及电池和防雷设备等。

（2）控制室内安装联锁系统控显工作站、ATS 工作站。

（3）列检停车库内派班室安装电源及 ATS 工作站。

（4）室外站场设置轨道检测设备、电动转辙机、信号机和电缆等。

6）试车线设备

全封闭线路的试车线配置一套与正线相同的信号 ATP/ATO 设备，主要是对车载设备监测和维修后进行测试，以满足双向试车功能，主要包括：ATP/ATO 计算机设备、轨旁车地通信设备、信标定位设备、计轴设备、局域网设备、与车辆段联锁接口设备以及接口模拟设备等。

7）培训中心设备

根据正线区段 ATP/ATO 子系统、计算机联锁设备选型，模拟一个完整的联锁区域，设置 ATP/ATO、微机联锁室内/外模拟培训设备。培训设施包括：联锁设备室内设备、ATP/ATO 室内设备、轨旁设备、车地双向通信设备、室外信号机及附属设备、室外道岔转辙设备、车载 ATP/ATO 装置、车载人机接口装置和电源设备等。

8) 维修中心设备

车辆段设置综合维修中心,维修中心设备主要包括:维护及维修服务器、检测报警工作站、网络传输设备和打印机设备等。在正线部分车站、车辆段内设信号设备维护管理机构,配备必要的维修、检修设备、专用维修工具及交通运输工具。

5.3.3 平交路口信号优先技术

1. 概述

平交路口信号优先技术一般包括被动优先和主动优先。

被动式信号优先,即基于半封闭式轻轨的运行特征、停站时间、站点位置等因素优化多路口的交通信号配时方案,形成"绿波"。使半封闭式轻轨能在设定的绿灯时段中通过路口,既不干扰路口的正常运转,同时可以减少半封闭式轻轨在交叉口的停车等候时间。而社会车辆也能按既定速度连续通过多个绿波协调路口。

主动式信号优先,即半封闭式轻轨在到达交叉口前主动向交通信号系统提出优先通行请求,交通信号系统根据交叉口的交通状况来响应此请求,实时调整交叉口的信号配时方案,给予优先通行信号。

目前,半封闭式的轻轨一般采用主动式信号优先。主动优先又可细分为无条件优先控制方法和有条件优先控制方法。

1) 无条件优先控制方法

无条件优先控制是指每当半封闭式轻轨接近平交路口时,平交路口信号优先子系统发送信号优先请求,道路交通信号控制系统收到请求后都会开放半封闭式轻轨所在的相位,给予其绝对的优先权使其不停车通过交叉口。

2) 有条件优先控制方法

有条件优先控制是指当半封闭式轻轨接近平交路口时,平交路口信号优先子系统发送信号优先请求,道路交通信号控制系统根据某些影响因素灵活地决定是否给予半封闭式轻轨优先通行权。影响因素包括当前平交路口运行的信号配时方案、半封闭式轻轨延误时间以及平交路口社会车辆的流量等。

半封闭式轻轨优先级的划分由半封闭式轻轨运营调度部门负责制定,根据半封闭式轻轨的晚点时间长短、满载率、运营调度计划,当同一路口收到两个冲突的通行优先请求时,响应其中优先级较高的请求。

2. 优先请求机制

一般而言,主动式信号优先是介入当前信号相位方案,根据半封闭式轻轨的预计到达时间和所需的相位,对信号配时方案进行干预,给予半封闭式轻轨优先。目前,国内主流的信号优先请求方式一般采用多次检测、多重请求的信号优先请求方式。即在半封闭式轻轨行驶过程中,进行3~4点的车辆检测,并同步发送优先请求信号,不断调准车辆到达路口的时间,以便交通信号系统尽量避免过早或过晚地做出响应。而交通信号系统一般对优先请求给予"无条件优先"等级的响应。该信号优先方法能提供更为实时、准确的车辆状态信息,有利于路口的精准化控制。

3. 主动信号优先等级划分

在半封闭式轻轨偏离原运营调度计划、出现晚点的情况下,半封闭式轻轨发出主动信号优先请求,希望不停车通过交叉口,以减少半封闭式轻轨运行延误。道路交通信号控制系统接收到半封闭式轻轨的请求后作出响应,给予半封闭式轻轨信号优先,同时尽可能不对道路交通造成过大的负面影响。

由于信号优先一般需要占用其他方向的通行相位时长,这会导致其他方向交通的服务水平下降。因此,主动式信号优先不能无条件、无限制地响应。

在背景交通服务水平较好的情况下,给予较高的信号优先响应。反之,当背景交通服务水平较差时,给予半封闭式轻轨的优先响应程度也相应下降。交叉口的服务水平下降在一定限度内,可以给予半封闭式轻轨信号优先。

4. 信号相位调整方法

主动式信号优先时,信号机将根据当前相位、车辆预计到达时间等因素,考虑采用合理的信号相位调整方法,旨在有限的时间里调整至半封闭式轻轨相位,并对路口造成较小的影响。主要的信号相位调整方法有绿灯延长、红灯早断、插入相位、多相位调整等四种方法。

1)绿灯延长

当半封闭式轻轨在路口通行相位(绿灯)末尾到达时,系统延长该通行相位的长度,让其顺利通过。

2)红灯早断

当半封闭式轻轨在非通行相位到达时,系统提前开启通行相位(绿灯早亮),尽量让其优先通过。

3)插入相位

当检测到半封闭式轻轨在某非通过相位到达时,在当前相位结束后插入一个专供其通行的特殊相位,该相位时长按仅供半封闭式轻轨全车通过计算。当插入相位结束后,继续执行被插入相位打断的后继相位,按照原有相位顺序运行。

4)相位跳转

相位跳转策略既包含跳相(跳过需求小或基本无需求的相位)也包含相序变换,具体是指一定条件下信号控制可以不遵守原来的相序,从当前相位跳到半封闭式轻轨的相位,待其通行后再根据实时需求运行新的相位相序。

5.4 售检票系统

5.4.1 设计原则与技术要求

(1)系统应能满足城市轨道交通 AFC 系统的相关规定和标准,包括业务规则和技术规范。

（2）对于采用全封闭式的轻轨交通而言,售检票系统设计应符合《地铁设计规范》(GB 50157—2013)的相关规定。

（3）系统应充分考虑运营中的安全保障措施。

（4）终端设备应保证乘客能够安全、有序地进出车站,并应满足紧急疏散要求。

（5）系统应安全、可靠,并具有可维护性和可扩展性;应具有连续 24 h 不间断工作的能力。

（6）售检票系统应适应城轨云与大数据平台体系的建设和应用。

5.4.2 售检票方案

1. 售检票模式

售检票可采用车上售检票、封闭式车下售检票、开放式车下售检票、车下售票车上检票等模式。票务制式可采用单一票制、区域制（分区制）、计程计时制、计程限时制、计次制等。

采用全封闭线路的轻轨交通一般采用封闭式车下售检票模式;采用半封闭式的轻轨交通可采用车上售检票、开放式车下售检票、车下售票车上检票等,详细方式可根据不同项目特点比选确定。

2. 系统架构及功能

一般来说售检票系统采用五层构架体系,包括线网清分层、线路中央层、车站层、终端层和车票层。系统各层级功能如表 5-2 所列。

表 5-2 售检票系统五层构架体系

层次	说明	功能	备注
第一层	线网清分中心系统（ACC）	统一对车票进行初始化,进行车票调配及车票跟踪; 与 LC 清分对账,与一卡通系统清算对账; 提供与 LC 系统、一卡通系统及其他系统相连的接口; 设置并下载票价表、费率表、车票种类、运营模式、联乘优惠率等参数; 提供系统标准时钟; 接受、生成、上传、下载黑名单; 建立安全密钥体系,生成系统密钥,进行密钥管理; 制作、发行系统内使用的 SAM 卡,完成交易数据认证; 入网设备注册、认证及授权	
第二层	线路中心系统(LC)	监视系统运行状态,收集、统计、分析、查询运营数据; 接受 ACC 的车票调配指令,完成在本线路流通的车票调配; 与 ACC 清算对账; 接收 ACC 下载的车票种类、票价表、费率表、运营模式等参数,通过 SC 下载到终端设备; 接收时钟信号完成时钟同步; 接收、下载黑名单等	

(续表)

层次	说明	功能	备注
第三层	车站计算机系统（SC）	监视和控制车站终端设备运行状态，根据需要启用紧急模式； 接受 LC 车票调配指令，管理车站内车票流通； 收集、传输、统计运营数据； 接收并自动下载票价表、车票种类、运营模式等参数，接收时钟信号完成时钟同步	本封闭线路一般不配置
第四层	车站终端设备	接受系统参数及指令，完成规定操作及信息提示，生成上传全部交易数据、审核数据； 生成日志数据；按要求存储数据；设备故障自诊断，设备故障提示；当通信故障等情况下独立运行时，数据可通过外部媒体导出，故障恢复后数据自动上传；满足联网收费的要求	本封闭线路一般简化配置或不配置
第五层	车票	存储票卡身份信息、进出站信息、最近几笔交易记录、票卡有效期、余额等； 乘客乘车凭证	

近年来，随着技术的发展，售检票系统逐步往四层架构方向发展，即线网清分层（含多线路中央层 ACLC）、车站层、终端层和车票层。其中，在采用城轨云平台方案下，车站层也可纳入多线路中央层。

线网清分系统由线路中央服务器、通信服务器、数据服务器、数据存储设备、数据备份设备、各种功能工作站（运营、维护、管理、财务、票务等工作站）、打印机和网络设备等组成。

车站计算机系统由车站服务器、操作员工作站、网络设备、紧急按钮和打印机等组成。

车站 AFC 系统终端设备包括自动售票机（TVM）、半自动售票机（BOM）、自动检票机（包括进站检票机、出站检票机和双向检票机）、自助取票机及便携式验票机等。图 5-6 为自动售票机。

图 5-6 自动售票机

5.4.3 车票与清分

1. 车票

轻轨交通车票包括单程票、出站票、日票、福利票、区段计次票、区段定期票、纪念票（定值纪念票、计次纪念票、定期纪念票）、员工票、储值票及其他预留车票等，如表 5-3 所列。

表 5-3　轻轨交通车票种类

票种	名称		使用说明
专用票	单程票		当日一次乘车使用
	出站票		仅限当日车站出站时使用
	日票		在规定天数内不限次使用
	福利票		限单人使用,不计里程
	区段票	区段计次票	在规定区段内计次使用
		区段定期票	在规定区段内定期使用
	纪念票	定值纪念票	有效期内计费使用
		计次纪念票	有效期内计次使用
		定期纪念票	有效期内不限次使用
	员工票		内部员工记名使用
	测试票		测试使用
	备用车票		预留
通用票	地铁储值票		计费使用
	公交卡、市民卡		计费使用

2. 清分

为了确保网络化运营过程中票务清算的准确性、票卡资源流通的合理性和资源利用的有效性,轻轨交通需要建设一个全网络票价的制定及发布中心、运费清算中心、车票调配策略实施的管理中心、网络化运营所必需的统一管理中心。

主要功能如下:

(1) 应实现轨道交通路网内各线路之间的联网运行,实现统一票务管理。

(2) 完成轨道交通系统与公交卡、市民卡等系统间的清分、对账,完成各线路间的清分、对账以及数据处理;实现轨道交通专用票的统一发行及管理;实现轨道交通系统对外的信息服务;实现系统管理和系统安全管理;满足必要的运营要求。

(3) 统一制定与联网运行有关的制度、规则和流程,包括收费制度、车票安全保密规则、清分对账业务规则、车票发行、车票使用及调配流程、运营模式控制流程、参数编码规则、终端设备乘客服务界面的规定和系统接口规则等。

(4) 收集、统计、分析、查询运营数据。

(5) 统一对车票进行初始化,进行车票发放、调配、车票跟踪、回收及销毁等。

(6) 设置并下载票价表、费率表、车票种类、运营模式、联乘优惠率等参数;提供系统标准时钟;生成、上传、下载黑名单;数据备份及恢复,系统异地灾备中心。

(7) 建立安全密钥体系,负责系统密钥的生成和安全管理。

(8) 制作、发行系统内使用的 SAM 卡等。

清分中心系统一般由清分计算系统、密钥系统、制票系统、运营管理系统、报表管理系统、系统维护与开发系统、测试系统和网络安全系统等组成。

5.5 给排水与消防

5.5.1 设计原则与技术标准

1. 设计原则

(1) 站/点内生产、生活给水系统形成独立、安全可靠的供水系统,并应满足各用水点对水量、水压、水质和水温的要求。

(2) 站/点的各项用水水源均采用城市自来水,不设备用水源。

(3) 给水系统的水质、水压应符合如下规定:

① 生活用水的水质应符合《生活饮用水卫生标准》(GB 5749—2006)的相关要求。

② 生活用水设备和卫生器具的水压应符合《建筑给水排水设计标准》(GB 50015—2019)的相关要求。

③ 生产用水的水质、水压应按工艺要求确定。

(4) 按全线同一时间内发生一次火灾计。

(5) 轻轨线路范围内的雨水应单独收集,其排放系统宜单独设置。

(6) 站/点内的污水及各类废水,原则上采用分类集中,分别就近接入市政排水系统;接入市政排水管的污、废水其主要水质指标必须符合当地和国家排水的现行标准后方可排放。

2. 技术标准

(1) 工作人员生活用水定额为 50 L/(p·班),小时变化系数为 2.5。

(2) 生产用水定额应按工艺要求来确定。

(3) 车辆检修基地内道路浇洒及绿化用水定额为 1.5~2 L/(m²·次),浇洒次数以每日一次计(该部分水量应尽量利用再生水)。

(4) 车辆基地内不可预见水量按最高日用水量的 10% 计。

(5) 消防设施的设置及用水量应按《建筑设计防火规范》(GB 50016—2014)、《消防给水及消火栓系统技术规范》(GB 50974—2014)的相关要求来确定。

(6) 轻轨线路范围内的雨水可采用与该区域道路相同的暴雨重现期,但不得低于 5 年一遇暴雨重现期;高架区间、露天出入口、敞口及隧道洞口的雨水排放能力按当地 50 年一遇暴雨重现期计算。

(7) 车辆基地场地雨水量按 5 年一遇暴雨重现期计算;停车库、运用库等重要建筑屋面雨水量按 10 年一遇暴雨重现期计算,并按 50 年一遇暴雨重现期校核屋面排水设施和溢流设施的总排水能力。

(8) 生活排水量应按生活用水量的 90%~95% 来确定。

(9) 生产废水排放量应按工艺要求来确定。

(10) 消防废水量和消防用水量相同。

5.5.2 给水与消防

(1) 普通地面车站上下行站台各设一处冲洗栓,用于站台冲洗;首末车站、高架车站、地下车站等根据建筑布置,配备必要的给排水设置。

(2) 普通地面车站/点内消防采用灭火器。室外消防可利用现有市政消火栓,如位于市政消火栓保护范围外的站点,须另行设置室外消火栓。

(3) 首末车站、高架车站、地下车站等根据建筑规模,配置必要的消防设施。

(4) 车辆基地宜由城市自来水引入两根给水管和检修基地内室外给水管网相接。

(5) 车辆基地室外生产、生活和消防给水管网宜分开设置,每隔 80 m 设一个洒水栓。

(6) 当城市自来水的供水量和供水压力不能满足基地内的用水需求时,应设给水泵房和蓄水池,加压后供至各用水点。

(7) 各单体应按《建筑灭火器配置设计规范》(GB 50140—2005)来配置灭火器。

5.5.3 排水工程

(1) 线路范围内的雨水经单独收集后,可沿线路沿线设置收集管,分段接入市政雨水管或规划保留河道;或结合市政道路改建,直接接入市政雨水管。

(2) 车辆基地的生活污水,宜集中后按重力流方式接入城市污水排水系统,如不能按重力流方式排放,则应设污水泵站提升后排入城市污水排水系统。当车辆基地附近无城市污水排放系统时,则基地内的生活污水必须经过处理,在达到排放标准后方可排放。

(3) 车辆基地内含有毒、有害物质及大量油脂的污水、废水应设隔油池,并应在达到环保要求后方可接入市政污水管道或合流污水管道;若直排入水体,必须满足《污水综合排放标准》(GB 8978—1996)的相关要求。

(4) 车辆基地的检修库、检修线等设有检修坑时应设排水设施。

(5) 车辆基地的雨水应有组织地排放,经管道收集后排入市政雨水排水系统或规划保留河道,如不能按重力流方式排放,则应设雨水泵站提升后排入市政雨水排水系统或规划保留河道。停车库、运用库等大型建筑物的屋面雨水宜被综合利用。

5.6 车站设备

5.6.1 电扶梯

为了方便乘客,提高车站的集散效率,提高乘客进、出车站时的舒适度,轻轨线路一般在高架车站的站台至站厅及出入口设置自动扶梯和电梯设备,同时在车辆段设置垂直电梯。

1. 自动扶梯

(1) 自动扶梯选用公共交通重载型扶梯,其特点是安全、可靠、耐用。

(2) 扶梯类型:在车站内选用室内型扶梯;出入口选用室外型扶梯,出入口处宜加盖顶棚,但自动扶梯宜按照露天工作条件设计。

(3) 载荷条件:在任何 3 h 间隔内,持续重载时间不少于 1 h,其载荷应达到 100% 的制动载荷(120 kg/梯级),其余 2 h 的载荷为 60% 的制动载荷。

(4) 自动扶梯选用额定速度为 0.65 m/s,维修速度为 0.13 m/s。维修速度同时也作为无人乘梯时的节能运行速度。梯级标准宽度 1 000 mm,倾斜角度 30°,单台自动扶梯在 0.65 m/s 的速度下设计取用最大输送能力为 8 190 人/h。

(5) 车站站台设置的自动扶梯数量和人行楼梯宽度的通过能力,应根据该站远期超高峰小时客流量来确定,并满足乘客紧急疏散能力。

(6) 当车站出入口的提升高度超过 6 m 时,应设上行自动扶梯;超过 10 m 时,上行、下行均设自动扶梯。站厅与站台间应设上行自动扶梯,提升高度超过 6 m 或该车站为重要车站时,上行、下行均应设自动扶梯。

(7) 车控室监视扶梯运行情况:上行、下行、停止状态、就地紧急停止状态、故障报警、出入口集水坑高液位报警和出入口踏板防盗。

2. 电梯

(1) 车站设计应体现无障碍设计原则,每一站台至站厅应设置垂直电梯,并尽可能布置于付费区。每个车站应至少有一个出入口设置垂直电梯。垂直电梯的设置位置应方便轮椅车残障人士进、出站,并尽量配置在客流大的出入口,电梯与市政道路间用无障碍通道顺接。

(2) 车站电梯选用无机房电梯;车辆段选用有机房电梯。

(3) 对于出入口受景观要求设置电梯确有困难的车站,可设轮椅牵引机。

(4) 电梯配置应满足残障人士专用要求,见《适用于残障人员的电梯附加要求》(GB/T 24477—2009)。

(5) 火灾情况下,电梯停止运行,停留在疏散楼层,电梯开门放人后停止运行,不参与乘客疏散。

(6) 电梯采用无人值守的工作方式。

(7) 车辆段内的电梯不具有消防功能,采用二级负荷供电。控制中心消防电梯采用一级负荷供电,其余电梯不具有消防功能,采用二级负荷供电。

5.6.2 站台防护设施

为了保证列车正常运营及乘客安全、改善候车环境、提高乘客候车的舒适度,全封闭轻轨所有车站设置站台门系统,且站台门系统应与信号系统实现联动控制。对于半封闭轻轨线路的地面车站一般不考虑设置站台门系统。

站台门控制系统应具有三级控制方式:系统级、车站级和手动级操作。其中,手动级操作的优先级最高,系统级最低。站台门控制系统须满足在正常和非正常情况下的安全、可靠运行,在紧急状态下能保证乘客安全疏散。

系统级控制是在正常运行模式下,由信号系统对站台门进行开/关门的控制方式。

车站级控制是在非正常情况下,即系统级控制故障的情况下,由列车司机或站务人员在站台 PSL 上进行站台门开/关的控制方式,以及在信号系统开/关门信号发出后,滑动门没有动作的情况下,列车司机可对站台侧的 PSL 进行操作,打开/关闭所有的滑动门。

紧急情况下,车站控制室值班人员可操作车站紧急控制盘(IBP)上的站台门紧急开关来打开站台门。IBP 控制优先级高于 PSL 控制。

手动操作是当控制系统或个别控制回路或某些站台门的传动装置等发生故障时,站务人员在站台侧用钥匙进行站台门的开/关门操作,或由列车通过广播,指导乘客在轨道侧打开站台门。

5.6.3 乘客服务设施

乘客服务设施有:多媒体查询终端、导向标志、警示标志、各类楼亭、服务台、休息椅、果皮箱、各类消防器材、各类清扫用具、站台站厅提示标识、各类宣传横幅、宣传画、标语、通告、各种临时标志、围挡栅栏和警戒带等,如图 5-7 所示。

图 5-7 乘客服务设施

第 6 章 环 境 保 护

6.1 防灾与安全防护

6.1.1 前言

城市轻轨交通系统工程的防灾与安全防护两部分内容从面对的对象来看有所不同。防灾主要偏重工程本身在建设和运营期间，对各类灾害的预防和所采取的应对措施。而安全防护面对的对象是人员，尤其是乘客。在遇到各种灾害以及危险时，对人员采取的安全防护和保护措施，二者既相互独立，又相互关联。

城市轻轨交通系统工程的防灾主要包括防火灾、水淹、风灾、地震、雷击等灾害，其中以防火灾和防雷击为主。而安全防护主要是对影响公共安全的大客流、恐怖袭击等运营情况或突发事件提出防范措施，做好人员安全防护。

城市轻轨交通系统工程应在工程可行性研究阶段，在工程设计和施工前，识别各类危险因素，从源头加以防范和控制，以指导设计、施工和运营。危险因素一般按专业划分，涉及火灾、水淹、风灾、地质、雷击等灾害。在设计阶段，需要对防灾与安全防护的危险因素加以细化，并按照相关的设计标准、规范落实相应的防范措施。

6.1.2 危险因素识别与应对分析

在设计前，首先分析城市轻轨交通工程可能存在的主要危险、有害因素分布与控制情况，对工程的车辆、线路和轨道、供电系统、防排烟、给排水和消防、通信和信号、车辆基地、机电设备、自然灾害等专业或区域的危险及有害因素进行识别和分析。依据有关安全生产的法律法规和技术标准，提出合理、可行的安全对策与措施。

1. 火灾

城市轻轨交通工程的车站、区间、车辆基地建筑存在人员聚集或有可燃物存在的区域或空间，故应考虑火灾。而引起火灾的危险因素主要有：人为纵火，可燃物自燃，电气设备及电线短路、过载或散热不良，车辆碰撞、脱轨或摩擦，触电，雷击，爆炸等。涉及的专业有车辆、线路和轨道、建筑、结构、供电系统、防排烟、给排水和消防、通信和信号、机电设备。

为了预防火灾发生以及火灾时能及时灭火，先要根据车辆类型、可燃物种类和数量来确定合理的火灾规模。再按火灾危险性对建筑进行分类，以确定建筑的耐火等级；合理划分防火分区、防烟分区,设置必要的人员疏散通道和安全出口;明确设备、材料的燃烧等级、耐火极限。设置防排烟系统、水消防、气体灭火、防火报警系统等机电消防设施。

2. 水淹

当城市轻轨交通工程的车站、区间、车辆基地、建构筑物的敞开部位处于低洼地势、设计洪水位以下、低于地面时,都有可能产生水淹灾害。水淹灾害严重时会导致车辆停运、漏电、人员伤亡、机电设备损害等,涉及的专业有车辆、线路和轨道、建筑、结构、桥梁、机电系统及设备。

为了预防火淹、洪水灾害的发生,减小水淹损害,需要采取合理的防淹措施。地下车站、地下区间的敞开口、出入口、风井口等处应高出地面一定高度;当地下区间隧道穿过较大的河流时,应在地下区间隧道河的两侧设置防淹门;对于洪涝灾害地区,应采用合理的防洪设计标准。同时,做好沿线排水、截水、引流的措施。

3. 风灾

城市轻轨交通工程的地面设施不可避免地会受到大风、暴风等大气高速气流的灾害影响,严重的会导致建构筑物损毁或坍塌、设备损坏、人员伤亡、车辆倾覆或停运等。涉及的专业主要有车辆、建筑、结构、桥梁、机电系统及设备。

为了预防风灾的发生,减小大风带来的损害,应采取有效的防风措施。高架桥梁应采用抗风的结构形式,车辆在侧风作用下能抗倾覆,地面建(构)筑物具有足够的抗风强度,室外设备管线应安装牢固。

4. 地震

一旦发生地震,必然会给城市轻轨交通工程带来不同程度的影响,严重时甚至造成结构变形或坍塌、轨道变形、车辆倾覆、人员伤亡,并有可能引发次生灾害,从而带来经济损失。涉及的专业主要有车辆、建筑、结构、桥梁、机电系统及设备。

为了预防地震灾害,减少地震带来的损失,涉及抗震的专业应根据沿线区域的地震设防烈度来进行抗震设计。

5. 雷击

城市轻轨交通工程大部分在地面以上空间布设线路,因此不可避免地会受到雷击,如果防雷措施不到位,会引起设备损毁、漏电、燃烧等灾害。涉及的专业主要有车辆、供电系统、通信信号系统、接触网、其他机电系统及设备。为了减小雷击的影响和损害,涉及雷击灾害的各专业应采取有效的防雷措施,包括防雷接地、避雷带、避雷针等。

6. 冰雪

严寒天气会给城市轻轨交通工程带来冰雪灾害,冰雪覆盖轨道导致车轮打滑,甚至车辆脱轨、倾覆;冰冻导致室外或接近室外区域的金属管道爆裂,设备冻损;地面结冰引起人员受伤。涉及的专业主要有车辆、轨道、建筑、给排水、空调、其他机电设备。为了减小冰雪带来的影响和损害,需要采取融冰、融雪、电伴热、保温等有效的防冰冻措施。

7. 社会环境危险

影响城市轻轨交通工程安全的社会环境危险因素主要有:携带违禁危险化学品、管制刀具、枪支,人为爆炸、聚众闹事、劫持人质、毒气袭击、病毒传染;行人或乘客闯入轨行区、行人或机动车闯红灯、社会车辆撞击轻轨车辆、在车道丢弃障碍物阻挡车辆、高空抛物、超高车辆或人为携带超高物体穿越线路、其他突发公共事件等。这些因素危害严重时可能导致线路停运、车辆脱轨、车辆倾覆、漏电、断电和人员伤亡。涉及的专业主要有安防、建筑。

对于这些社会环境危险,主要通过安检、卫生检查、现场防爆防恐、防护、隔离等技术手段及早发现、及时处置,快速疏散人群,避免人员围观,将危险控制在一定的范围内,尽可能减少危害带来的损失。

8. 突发客流风险

在重大节日或活动期间,或遇到车辆、设备故障、车辆阻塞时,线路局部路段或个别车站有可能产生突发客流。乘客呈聚集状态,一旦发生社会环境危险,或遇到火灾、其他自然灾害,从而引起乘客恐慌性移动,可能会导致踩踏及次生危害,造成人员伤害。涉及的专业主要有建筑、机电设备。

对于突发客流风险,需要做好预判,建筑设计中合理安排客流的流线和流动空间;预留限流设施的安装位置。

9. 其他风险

影响城市轻轨交通工程的其他风险有:车辆及设备系统的故障或缺陷、电气设备防护隔离不到位、设备的噪声与振动、标识标志不全或不清晰、孔洞未加防护等。这些因素危害严重时可能导致线路停运、触电、听力损伤和人员伤亡。涉及的专业主要有车辆、机电设备、建筑。

对于这类风险,首先应选择运行安全可靠、技术成熟的车辆和设备;防护措施和距离要到位;标识要清晰明了,并做好消声降噪措施。

6.1.3 防火对策

针对火灾应贯彻"预防为主,防消结合"的方针。一条线路、一座换乘车站及其相邻区间的防火设计应按同一时间发生一次火灾来考虑。

基于火灾的特点和经济条件,轻轨交通系统的防火目标原则上可考虑两道防线,即由一般火灾造成的破坏不应中断轻轨交通系统的正常运行,在火灾条件下不造成难以修复的破坏。可以说第一道防线是基础,第二道防线则是为了预防意外灾害,应该从合理的设计、材料的选择、完备的措施和消防检查等多个方面来实现上述目标。

轻轨交通线路的总体布置首先应该利用开阔的不燃空间。当不容易开辟不燃空间时,应沿线路开辟出割断燃烧地带,而割断燃烧地带的宽度一般可根据有关规范的防火间距来确定。防火隔断带可利用城市的某些不可燃的设施、道路、河流等作为主体并加以完善,灵活划分。

为防火势蔓延,设施与建筑物或设施之间应留出一定的安全距离。一般情况下,当大于安全距离时,其辐射热的作用即能减小到一定程度,从而避免对地面上设施与建筑物加热和使其着火。同时,也可提供疏散人员和灭火工作的场所。

防火间距对于建筑物或构筑物而言,一般是从外墙壁的最突出部分计算。计算与轻轨交通线路的防火间距时,宜从线路中心线算起;计算与道路的防火间距时,宜从道路邻近一边的路边算起。对于设备间的防火间距,应以生产或贮存的火灾危险大小及特点来综合评定。

轻轨交通系统主要由地面和高架组成,不同结构的防火设计亦不同,因此应按有关规范要求进行设计。对各单项规范未涉及的组合部位可通过专门研究来解决。同时,为了避免重大火灾对轻轨交通系统的危害,主体结构应该优先选用耐火性能较高的防火隔热材料,使系统中的重要部位即使在猛烈的火焰作用下,也能保持应有的强度和稳定性。

基于各方面的条件,为扑救轻轨交通系统的火灾,设置固定的消防给水设备是一种有效的措施,同时安装足够数量的报警装置,使有关人员能及时扑救初期火灾、及早组织人员疏散。

轻轨交通系统运行中若发生火灾,迅速、安全地疏散人员是首要任务。为了避免火灾时造成人员伤亡,同时也为扑救火灾创造条件,在设计轻轨交通系统时考虑疏散和扑救通道是十分必要的。

6.1.4 防洪防淹对策

减轻轻轨交通系统在洪水发生时所产生的破坏,避免人员伤亡,减少经济损失,同时又能在洪水发生时发挥救援抢险功能,是轻轨交通防洪防淹的目标。

为了减轻轻轨交通系统的洪水灾害,首先应当确定防洪标准。防洪标准分设计标准和校核标准两种。

(1) 设计标准:在进行防洪设计时,首先要确定洪峰设计流程或水位。其次根据该流量拟定工程规模。为了准确合理地拟定某项工程规模,需要根据工程性质、范围及其重要程度等要求,待定某一频率作为计算洪峰流量的标准,称为防洪设计标准。实际工作中,人们习惯用重现期这个概念衡量设计标准的高低,即重现期越大,设计标准越高;反之,设计标准也就越低。

(2) 校核标准:在大于设计标准或非常情况下(可能发生的特大洪水),利用渠道超高等措施,使工程仍能发挥其原有作用的安全标准,称为校核标准。

由于校核标准越高,工程造价就越大,所以,除了大型工程或重要工程要考虑校核标准外,一般对于规模较小或重要性一般的工程,可不采用校核标准,只采用设计标准。两个标准的具体规定见表 6-1。

表 6-1 设计标准和校核标准的具体规定

等级	工程名称	设计标准		校核标准	
		频率	重现期/a	频率	重现期/a
Ⅰ	枢纽工程	1%	100	0.5%	200
Ⅱ	一般工程	2%	50	1%	100
Ⅲ	辅助工程	5%	20		

1. 地面设施防淹对策

轻轨交通系统的地面设施应建在对防淹有利的地段。有利地段指地势较高、较平坦，场地土质较好且易于排水的地区。不利地段指地势低洼、土质较差，洪水流速大于 0.5 m/s 的主泛区。

考虑到遭洪水浸泡的地基可能会导致建筑物的不均匀沉降、倾斜等不利情况，设计时应采用下列措施，以保证建筑物的使用功能：

(1) 选择适宜的结构体系和基础。

(2) 加强结构单元的整体刚度。

(3) 预留适应沉降的净空。

2. 路基防淹对策

为了避免洪水对路基的冲刷侵蚀作用，要求路基走向应与洪水流向大体一致，以便排水；当路基与洪水流向不一致时，应在路面下设置过水道。同时，在任何情况下，路基不宜局部横向突变太大，阻碍水流顺畅下泄。

路基要建造在地势较高的地方，使地基抬高，尽量沿土质良好的地带铺设，避免跨过深潭、深沟，同时也避免经过砂层、淤泥等不良地带，以免造成沉塌、滑动等不良后果。

路基的设计、施工应满足以下要求：

(1) 必须有足够的重量和边坡，以抵抗水压力，并防止路基滑动或破坏。

(2) 路基在遭遇洪水浸泡后，仍能维持稳定，不致发生坍陷、滑裂等现象。

6.1.5　防风对策

轻轨交通系统抗风设计的原则是：在常遇风作用下，系统应能正常工作，在罕遇的台风、龙卷风作用下不产生严重破坏，风过之后应能尽快恢复运行。

轻轨交通系统中的工程结构应选择合理的结构体系和较均匀的平面、立面布置，以减少风作用下的扭转效应。

1. 高架桥防风对策

(1) 设计高架桥时要考虑环境影响，尽量避开风载较大的地点，考虑高架桥与其他已有或拟建的建筑物之间的相互影响，选择有利于防风的桥梁形式、尺寸和施工方法等。

(2) 对于高架桥等比较高柔的结构，若侧向变形过大，则会使结构和非结构构件损坏，因此，变形是抗风设计的控制因素之一。

(3) 一般高架桥，按荷载规范及当地风载的情况，采用承载能力极限状态进行截面设计，对于主干线上的高架桥，宜进行风载作用下的动力分析，对于特别重要的高架桥，还应进行随机响应分析。

2. 车辆的抗风稳定性对策

车辆的抗风稳定性和车辆的运行质量（质量平衡、悬挂物）有关，车轮和轨道之间的连接对其也有重要影响。如果出现以上因素的不利组合，车辆在强侧风作用下就有可能出现倾覆。由阵风产生的突发性水平作用、侧风或车辆从遮蔽区域突然驶入开阔无遮蔽区域时,车辆有可能失稳导致事故发生,所以要进行车辆的抗风稳定性分析。

在风荷载较大的地区,应考虑运行中的车辆与高架桥相互作用的抗风稳定性分析,其中包括考虑车辆在轨道平面内的蛇行运动与风载组合时的车辆稳定性分析。

轻轨交通系统中的构筑物和设备的防风措施如下:

(1) 在适当部位设置防风构件,使其具有足够的防风强度和刚度。

(2) 对易破碎的灯、玻璃等设置防风护罩。

3. 其他防风对策

(1) 地上接触网结构在设计时须考虑在最恶劣的气象条件下不得破坏或产生不可恢复的变形;在有列车运行的最大风速条件下,接触网支柱在接触线高度处的挠度不应大于 50 mm。

(2) 地面建筑在最大风力的作用下,应具有足够的强度、刚度和稳定性,以确保建筑物的安全。

6.1.6 防雷对策

根据地面设施的位置、高度、周围建筑防雷情况、所在位置的空旷程度、当地气象、地形、地质,依据相关防雷设计规范和标准,合理确定地面建构筑物的防雷等级。因此,地面电气设备的电气回路应接地。对供电设备、通信、信号灯重要机电系统也需设置保护装置。

常规的防雷措施如下:

(1) 高架区间、高架车站、地面区间、地面车站、半地下车站按二级防雷设计。高架桥的灯具、轨道、管线及支架、通信信号设备、接触网等电气设备需做等电位连接,高架两侧的挡板、隔声屏障、疏散平台敷设闪接器。进出车站的室外管线穿金属管屏蔽并接地。车站设置防雷接地网。

(2) 地下车站的地面设有出入口、风井、风亭,一般按三级防雷设计,对于环境较为空旷或气象条件较差的特殊车站,可以按二级防雷设计。进出车站的室外管线穿金属管屏蔽并接地。车站设置防雷综合接地网。

(3) 车辆基地的建(构)筑物一般按二级或三级防雷设计;控制中心属于重要建筑,按二级防雷设计。

(4) 变电所、通信信号重要电气设备设置浪涌保护,有效防止雷电波入侵供电、通信信号系统。

(5) 车辆设置避雷装置。

6.1.7 防冰雪对策

室外线路、轨道设计应充分考虑当地的冰雪气象条件,采取有效的措施,避免车辆脱轨。管道、设备设置防冻设施。此外,出入口、露天平台等人员走行区域的地面需考虑防滑处理。

防冰雪措施如下：

(1) 室外线路尽量采取较大的转弯半径。

(2) 轨道在转弯处、道岔处等易打滑区段设置防脱护轨。

(3) 对特别重要的地面、高架区段可以搭建防雪顶棚。

(4) 对于给排水、消防管道、空调水管及阀门在室外的区段，或室内靠外围区段设置保温，室内区段可以设置电伴热。

(5) 出入口、露天平台等人员走行区域的地面装修材料采用防滑性能较好的材料。

6.1.8 防社会环境风险对策

以保护人民生命安全为基本原则，采取有效的防范社会环境风险的措施，保证轻轨交通工程的乘客、管理服务人员的生命财产安全。以预防优先、管控及时、处置到位为原则，落实防范风险的技术措施。

防社会环境风险的对策措施如下：

(1) 在重要的车站、地下车站设置安检设备。安检点配置通道式 X 线检测仪、液体检测仪、无线手持电台、便携式金属探测仪等安检设备、便携式爆炸物探测仪以及危险品回收箱、警盾和压缩杆等安防设施。发现危险爆炸物品需及时处置，通常在安检点设置防爆罐。设计中须考虑这些设施的设置位置和空间。

(2) 车辆、封闭的建(构)筑物空间等均需设计一定数量的安全出口，以便在危险事件突发的情况下能及时安全地疏散乘客。

(3) 具有封闭空间的车站需配置一定数量的防毒面具、防护服等防毒物资；配置一定数量的口罩、防护服、护目镜、消毒液、红外测温仪等防疫物资。设计需考虑这些物资的存放房间。

(4) 对于轻轨车辆，车辆两端及边缘设有连续的裙边，车轮前应有保护装置及安全空间，以防止行人及其他物体卷入车底。

(5) 车辆客室及其他孔洞能预防乘客探身车外，或抛出较大物品物件；车辆客室设有应急锤。

(6) 车辆装有喇叭，轻轨车辆还需配置声音警示设备，提请轨旁行人、车辆、作业人员注意安全。

(7) 地面、高架车站站台边缘设置隔离防护栏或安全门；地下车站不设空调时站台边缘设置隔离防护栏或站台门，车站设置空调时，设置全高站台门。通过这些措施可以防止乘客跌落到轨行区。

(8) 在地下区间洞口、高架上跨地面道路交叉段设置安全防护网，以防止高空坠物影响轻轨自身安全，或给道路上其他交通带来安全隐患。

(9) 采用地面线时，在交通量较大的区段、靠近交叉口处设置必要的护栏，隔离机动车道，以减少碰撞事故的发生，从而保证车辆的安全运行。

(10) 车站、区间等区域需要设置必要的标志、标线、标牌和限高，以便乘客、行人、机动车驾驶员、车辆驾驶员能够辨识,防止意外事件发生。

(11) 全线重要安防区域布置摄像机进行监视。

6.1.9 防突发客流风险对策

(1) 结合站点周围的规划、发展和开发程度,对车站初期、近期和远期的客流做合理性分析,以确定车站的规模。

(2) 合理安排客流的站内外流线,减少客流交叉,减少客流聚集点。

(3) 在站内适当的位置安装或预留隔离栏,有序组织疏导客流。

(4) 在外设置或预留隔离栏,在突发客流期间,控制进站人数。

(5) 通过安装摄像机监视站台的客流情况,一旦出现客流聚集情况,立即采取限流等措施,控制站台的人员密度,使车站始终处于客流可控的状态。

6.1.10 防其他风险对策

(1) 在设备选型、招标采购时,应提出设备安全可靠的要求,包括寿命、无故障运行时间、检修要求,以及材料的材质、强度、耐腐蚀性等技术参数,从而减少设备的故障发生。

(2) 电气设备防护隔离距离应满足规范要求。

(3) 空调风口避免在电气柜上方布置,以减少电气柜的安全隐患。

(4) 对水泵、风机等机械设备采取减震、消声降噪等措施。

(5) 标识标志应全面、清晰,便于乘客、驾驶员识别。

(6) 在楼板孔洞周围设置警示标志,并设置防护围栏。

6.2 环境保护

城市轻轨交通系统工程的车辆运行会带来噪声和振动,车辆基地运营期间会排放废水、废气和固体废物,各类设备运行会产生一定的噪声。工程施工期间,工地等临时场所施工作业会产生扬尘、噪声和弃土,并排放废水。这些因素都会给环境带来一定的影响。对于预测或实测超过国家、地方规定的环境标准的环境因素,应采取适当的环境保护措施,使其达标。

根据《中华人民共和国环境影响评价法》及《建设项目环境保护管理条例》中的有关规定,城市轻轨交通系统工程属于城市轨道交通,需要实施环境影响评价。在工程可行性研究阶段,需要编制环境影响报告书,从环境保护的角度来论证项目建设的可行性,并提出防止或最大限度降低环境污染的对策与措施,落实在项目的设计和施工阶段。工程运营前需要对环保进行验收,对于未达标的因子,需要整改后使其能达标。在运营阶段,仍有可能存在个别超标的因子,对此需要评估后采取适当的环保措施。

6.2.1 环境评价过程

环境评价项目组人员需要熟悉工程设计研究资料,在工程分析和环境影响筛选的基础上,实施现场踏勘和类比调查,开展公众参与的社会调查、资料收集等现场工作,制订工程环境现状监测方案进行现状监测。在现状、类比调查的基础上进行初步的工程分析和预测评价,提出污染防治措施,最后按照相关技术导则和规范要求,编制完成环境影响报告书。

评价的主要依据有《中华人民共和国环境保护法》《中华人民共和国环境影响评价法》《中华人民共和国大气污染防治法》《中华人民共和国环境噪声污染防治法》《中华人民共和国水污染防治法》《中华人民共和国固体废物污染环境防治法》,另外还有国务院下发的有关的管理办法等文件、地方的与环境保护相关的文件、《环境影响评价技术导则》(HJ 2.1—2011)、技术规范、技术标准和城市规划及环境功能区划。

1. 评价内容

根据城市轻轨交通系统工程的特点,环境评价工作主要内容为声环境、振动环境、地表水环境、地下水环境、大气环境、固体废物、生态环境和社会环境影响评价。评价的重点为声环境影响评价、环境振动影响评价、生态及城市景观环境影响评价及施工期的环境影响。

2. 评价步骤

评价分为以下八个步骤:

(1) 收集、监测和调查项目影响区域的环境质量状况,进行环境质量现状评价;

(2) 分施工期和营运期两个阶段,对项目建设及运营等环境影响因素进行分析、评价,指明其影响的方式、强度、污染源及污染物的排放量;

(3) 分析或预测项目施工、运营期对噪声、振动、大气、地表水、地下水、生态、社会环境等的影响,对不利影响提出相应的减缓措施和方案;

(4) 环境保护措施分析;

(5) 项目规划符合性分析;

(6) 环境经济损益分析;

(7) 社会经济环境影响分析;

(8) 拟定环境管理、监测计划、施工期监理内容。

3. 评价要素

运营期环境影响因素主要有列车运行产生的噪声和振动环境影响、车辆基地机电设备噪声影响、车辆清洗及检修产生的含油生产废水、工作人员的生活污水以及食堂的含油污水、车辆检修及更换设备产生的固体废物、生活垃圾、车辆补漆废气、食堂油烟废气、汽车尾气排放对附近空气环境影响等。施工期环境影响因素主要有地下水文、水质影响,产生的噪声、振动、扬尘、弃渣环境影响,施工机械噪声影响、水土流失影响,泥浆处理不当易形成污染等。

根据环境影响因素对环境影响的要素进行识别和筛选,确定工程环境影响评价因子,其中声环境因子为昼间、夜间等效声级;地表水环境因子为 pH,SS,COD,BOD_5;石油类、大气影响因子为油烟、TVOC,CO,NO_x,PM10,TSP 等。

4. 评价范围

不同环境影响要素的评价范围详见表 6-2。

表 6-2 不同环境影响要素的评价范围

环境影响要素	评价范围
声环境	地面线路及车辆基地出入段线外轨中心线两侧 150 m 以内区域；车辆基地厂界外 1 m 以及厂界外 200 m 以内的敏感点
环境振动	线路外轨中心线两侧 60 m 以内区域；项目属于地面线路，且距外轨中心线两侧 10 m 以内无振动环境保护目标，因此不考虑二次结构噪声影响评价
生态环境	纵向范围：与工程的设计范围相同； 横向范围：本工程线路外轨中心线两侧 150 m 以内区域；车辆基地用地界外 100 m 以内区域；临时用地界外 100 m 以内区域；施工便道中心线两侧各 30 m 以内区域
地表水环境	本工程设计范围内的车辆基地水污染源排放口至城市排水系统，以及工程涉及的地表水体，工程可能对地表水体产生影响的区域
地下水环境	工程正线及车辆基地用地红线周边各 200 m 以内区域
环境空气	车辆基地红线区域及厂界周围 200 m 以内区域；施工场界及周围 100 m 以内区域
固体废物	工程沿线车站、车辆基地内的生产、生活垃圾

5. 评价方法

评价方法采用模式计算、类比等方法进行评价。其中，社会环境主要采用调研分析方法进行评价，声环境、环境振动主要采用模式计算方法进行评价，水环境采用类比分析方法进行评价，生态采用资料收集、定性分析为主的方法进行评价。

6. 评价成果

提出各评价要素的环境保护目标，并对现状环境质量进行调研分析，重点对项目运营期的环境影响做预测和评价，提出污染防治措施。对施工期的环境影响做评价，提出环保措施。对公众参与的情况做出说明，包括被调查人员、团体，提出的意见和要求，项目反馈的意见。最后估算环保措施的各项投资和总投资。以下以某处工程的噪声环境影响要素为例加以说明。

1）现状质量及保护目标

首先明确该工程沿线噪声环境敏感点的类型及数量，包括学校、医院、办公、住宅等。当沿线有较多敏感点临近现状交通干线时，道路交通噪声影响突出。现状监测结果表明，该工程部分 2 类区敏感点超标 2~7 dB。

2）主要环境影响

该工程地面线路噪声预测结果：部分 4a 类现状敏感点最大超标量 18 dB，部分规划敏感点未超标。车辆基地出入段线早晚运营时段列车出入集中，对两侧区域噪声影响较大，无试车时厂界昼间和夜间噪声达标，敏感点处声环境质量也能达标。试车时，试车侧厂界声环境质量略有超标，但敏感点处噪声可达标。

3) 污染防治措施

(1) 规划控制：控制轻轨两侧一定范围内不再规划新建集中的居民区、学校等声环境敏感建筑物。

(2) 噪声治理措施：选用低噪声车辆、采取减振轨道扣件。车辆基地设备选用低噪声设备，采取减振、消声等措施。

6.2.2 环保措施

以"预防为主、防治结合、综合治理"为环境保护的基本原则，以"社会效益、经济效益、环境效益相统一"为基本战略方针，本着"治污先治本"的指导思想，根据环保相关的法律、法规、设计标准、设计规范和工程的环境评价报告开展环境保护设计，城市轻轨交通系统工程的环保设计主要采用以下措施。

1. 噪声污染防治措施

对于现状噪声达标、预测超标的敏感点应经治理后使噪声达标；对于现状环境噪声已经超标，预测环境噪声有增量的敏感点，在采取有效的噪声治理措施后，降低新增噪声源的贡献量，使其基本维持现状水平。

仍以某基地的噪声污染防治措施为例加以说明。

(1) 在声源方面进行噪声控制，选用低噪声的设备及结构类型。

选用机械技术性能优良且噪声控制指标稳定的车辆，加强车辆、轨道的日常维护和保养。使用弹性轨道扣件及橡胶减振垫减振；对新轨进行打磨，通过减少阻力来减少振动和噪声。

车辆基地设备选型时应选用低噪声设备和使用电机变频调节技术；设备安装隔振机座或减震垫，管道采用弹性连接，通风排气设备安装消音器等。同时，建议车辆基地厂界采用 2.5 m 高及以上的实心砖混结构墙体，并在试车线等车辆高速通过的区域，在临近外部环境侧设置立式声屏障，这样既可以进一步降低车辆基地内噪声源对周围环境的影响，又可以满足安全等其他需要。经费纳入土建工程。另外，建议该基地东侧和南侧厂界 50 m 范围内不再规划新建噪声敏感建筑。

(2) 合理规划沿线土地功能区划，避免产生新的环境问题。

根据该车辆基地沿线声环境质量现状及工程噪声贡献值的预测结果，建议正线区间轨道外轨中心线 25 m 范围内，不宜再规划新建集中的居民区、学校、医院、疗养院等声环境敏感建筑物。根据城市发展规划的需要，如果确实需要建设集中居民点、学校、医院、疗养院等声环境敏感建筑，则应根据相关法律法规的要求，保证建设区的声环境质量满足环境敏感建筑的声环境质量要求。

另外，一般建议在已建成的车辆基地 50 m 范围内不再规划新建噪声敏感建筑。

(3) 在阻断噪声传播途径和敏感点防护方面，应采取合理有效的噪声污染治理措施。

对临街建筑物要合理布局及进行声学设计，已建或在建住宅第一排房间建议做厨房、卫生间等，使得对噪声要求较高的卧室等尽量远离轻轨及道路，将窗户进行隔声处理，将厨房、厕所、廊道等非卧室用房设计到临街一侧。

高架段设计时预留安装声屏障的构件。

建议该车辆基地厂界采用 2.5 m 高实心砖混结构墙体,并在试车线侧的厂界方向设置 2.15 m 立式声屏障,降低该车辆基地内噪声源对周围环境的影响。

2. 振动污染防治措施

在车辆类型、轨道构造、线路条件等方面进行减振设计,将降低轮轨接触产生的振动源强值,从根本上减轻轨道交通振动对周围环境的影响。振动防护措施体现在以下几个方面。

1) 车辆振动控制

优先选择噪声、振动值低,结构优良的车辆。

2) 轨道结构振动控制

正线采用钢轨无缝线路,在车轮圆整的情况下其振动较短轨线路能降低 5～10 dB。线路下部基础特殊处理后采用整体道床,并在上部绿化或者铺面,减少噪声污染。采用减振扣件减振。通过远离环境敏感点、优化线路曲线半径、加大隧道埋深等工程综合措施实现减振。

3) 合理规划布局

科学规划建筑物的布局,临近线路振动源的第一排建筑宜规划为商业用房等非振动敏感建筑。在无专项减振措施时,根据《城市区域环境振动标准》(GB 10070—1988)中"交通干线道路两侧"区域的地面线路两侧建筑防护距离为 8.5 m;对于"居民、文教区"区域,地面线路两侧建筑防护距离为距外轨中心线 18.2 m。

3. 电磁污染防治措施

轻轨交通工程普遍采用 10 kV 电源供电,低于 110 kV,属于《电磁辐射环境保护管理办法》中豁免条件以下的用电设备。根据《环境影响评价技术导则·城市轨道交通》(HJ 453—2018)的规定,电磁环境评价内容包括 110 kV(含)以上主变电站及其评价范围内电磁环境保护目标的工频电磁环境评价。沿线周围居民如全部采用闭路电视收看电视,轻轨交通工程可不对项目电磁环境影响做专门评价,可以不考虑电磁污染防护措施。

4. 地表水污染防治措施

轻轨交通的沿线车站通常不设洗手间,无废水产生;对于设洗手间的车站,废水应纳管排放。车辆基地产生的生活污水经化粪池、隔油池预处理后纳管排放;洗车库产生的洗车废水经设备自带回用系统处理后循环利用,少量未回用部分与车辆检修、清洗过程产生的含油废水统一经生产废水处理设施调节沉淀、隔油工艺处理后纳管排放。通过纳管排放,对地表水环境影响较小。另外,跨域河流通常采用桥梁形式,不会对河道水环境产生污染。

5. 地下水污染防治措施

通过对污水、废水的纳管排放可以有效减少对地下水的污染。除此之外,还需对车辆基地生产废水处理设施、生产生活区等采取防渗漏措施,以确保工程运营期间地下水质不受污染。危险废物贮存间需进行重点防渗处理,防渗要求参见《危险废物贮存污染控制标准》(GB 18597—2001)。其他生产、生活区域可设置为一般防渗区,采用地面硬化、防渗混凝土等措施进行防渗。

6. 大气污染防治措施

车辆基地的食堂炉灶燃料通常采用天然气等清洁能源,厨房炉灶产生的油烟废气采取静电式油烟净化器处理达标后,经专用排烟井由建筑屋顶高空排放。排烟井高度及排放口设置应符合当地卫生、环保部门的要求和国家、地方的规范、标准要求。车辆基地内通常不设置锅炉,如设置燃煤锅炉,需要设置除尘装置,烟气应高空排放,排烟筒高度及排放口设置应符合当地环保部门的要求和国家、地方的规范及标准要求。

车辆基地的局部补漆车间会有少量有机废气产生。要求补漆操作区域上方设置集气罩,废气经收集处理后通过不低于 15 m 高排气筒排放。

7. 固体废物污染防治措施

沿线各车站应设计合理存放垃圾桶的房间或区域。车站车辆基地内产生的废弃零部件等一般工业固废设计应考虑分类堆放区域或房间。此类固废临时贮存应按《一般工业固体废物贮存、处置场污染控制标准》(GB 18599—2001)及其标准修改文件要求执行。对于车辆基地内产生的废机油、废油桶、废油纱、擦拭油布等维修固废,生产废水处理设施隔油池污泥以及废活性炭等危险废物,应加强集中管理,应设专门地点室内集中收集、储存。

对于短期贮存在车辆基地内的危险废物,按照《危险废物贮存污染控制标准》(GB 18597—2001)及其标准修改文件的相关规定,建造专用的危险废物贮存设施,其顶部须有顶棚,以避免日晒、雨淋。贮存设施的地面与裙脚要用坚固、防渗的材料建造,建筑材料必须与危险废物相容;贮存设施的地基要做防渗处理。存放地点应有泄漏液体收集装置、气体导出口及气体净化装置;在贮存场地设置环境保护图形警示标志;泄漏液、清洗液、浸出液必须符合《污水综合排放标准》(GB 8978—1996)的要求方可排放,气体导出口排出的气体经处理后,应满足《大气污染物综合排放标准》(GB 16297—1996)的要求。

8. 减少生态环境影响的措施

轻轨交通工程占地会对少量绿化用地造成影响,工程设计将对具有专用路权的地段采用全绿色轨道整体道床,即在道床表面覆土并绿化。工程的桥梁及车站外观会对周边环境将造成一定的景观影响,应注重桥梁及车站的景观设计,尽量与周围环境相协调。

6.3 节能

轻轨交通工程运行所耗能源主要为电能,电能主要是列车牵引所消耗的电能和车辆维修保养工艺设备、通风、空调、水泵以及电气设备、照明设备等所消耗的电能。此外,工程还消耗水、燃气、燃油等资源。建设期的能源消耗主要体现在交通疏解、管线改迁、土建工程、机电工程等几个方面。主要耗能设备为工程施工机械设备、照明设备及通信设备。

根据国家发改委《固定资产投资项目节能审查办法》中的节能评估分类标准,轻轨交通工程一般年电能消耗量超过500万kW时，应在工程可行性研究阶段单独编制节能评估报告书。在设计阶段根据节能评估报告书及评审意见以及国家节能有关的法律、法规和设计标准、规范来设计具体的节能措施。

6.3.1 节能评估过程

依据《固定资产投资项目节能审查办法》以及国家节能中心的《固定资产投资项目节能评估工作指南》，在说明项目方案、所需能源情况和项目所在地能源供应情况的基础上，对项目建设方案、节能措施、能源利用状况核算及能效水平评估测算和能源消费影响进行评估。

1. 项目所需能源情况

1）项目能源消耗种类

轻轨工程主要是能源消费，项目消费的能源品种为：①主要能源消费：电力；②少量消费：汽柴油、天然气；③耗能工质：新鲜水。

（1）用电包括牵引部分和动力照明部分。

① 牵引用电：正线列车运营消耗的电能、列车出入车辆段/场消耗的电能以及列车试车和试验所消耗的电能。

② 动力照明用电：车站、车辆基地动力用电、照明用电，车辆基地主要生产工艺设备用电，通风空调设备用电，辅助生产设备用电等。

（2）水：生产用水、生活用水、消防用水等。生产用水包括冲洗用水。生活用水包括乘客及工作人员饮用水、卫生间冲洗水等。消防用水仅在火灾情况发生时使用。

（3）汽油、柴油：车辆基地内的检修车、救援车等车辆消耗汽油、柴油。

（4）天然气：综合楼内的厨房、员工宿舍厨房消耗天然气。

2）项目能源使用分布情况

用能主要集中于各站点、车辆基地，区间的用能主要为牵引用电。项目能源供应及使用分布情况见表6-3。

表6-3 项目能源供应及使用分布情况

耗能系统名称			主要用能设备与分布情况	
			分布位置	主要用能设备
供能系统	供电系统与设备	牵引供电系统	牵引变电所	整流变压器
		降压供电系统	各站、场、区间、隧道降压变电所	10 kV/0.4 kV 变压器
	供燃气系统		车辆基地	燃气热水器、燃气炉、燃气灶
	给水系统		车站、车辆基地	给水泵
主要用能工艺及设备系统	车辆		全线	轻轨电车
	暖通空调系统与设备		车辆基地、隧道、土建变电所	风机、空调

(续表)

耗能系统名称		主要用能设备与分布情况	
		分布位置	主要用能设备
主要用能工艺及设备系统	给排水系统与设备	车站、区间、车辆基地	污水泵、排水泵、供水消毒设备、空气能热水器
	照明系统及设备	全线	照明灯具及控制设备
	车站建筑设备 电梯、自动扶梯	车站、车辆基地	电梯、自动扶梯
	车站建筑设备 便民服务设施	车站	
辅助生产用能系统	车辆检修	车辆基地	电焊机、起重设备、洗车机等
	通信系统	车站、车辆基地	传输设备、乘客信息设备、电视监控设备、广播设备、专用无线、公务电话、数字录音等
	信号系统	车站、车辆基地	车站计算机联锁设备、室外转辙设备、信号显示设备
附属生产用能系统	综合监控系统	全线、车辆基地	BAS 系统、FAS 系统以及 UPS 设备
辅助及附属生产设施	房屋建筑及其机电系统	车辆基地	房屋建筑、暖通、给排水等机电设备、燃气具设备

3）项目所在地能源情况

在简要描述人文地理、气候、经济发展情况后，重点说明项目所在地的能源供应及消费情况；说明电力供应及消费、燃气供应和自来水供应情况；项目所在地的节能目标和能源消费控制目标。

2. 项目建设方案节能评估

1）项目选址、总平面节能评估

分析项目线路选线、各站站址、站场的选址和总平面布置对项目符合节能设计的相关规定或标准。线路选线评估要点为曲线半径、节能坡设置在节能方面的合理性；车站站位评估要点为客流吸引预期和乘客疏导流畅性；车辆基地评估要点为在节能方面的工艺流程顺畅性、功能区域和单体布置的合理性、土地集约化使用的合理性。

2）工艺方案节能评估

项目的工艺方案包括用能工艺方案"行车组织"和供能工艺方案"供电系统及设备"。采用定性及定量的分析方法来分析所采用的设计标准、系统方案、系统设备是否有利于提高系统能效，是否符合节能设计标准的相关规定。行车组织评估要点为路权使用和交路以及配线设置的合理性。供电系统评估要点为供电方式、变电所分布在节能方面的合理性。

3）主要用能工艺、设备节能评估

本项目主要用能工艺、系统、设备包括行车组织方案、车辆、通风与空调系统及设备、给排水系统及设备、照明系统,以及自控设备、电扶梯等车站设备。

通过分析,识别项目的主要用能系统与设备,列出项目涉及的主要耗能设备型号、参数及数量,包括车辆机车、暖通空调、照明、UPS设备、给排水系统以及建筑设备等,列出型号、参数、数量,判断是否采用国家明令禁止和淘汰的用能产品和设备,是否采用节能产品推荐目录中的产品和设备,是否满足相关能效限额及有关标准、规范的要求,并计算分析能效水平,与国家发布的有关标准进行对比,判断能效水平是否达到同行业先进水平。高耗能水平的用能设备应达到一级能效水平。用能工艺、设备的评估要点为能效水平。

4) 辅助生产和附属生产系统与设备节能评估

本项目辅助生产设施包括车场车辆检修用工艺设备、全线弱电及自控系统设备;附属生产系统设施主要包括车辆段建筑及建筑机电系统设备。评估内容和方法同"主要用能系统与设备节能评估"。

3. 节能措施评估

1) 能评前的节能技术措施综述

根据项目用能方案,对能评前已经采用的行车组织方案、列车选型、供电及配电系统、暖通与空调、照明、给排水、建筑设备等方面的节能措施进行梳理,并评价其合理性和有效性。

2) 能评阶段的节能措施评估

针对项目在节能方面可能存在的问题以及可以继续提高的环节等,提出相应的节能措施、方案调整意见或设备选型方面的建议。

3) 节能措施效果评估

分析能评阶段主要的节能措施,评价节能措施的节能效果。

4. 能源利用状况核算及能效水平评估测算

1) 能评前的能源利用状况

测算项目综合能源消费量和主要能效指标,测算过程及数据结果。

2) 能评后的能源利用状况

论述项目基础数据、基本参数的选择和核算情况,依据采取节能措施后的项目用能情况,测算项目综合能源消费量,计算项目主要能效指标,分别测算当量值和等价值。

轻轨交通项目主要是电力消费类项目,消费和能源转换环节少,主要集中在变配电设备,可不开展能量平衡核算。

3) 能效水平评估

采用标准比照法、类比分析法等进行能效水平分析评估。轻轨交通能源消耗主要包含电力、水和燃气的消耗,其中电力是主要的能量来源,电力消费能效水平评估是本项目节能评估的重点内容。

5. 能源消费影响评估

1) 对所在地能源消费增量的影响预测

根据项目所在地的节能目标、能源消费量及供应水平来预测所在地能源消费的增量限额,将本工程的能源消费量与之对比,分析评估项目新增能源消费对所在地能源消费的影响。

2) 项目能源消费对所在地完成节能目标的影响预测

轻轨交通项目是城市公共交通设施,以考察项目对社会经济的影响为主,其单位产值增加值应以社会效益为主,由于计量其单位产值增加值能耗与其功能定位不符,故不开展评估。

6. 评估总结

对节能评估的总结包括项目建设规划符合性、项目建设方案合规性、项目能源消费及能效水平、节能措施及效果、项目对所在地节能目标完成的影响。

关于项目能源消费及能效水平需要说明运营初期的年电力消耗量、年用水量、年耗天然气量、若干汽柴油及其他能源消耗和项目综合能耗折合标准煤(当量值)值。对于项目用能总量及能源结构是否合理应做评估说明。应与国内类似轻轨交通项目的能效指标进行对比,同时在国内同行业处于的水平应有说明。

关于节能措施及效果需要说明采用节能技术与管理措施后,从节能角度分析,项目是否可行的结论,并说明项目节约综合能耗年消耗吨标煤量。

关于项目对所在地节能目标完成的影响需要说明项目新增能源消费量占当地能源运营初期预计消费增量控制数比例,并判定对所在地完成节能目标的影响是较大还是较小。

6.3.2 节能措施

轻轨交通项目需要对主要用能工艺、系统、设备包括行车组织方案、车辆、通风与空调系统及设备、给排水系统及设备、照明系统,以及自控设备、电扶梯等车站设备进行节能设计。建筑节能的技术和措施首先应满足相关建筑的节能设计标准要求。

1) 线路

(1) 线路应尽量避免采用会磨损轨道以及会增加能耗的小曲线半径。

(2) 线路坡度应根据地形条件设置,选择合适的坡度,在有条件的情况下尽可能设置节能坡。

2) 行车组织

优先考虑专用路权,地面行车配合交叉口信号优先控制,从而有利于提高车辆的旅行速度并吸引客流。

列车编组初期或近期采用短编组,远期客流增长的高峰时段采用短编组挂接方式,从而有利于减少运行能耗。

根据全线客流分布特征,依据高峰小时各区间断面客流量,采用不同交路套跑的运行方式将有利于减少列车收发车作业过程中的空走距离,从而降低车辆空跑运行过程中的各种能耗。

通过配线设计,制定合理的系统运营方案,使得运营方可以根据客流需求、客流变化来调整各设计年度的列车运行交路。在客流量较小的区间,减少列车开行的对数,以减少配车数量,减少列车走行公里,从而避免运能浪费,提高运营效益。

3) 车辆

(1) 轻轨交通的车辆首选电力驱动的车辆。从环保角度考虑,尽可能不采用燃油驱动的车辆。

(2) 车辆优先选用摩擦阻力较小的钢轮钢轨制式,以减少运行能耗。

(3) 车辆能耗的一部分是车辆拖动能耗,在满足运载功能和乘用安全的基础上,采用减轻车辆自重、合理布置车下设备、高效的牵引控制技术等措施,以减少牵引耗电量。

(4) 车辆能耗的另一部分是车载设备的能耗,通过采用高效的空调、照明等设备可减少电能消耗。

(5) 采用 VVVF 电机,选用变频变压交流传动控制系统,具有质量轻、功率因数高及单位体积发热量小等优点,有利于节能。

(6) 选用具备自动温度调节功能的车载空调设备,根据内外温度变化自动调整空调制冷量,自动调整设定温度,使车内温度既保持在人体舒适的范围内,又节约电能消耗,客流低峰时有利于节能。

(7) 根据行车组织和计算分析,有条件时可采用再生制动系统。制动时,VVVF 逆变器优先进行再生制动,将能量最大限度地反馈给接触网。

(8) 车辆基地的车辆工艺设备选用节能型设备。

4) 车辆基地

总图布局在满足检修工艺及分期建设要求的基础上,工艺流程组织尽量顺畅。

停车检修工作区与生活服务区功能布局各自相对集中,以减少生活区与工作区的相互影响,从而便于相关设施集中布置管理、节约用地、减少能量消耗。

车辆基地内线路布置尤其是咽喉区布置应顺畅,使车辆检修时的调度更便捷,以减少车辆调度能耗。

车辆基地自用降压变电站应尽可能地靠近负荷中心。电缆敷设路径越短,越有利于减少线路电能损耗。

选址应尽量靠近临近的接轨站,以减少出入段线的长度,最大限度地减少车辆空走的能耗。

选址尽量处于交通便利的地点,工程建设期间,在各种物资、设备的运输方面可节约交通运输能耗。

建设地点尽量邻近城市主干道,市政给、排水接管点距离较近可有效减少提升、加压设备的数量,降低能耗。

对于选址在山区的车辆基地,应尽量建设在土石方量少的地方,以减少施工能耗。

5) 基地建筑

总平面布置时,建筑尽量采取夏季主导风向,避开冬季主导风向,这将有利于自然通风顺畅,减少机械用能。

建筑尽量具有良好的朝向,建筑主体以南北向布置为主。

车辆基地尽量采用地面绿化、建筑空中绿化和屋顶花园立体绿化系统,以提高绿地率和绿化率,从而起到遮阳、降温、导风的作用。

采用空调方式的建筑,外围护结构热工应满足节能设计标准的要求。采用合理的窗墙比例,外窗的面积不应过大。选用气密性良好的外窗,气密性应满足节能设计标准的要求。出入口与外环境之间设置门斗以实现空气阻隔,从而减少能量损失。

6) 车站

(1) 在车站选址符合规划要求、满足客流需求且站位选择合理的基础上,车站的功能设计需要符合轻轨交通客流特征,而流线设计有利于乘客快速进出站,同时,交通配套设施齐备将有利于乘客疏导。

(2) 出入口布置应与其他公共交通方式做好衔接,最大限度地发挥城市公共交通的效益,以降低城市综合交通能耗。

(3) 在空调季节车站应尽量采用自然通风方式,以减少机械通风空调运转设备的运转能耗。

(4) 对于采用空调方式的车站而言,车站的外围护结构保温应满足节能设计标准的要求。

7) 供电系统

(1) 供电系统采用分散供电方式、中压供电网络采用单环网接线以及采用的谐波治理措施等都是目前城市轻轨交通项目中比较先进的技术,有利于项目节能。

(2) 变电所选址尽量靠近负荷中心有利于降低线网损耗。

(3) 供电系统的配电变压器容量应合理确定,并采用空载损耗、负载损耗低的设备,其能效等级应满足节能评价值或能效限定值的基本要求。

(4) 设置必要的无功补偿及谐波综合治理装置,使供电系统的功率因数和谐波含量处于优质供电区间,以减少传输功率损耗、变压器有载损耗和供配电线路的电能损耗。

8) 通风空调

(1) 车辆基地、控制中心等房屋建筑的采暖通风空调设计应考虑工艺设备用房、办公用房和一般生产、附属用房的不同使用性质,有针对性地采用不同的通风、空调系统,以满足不同场所的温度和湿度要求,有利于项目节能。

(2) 生产车间厂房设计尽可能采用自然通风形式,同时,做好车辆基地库区的自然通风设计,以减少机械通风的能耗。

(3) 采暖通风空调设备能效指标应满足建筑技能和设备节能的设计标准要求。

(4) 管道长度尽量缩短,布置尽量顺畅,从而减少管道的流体流动阻力。

(5) 加强设备、管道的保温,以减少能量损耗。

9) 给排水

(1) 在满足功能的基础上,给排水水泵应选用高效节能设备。

(2) 注重系统的节能、节水,如采用变频技术、利用空气源热泵机组以提供生活热水,采用中水回用技术等节能技术,有利于减少项目能耗。

(3) 管道长度尽量缩短,布置尽量顺畅,从而减少管道的流体流动阻力。

(4) 通过采用屋顶绿化、透水铺装、下凹式绿地和雨水收集利用设施等措施,使绿地、水系等具备对雨水的吸纳、蓄滞和缓释作用,从而有效控制雨水径流,在实现小雨不积水、大雨不内涝、水体不黑臭的同时,缓解基地外部地面局部过热,改善基地环境。

(5) 采用新型节水设备以及节水型洁具。

10) 照明系统

(1) 在严格执行照度标准的前提下,优先选用高效节能的照明光源。

(2) 优先采用可调光照明控制模块,控制照明功率密度,并做到合理的分区控制设计,可起到节约能源的作用。

(3) 若有条件,在进行车辆基地设计时可考虑利用反光或导光装置等将天然光引入室内实现照明或利用太阳能照明。

11) 通信信号弱电系统

(1) 选用节能型设备,通用型电子计算机采用 1 级能效产品。

(2) UPS 设备具备 ECO 经济运行模式,以减少逆变器损耗。

12) 能源计量与能源管理

建立能源计量与管理系统,按系统、专业分别设置计量装置,建立分项耗能台账,从而可以为节能管理提供科学的数据支撑,以便采取合理的节能措施和节能改造措施。

13) 其他

(1) 采用旁路变频的公共交通型自动扶梯,无人乘坐时自动转入低速运行,电机的供电由变频器接管并在节能速度下运行,有利于节能降耗。

(2) 售检票系统、安检系统的设备均采用节能型产品。

第 7 章　工　程　案　例

7.1　国内案例

7.1.1　中国香港

中国香港屯门区位于新界西部,是 20 世纪 60 年代发展起来的新市镇,占地约 8 200 ha,人口达 49 万,其中约 70%的人口居住在公共房屋,轻铁(Light Rail)在该地区承担着区域骨干交通及地铁接驳延伸线的重要任务。

香港轻铁是港铁公司营运的轻便铁路系统,主要分布在香港新界的西北部,主要集中在新界西部屯门区和元朗区,服务屯门、元朗及天水围三个新市镇。

香港轻铁线网总长 36.15 km,从 1985 年 7 月正式动工至 1988 年建成通车,共分四期逐步延长线路和加密网络。目前共有 12 条线,68 座车站,全部为地面车站,设屯门车辆基地一座及两处线上存车点,并设控制中心一处,位于车辆基地内。全线采用专用路权模式,设架空接触网,现有 140 辆车,通常 1 辆编组,可 2 辆连挂。其中,有 4 座车站可以和香港地铁西铁线换乘,分别是元朗站、天水围站、兆康站和屯门站。香港轻铁线网如图 7-1 所示。

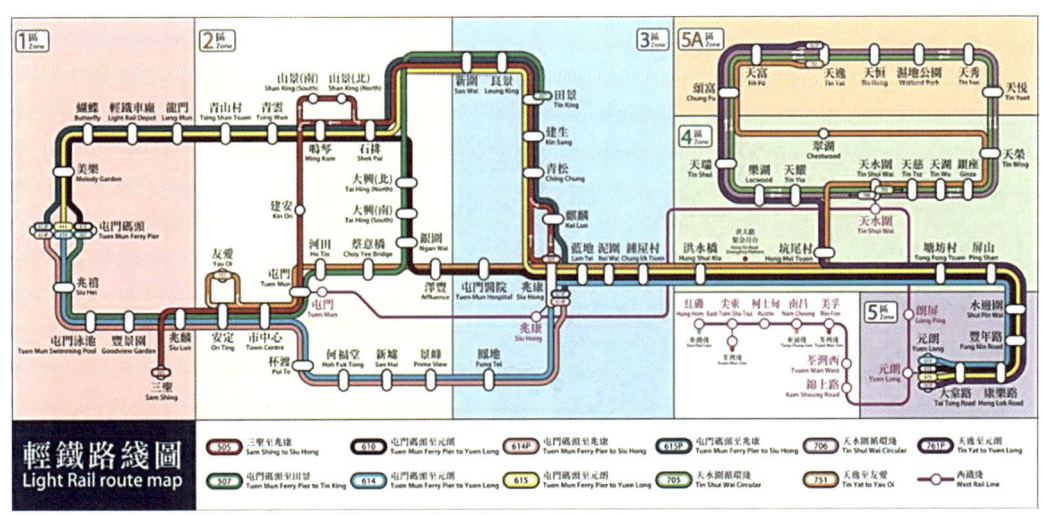

图 7-1　香港轻铁线网

香港轻铁系统是轻轨和有轨电车混合的系统,从路权方式和运营速度上来看轻铁 610 线、轻铁 614 线、轻铁 615 线和轻铁 761P 线属于轻轨线路。

1. 轻铁 610 线、轻铁 614 线、轻铁 615 线

轻铁 610 线、轻铁 614 线、轻铁 615 线连接元朗及屯门码头的线路，其中 610 线途经元朗大马路、洪水桥、屯门医院、大兴和龙门，该线路是唯一最早建成且至今仍在运营的路线，如图 7-2 所示。线路全长约 14 km，设 13 座车站，最高设计速度为 70 km/h，旅行速度约为 38 km/h，发车间隔 7～17 min。根据 2019 年立法会文件显示，此路线 2017 年及 2018 年早上最繁忙路段的载客率分别为 69% 及 91%[49]。

轻铁 614 线现为三条由元朗往返屯门码头的路线之中，车程最短、走线最直接，亦是唯一直接来往元朗大马路及杯渡/屯门市中心的轻铁路线，如图 7-3 所示。根据 2019 年立法会文件显示，此路线及 614P 线在 2017 年及 2018 年早上最繁忙路段的载客率分别为 67% 及 81%。

图 7-2　香港轻铁 610 路线

图 7-3　香港轻铁 614 路线

轻铁 615 线，现为三条由元朗往返屯门码头的路线之中客流量最少的路线，且是最后一条投入服务的，其全长 14.6 km，设站 13 座，此路线是平均班次最疏落、拖卡比例最低的全日路线，如图 7-4 所示。根据 2019 年立法会文件显示，此路线及 615P 线在 2017 年及 2018 年早上最繁忙路段的载客率分别为 87% 及 90%。

2. 轻铁 761P 线

轻铁 761P 线为连接元朗及天逸的线路，途经元朗大马路、天耀和天颂，为天水围居民提供往返元朗市中心的服务，是目前唯一只有副线而无主线的轻铁路线，亦是繁忙时间班次最频密和用车最多的路线，如图 7-5 所示。线路全长约 7.4 km，设 7 座车站，最高设计速度为 70 km/h，全程运营约 28 min，旅行速度约为 30 km/h，发车间隔 4～13 min。

图 7-4　香港轻铁 615 路线

图 7-5　香港轻铁 761P 路线

香港轻铁于2014年9月28日开始,通过增加车辆及调整设施维修时间,以延长8条线路的服务时间。

香港轻铁采用开放式收费系统,采取分区收费票制。全线采用开放式的站台并且无人管理,站台不设闸机,可选择单程票、全日通或八达通。香港轻铁站台如图7-6所示。

目前运营时间为05:00—01:30。周一至周五每日发车2 954班,周一至周五高峰时间段为上午06:45—08:45,下午为16:45—19:45;周六

图7-6 香港轻铁站台

发车2 740班,周六高峰时间上午为07:00—08:45,下午为17:00—19:45;周日发车2 756班,高峰时间为11:00—19:59。发车间隔工作日和周六高峰为3~8 min,非高峰为5~23 min;周日高峰为4~20 min,非高峰为6~24 min。

根据2019年立法会文件显示,此路线在2017年及2018年早上最繁忙路段的载客率分别为76%及81%。

7.1.2 长春

长春是吉林省省会、副省级市、长春城市群核心城市,国务院批复确定的中国东北地区中心城市之一和重要的工地,总面积20 593 km^2,人口达441万。

长春的轨道交通网络由三条轻轨、两条地铁组成,如图7-7所示,线网总长100.17 km,

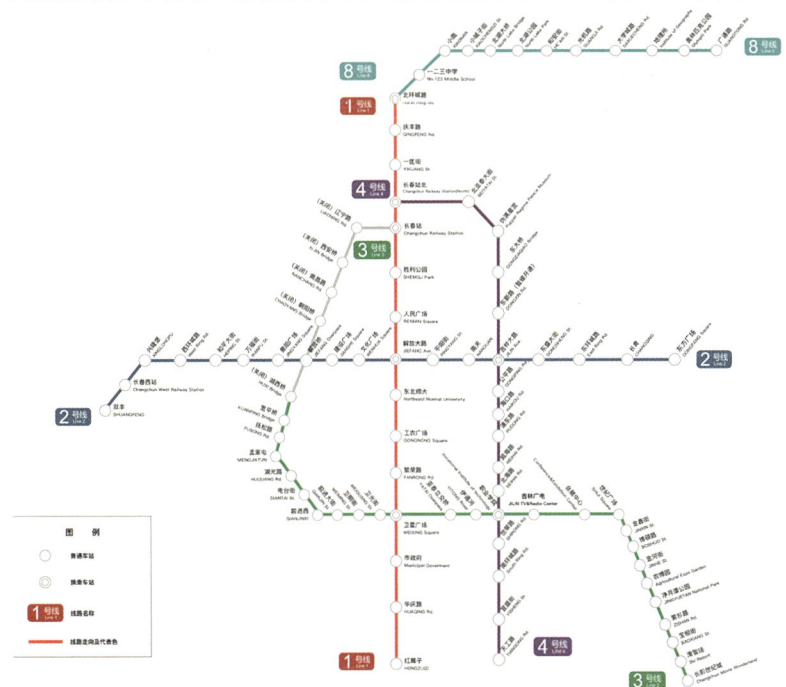

图7-7 长春轨道交通线网图

线网单日最高客运量达 93.8 万人次。到 2026 年,长春轨道交通将形成总长 235 km 的轨道交通网。

其中,三条轻轨线分别为长春轻轨 3 号线、4 号线和 8 号线。长春轻轨 3 号线已运营部分分一期、二期工程建设,一期工程于 2002 年投入运营,二期工程于 2006 年 12 月投入运营,2007 年 4 月,一期、二期贯通运营,全线长 31.3 km,设站 32 座,日均客流 15.54 万人次。目前,3 号线东延线在建中。长春轻轨 4 号线工程线路全长 43.5 km,一期工程于 2013 年 2 月正式运营,线路全长 16.33 km,共设 16 座车站、1 座车场,配备轻轨 C 型电动客车 21 列 42 辆,日均客流 8.54 万人次[50],4 号线二期工程在建中。长春轻轨 8 号线一期工程于 2018 年 10 月开通运营,线路全长 13.3 km,设 12 座车站,日均客流 1.87 万人次。

长春轻轨均采用长客 70%低地板 C 型轻轨车(图 7-8),6 节编组,最高设计速度为 70 km/h,每列车可载客 622 人。

长春轨道交通实行一人一票制,车票种类主要包括单程票和轨道交通一卡通,票制采用线网票制票价,计费方式采用最短距离计价,可滞留时间为 180 min。长春轻轨车站如图 7-9 所示。

图 7-8 长春轻轨 70%低地板 C 型轻轨车

图 7-9 长春轻轨车站

7.2 国外案例

7.2.1 达拉斯

达拉斯市位于美国得克萨斯州,总人口 687 万,面积 2 331 km²,是美国南方第一大都会。

达拉斯地区快速交通署管理运营着达拉斯及周边 12 个市镇的公共汽车、轻轨和通勤列车。随着达拉斯轻轨绿线于 2010 年 12 月 6 日正式开通运营,达拉斯的轻轨系统已经有红色、蓝色、绿色和橙色 4 条线路,线路总长约 115 km,有 55 座车站,车辆采用日本近畿车辆株式会社的 SLRV 车型,为全美最大的轻轨系统[51]。图 7-10 为达拉斯快速交通线网。图 7-11 为达拉斯轻轨。

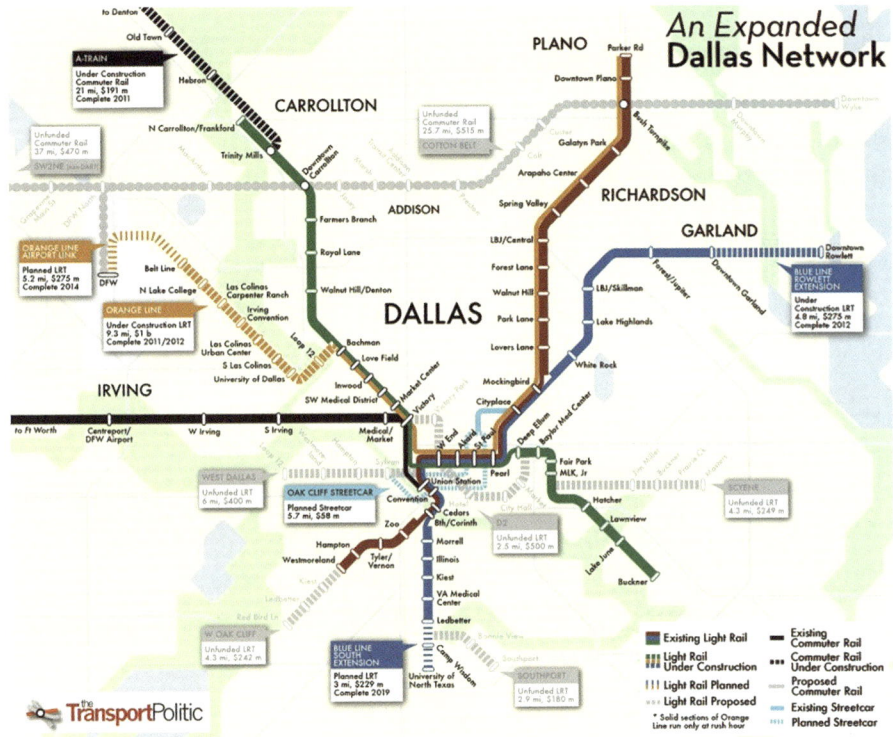

图 7-10 达拉斯快速交通线网

图 7-11 达拉斯轻轨

根据线网可以看到各种颜色线路有一段共享路段,其中红线线路长度为 46.9 km,设 25 座车站;蓝线线路总长为 36.7 km,设 20 座车站;绿线线路总长为 46 km,设 24 座车站;橙线线路总长为 22.4 km,设 23 座车站。

除橙线(仅适用于部分平日旅行)外,其他线路运营时间均为 5:30—00:30,高峰时间段为工作日上午 6:30—9:00,下午 16:00—18:00,高峰时间发车间隔为 10 min,其他时间发车间隔为 20 min。其工作日时平均客流就达 5.8 万人次[52]。

7.2.2 克里夫兰

克里夫兰是美国俄亥俄州北部重要湖港和工商业城市，面积 214 km², 市区人口 47 万，大克里夫兰地区人口 225 万。克里夫兰的城市轨道交通系统包括一条捷运线（红线）和两条轻轨线（蓝线及绿线），如图 7-12 所示，地铁线和轻轨线均由大克里夫兰地区运输局(GCRTA)运营。车辆采用意大利安萨尔多百瑞达公司的 LRV 车型。

轻轨蓝线和绿线线路总长 29 km, 共设 35 座车站，两线在市中心部分跟红线共线，共线的三个车站有低地板区域供轻轨车辆靠站。过了共线段后绿线沿着 Shaker Blvd 开往 Green, 蓝线则沿着 Van Aken Blvd 开往 Warrensville。蓝线和绿线的北端终点是一条新建的水岸线，从 Tower City 开出，开往港口区域及足球场、摇滚名人堂。蓝线和绿线两条轻轨线日均客流量约为 1 万人次[53]。

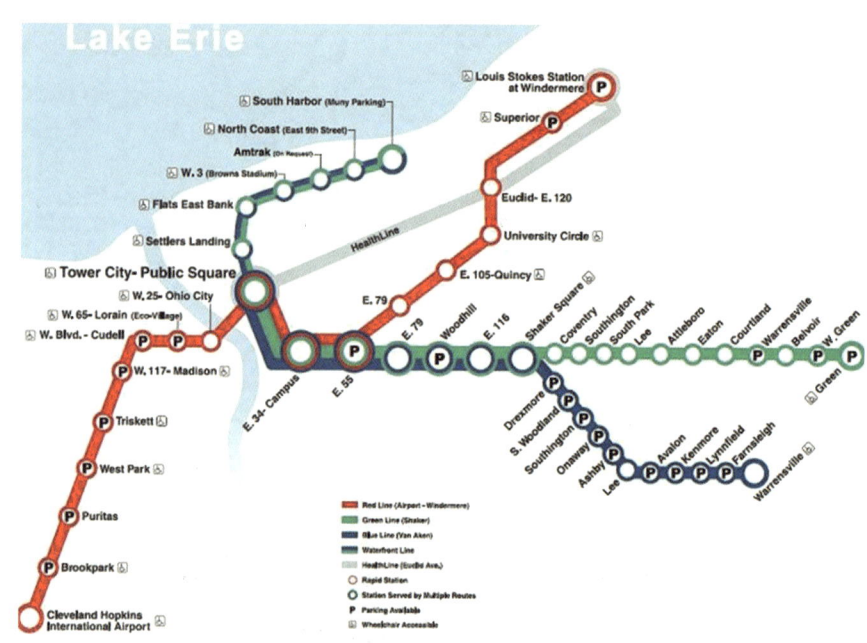

图 7-12 克里夫兰轨道交通系统

图 7-13 克里夫兰轻轨车站

运营时间蓝线为 4:00—1:50，绿线为 5:30—1:50，高峰时间段为上午 6:30—9:00，下午 16:30—18:30，发车间隔为 10 min, 中午和晚上的发车间隔为 30 min, 清晨时间发车间隔为 20 min。

克里夫兰轻轨线采用开放式收费系统，站台设自动售票服务，其票价与公共汽车和地铁的票价相同，在 90 min 内换乘有效[54]。图 7-13 为克里夫兰轻轨车站。

7.2.3 圣迭戈

圣迭戈是美国加利福尼亚州南端太平洋岸港口城市,人口为 130 万,面积 964 km²。圣迭戈的有轨电车早在 1949 年就被公共汽车所替代。1966 年,圣迭戈地方公共汽车公司面临财政危机,被政府交通部门强行接管。与此同时,圣迭戈县及所属的 13 个城市组织了一个政府间联合办事机构,为了发展大圣迭戈区内的快速交通,进行了各种交通模式的方案比选,最后决定利用已有铁路基础设施资源,发展一种复合地区交通需求的轻轨交通形式。经过多年的努力,圣迭戈轻轨第一条线路于 1981 年 7 月 26 日正式投入运营,这是加利福尼亚州第一个也是非常成功的新型轻轨交通系统。

圣迭戈轻轨系统由一家隶属于圣迭戈城市交通局(MTS)的圣迭戈无轨电车公司(SEIT)管理,整个系统一共有 3 条线路(蓝线、橙线和绿线),如图 7-14 所示,总长 86 km,设 53 座车站,采用德国西门子公司 SD-100/S70 的 70% 低地板车型,车辆最高速度为 80~90 km/h,如图 7-15 所示。圣迭戈轻轨日均客流量约 11 万人次[55]。

图 7-14 圣迭戈城市轻轨交通线路

图 7-15 圣迭戈轻轨车辆

圣迭戈轻轨蓝线线路长度为 30 km,设 23 座车站,高峰时间发车间隔为 7.5 min,中午时段发车间隔为 15 min,晚上时段发车间隔为 30 min,旅行速度为 32 km/h。轻轨橙色线线路长度为 33.1 km,设 23 座车站,正常白天发车间隔为 15 min,深夜、周末的早晨和晚上发车间隔为 30 min,旅行速度为 32 km/h。轻轨绿线线路长度为 30.1 km,设 19 座车站,发车间隔和橙色线相同,旅行速度为 39 km/h。

圣迭戈轻轨采用开放式收费系统,可购买一日通行票和单程票,一日通行票可实现轻铁和公共汽车之间的换乘[56]。图 7-16 为圣迭戈轻轨车站。

图 7-16 圣迭戈轻轨车站

7.2.4 曼彻斯特

曼彻斯特是英国重要的交通枢纽和商业、金融、文化中心,英格兰西北区域大曼彻斯特郡的都市自治市，人口 43.7 万。曼彻斯特与特拉福德等城镇联合成大曼彻斯特地区，面积 1 276 km²，人口 254 万。

历史上曼彻斯特没有修建地下铁路系统，庞大的轻轨（有轨电车）网络是轨道交通的主力，代替了地铁。"Metrolink"是大曼彻斯特地区的轻轨（有轨电车）系统，线路汇聚到曼彻斯特市中心，连接伯里、奥德姆、埃克尔斯和查尔顿·哈迪，1992 年开通运营，线路大部分走行在以前的铁路线上，进入市区则走行在大街上。

曼彻斯特轻轨网络由 7 条线路组成，线路总长约 92 km，设站 93 座，是英伦三岛上最大的轻轨系统，如图 7-17 所示，车辆采用意大利安萨尔多百瑞达公司 T68/T68a 的车型，如图 7-18 所示。

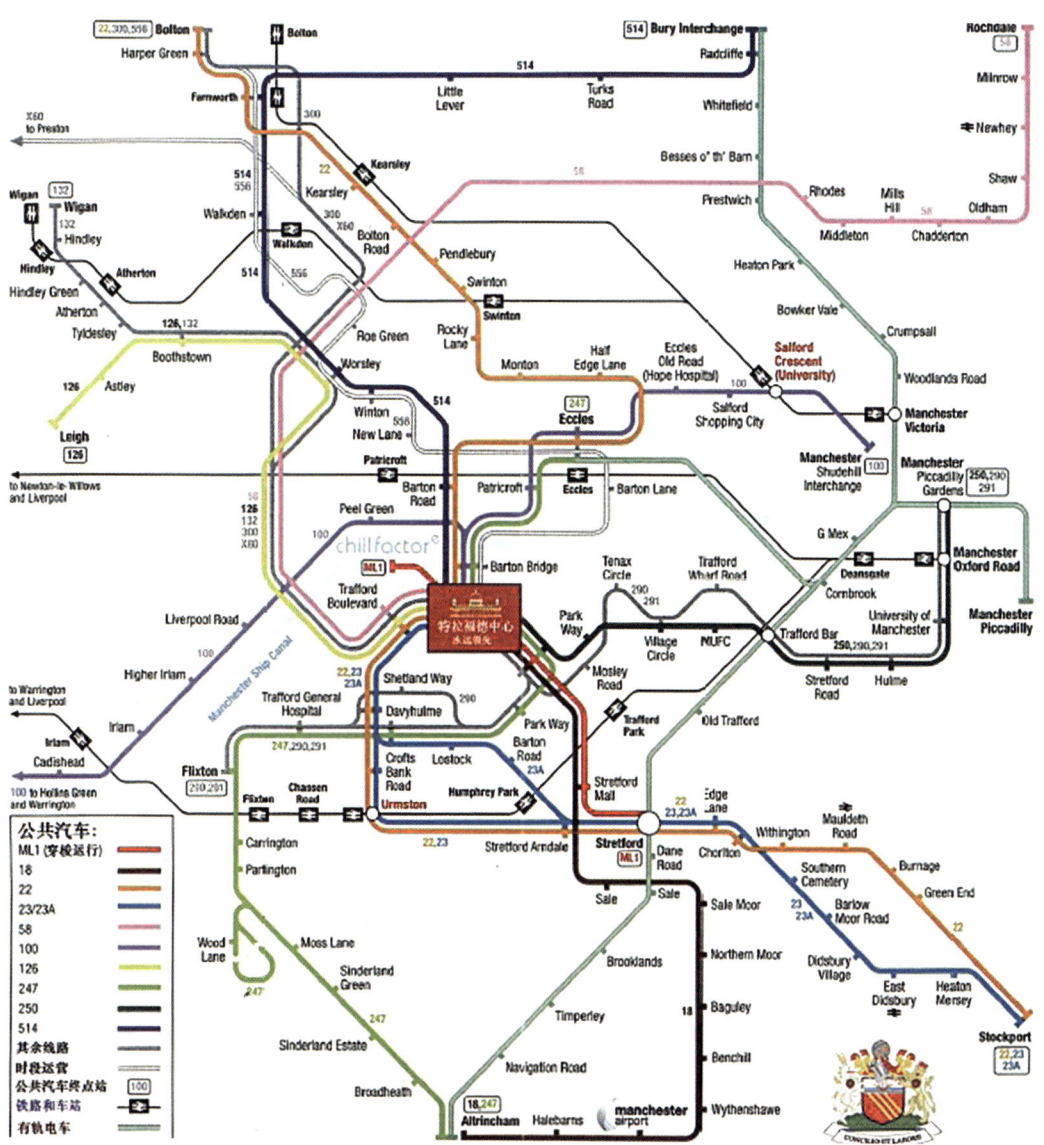

图 7-17 曼彻斯特城市轻轨交通线路

曼彻斯特轻轨发车间隔周一至周六大部分时段为 12 min，周日夜间则为 15 min。曼彻斯特轻轨系统于 1992 年 11 月开始投入运营，且运营良好，年客运量达到 1 500 万人次。曼彻斯特轻轨车站如图 7-19 所示。

图 7-18　曼彻斯特轻轨车辆

图 7-19　曼彻斯特轻轨车站

7.2.5　巴伦西亚

巴伦西亚(Valencia)是西班牙第三大城市，东部重要的工业城市和港口，巴伦西亚省首府，人口约 81 万，大都市区人口 158 万。巴伦西亚主干道有足够的宽度，很适合发展轻轨交通系统。早在 2001 年巴伦西亚市主要交通轴线最大客流量每日可达 25.7 万人次，单向小时最大客流量已达 12 850 人次，这也是当时选定轻轨系统的主要依据[57]。

巴伦西亚轨道交通网由两条轻轨、七条地铁组成，如图 7-20 所示，线网图中 4 号线、6 号线为轻轨线路。

巴伦西亚市轻轨 4 号线为东西线路，连接市区与工业区，分别由 Mas del Rosari / Fira / LLLlarga Terramelar 三个起点站，通往 Dr. Lluch 终点站。线路总长 15.92 km，设 33 座车站。

轻轨 6 号线全长 10 km，设 21 座车站，从 Tossal del Rel 站到市中心的四线换乘站 Marítim-Serrería 站。从 Benimaclet 站到 Les Arenes 站与 4 号线的径向线路相似，增加了此区域乘客的服务密度，使这条线路运输更加繁忙。

列车为 3 节编组，行车间隔约为 90 s，单向小时客运量达 3 万人次。在局部交通量集中的交叉口，采用高架或地下隧道方式，以实现 90 s 的行车间隔。

巴伦西亚市采用的轻轨车辆为 100% 低地板全电动车辆，车辆空重 40 t。车辆宽度 2.65 m，每车设 80 个座席，170 个站席(6 人/m²)，定员共 250 人。可连挂运营，列车最大长度可达 85 m。图 7-21 为巴伦西亚市铰接式轻轨车辆。

轻轨车站主要为地面车站，站台高 0.9 m，部分站台建有雨棚。初期阶段，站台长 60 m，乘客流动区 8 m，可满足 2 节编组列车停靠，后期站台计划延伸至 100 m，同时，车站还设置了闸机，如图 7-22 所示。

图 7-20 巴伦西亚市轻轨交通线网

(a) 郊区碎石道床　　　　　　　　(b) 市区整体道床

图 7-21　巴伦西亚市铰接式轻轨车辆

图 7-22　巴伦西亚市轻轨车站

参 考 文 献

[1] 何宗华.城市轻轨交通工程设计指南[M].北京:中国建筑工业出版社,1993.

[2] 徐正良.有轨电车概论[M].北京:中国铁道出版社,2018.

[3] 谭复兴.世界有轨电车集锦[M].上海:上海工程技术大学出版社,2015.

[4] 隋悦家.现代有轨电车及其车辆的发展[M]//中国土木工程学会.新世纪中国城市公共交通现代化论坛论文集,2003.

[5] 于松伟,周敏,李颖.国内外轻轨概念的发展研究——轻轨之道:什么是轻轨?[J].都市快轨交通,2018(5):27-34.

[6] 美国交通运输研究委员会.公共交通通行能力和服务质量手册[M].2版.杨晓光,腾靖,译.北京:中国建筑工业出版社,2010.

[7] Office of Rail Regulation.Guidance on tramways[S].[S.l.]:[s.n.].

[8] 章希.轻轨交通的节能战略[J].交通与港航,2015,2(6):64-66.

[9] 章建庆,施勇.加拿大温哥华城市轨道交通上[J].交通与运输,2016,32(5):54-55.

[10] 宗传苓.中小运量轨道系统适应性探讨[G].深圳国家高技术产业创新中心.

[11] 曹国利,崔凯,李莉,等.长春轻轨发展历程及特点[J].都市快轨交通,2020,33(5):73-79.

[12] 城市建设研究院.城市公共交通分类标准:CJJ/T 114—2007[S].北京:中国建筑工业出版社,2007.

[13] 铁科院(北京)工程咨询有限公司.城市轻轨交通铰接车辆通用技术条件:GB/T 23431—2009[S].北京:中国标准出版社,2009.

[14] 中华人民共和国住房和城乡建设部.轻轨交通设计标准:GB/T 51263—2017[S].北京:中国建筑工业出版社,2018.

[15] 徐耀赐.平面交叉路口的规划与设计[J].道路交通管理,2020(9):30-33.

[16] Robert V. Tramwave Catenary less power supply system[R].Ansaldo STS.

[17] BOMBARDIER Transportation.PRIMOVE Overview Presentation[R]. BOMBARDIER,2010.

[18] Glick F.Central phoenix/east valley light rail transit project:urban design guidelines[R].2002.

[19] Ortúzar J D D, Willumsen L G. Trip generation modelling[M]//Modelling Transport, Fourth Edition. John Wiley & Sons, Ltd, 2011.

[20] 徐锦强,林宇洪,丁艺.基于Fratar模型的交通分布预测系统设计[J].山东交通学院学报,2011,19(2):30-35.

[21] MICHAEL F, SANG N, JACQUES F. Erratum:"On the combined distribution-assignment of traffic". Transportation Science,1975,1:43-53.

[22] 徐正良.轻轨交通与有轨电车的分类分级探讨[R].2019.

[23] 毛保华.城市轨道交通规划与设计[M].2版.北京:人民交通出版社,2011.

[24] SIEMENS.S70 Low-floor light rail vehicle[R]. SIEMENS,2013.

[25] SIEMENS.S70 Ultra-short light rail vehicle[R]. SIEMENS,2013.

[26] REGIO citadis low-floor tram-train[R]. ALSTOM. COM/transport,2011.

[27] Citadis dualis full low floor tram-train[R]. ALSTOM. COM/transport,2015.

[28] Alstom citadis spirit_brochure[R]. ALSTOM. COM/transport,2013.

[29] 全国城市轨道交通标准化技术委员会.城市轨道交通直线电机车辆通用技术条件：GB/T 32383—2020[S].北京：中国标准出版社,2020.

[30] 上海市城市建设设计研究总院(集团)有限公司.有轨电车车辆技术规格[R].2019.

[31] 任利惠.有轨电车车辆.[M].北京：中国铁道出版社,2018.

[32] 北京城建设计研究总院有限责任公司.城市轨道交通工程项目建设标准(附条文说明)：建标 104—2008[S].北京：中国计划出版社,2008.

[33] 黄爱军,刘晨.有轨电车路基工程[M].北京：中国铁道出版社,2019.

[34] 中华人民共和国铁道部.铁路混凝土结构耐久性设计规范：TB 10005—2010[S].北京：中国铁道出版社,2010.

[35] 国家铁路局.铁路路基设计规范：TB 10001—2016[S].北京：中国铁道出版社,2016.

[36] Klaus Lieberen,Frank Richter.铁路路基工程[M].北京：中国铁道出版社,2007.

[37] 屈晓辉,崔俊杰.客运专线铁路路基设计技术[M].北京：人民交通出版社,2010.

[38] 李子春.轨道结构垂向荷载传递与路基附加动应力特性的研究[D].北京：中国铁道科学研究院,2000.

[39] 北京城建设计研究总院有限责任公司,中国地铁工程咨询有限公司.地铁设计规范：GB 50157—2013[S].北京：中国建筑工业出版社,2014.

[40] 董亮,史存林,蔡德钩,等. 地基沉降计算新方法的探索[J].工程地质学报,2005,13(2):227-230.

[41] 中华人民共和国住房和城乡建设部.建筑地基基础设计规范：GB 50007—2011[S].北京：中国建筑工业出版社,2012.

[42] 杨光华.地基沉降计算的新方法[J].岩石力学与工程学报,2008,27(4):679-686.

[43] 中华人民共和国住房和城乡建设部.城市轨道交通桥梁设计规范：GB/T 51234—2017[S].北京：中国建筑工业出版社,2017.

[44] 占玉林,徐腾飞,姚昌荣.城市轨道交通高架桥设计与施工[M].北京：科学出版社,2015.

[45] 王慧东.桥梁墩台与基础工程[M].北京：中国铁道出版社,2005.

[46] 乐梅.香港城市轨道交通发展经验与借鉴[J].思考与运用,2004(2):74-76.

[47] 温琼瑶,刘芃萱.历史的积淀：长春轨道交通谱写动感车轮的"神话"[J].约见轨道界,2012(5):42-44.

[48] Dallas Streetcar. Dallas Area Rapid Transit[OL]. [2016-09-10].https://www.transit.wiki/Dallas_Area_Rapid_Transit.

[49] Tramways & Urban Transit magazine[R]. [s. l.]: [s. n.],2013.

[50] About RTA[OL].[2008-07-19].http://www.riderta.com/about.

[51] Sarah H. Clinic, UH pay to name Euclid Corridor buses[OL]. [2008-02-28]. https://www.cleveland.com/medical/2008/02/clinic_uh_pay_to_name.html.

[52] San Diego Trolley Light Rail Vehicles[J]. San Diego Metropolitan Transit System,2015.

[53] San Diego Trolley Fact Sheet[J]. San Diego Metropolitan Transit System,2008.

[54] 谭复兴.西班牙巴伦西亚地铁[J].城市轨道交通研究,2011,14(7):119.